本书系国家社会科学基金青年项目:“一带一路”背景下国际投资仲裁多边改革与中国对策研究(18CFX084)阶段性研究成果。

FRONTIER OF
INTERNATIONAL ECONOMIC AND TRADE LAW

国际经贸法律前沿

2019

王鹏 等 著

法律出版社
LAW PRESS · CHINA

“献给时光
愿所有人都能被岁月温柔以待”

编辑委员会

主要作者简介

王　鹏　西安交通大学法学院副教授、博士研究生导师、丝绸之路国际法与比较法研究所、亚欧研究中心研究人员。曾任剑桥大学劳特派特国际法研究中心访问学者、能源宪章秘书处实习研究人员。主要研究方向为国际投资法、国际关系与国际法、国际法量化研究。主持国家社科基金，最高人民法院司法案例课题研究，陕西省社科基金，中国博士后科学基金特别资助、中国博士后科学基金面上资助等多项课题，在 *ICSID Review*，*The World Journal of Energy Law & Business*，*Ocean Development & International Law*，*Journal of World Investment & Trade*，*Polish Yearbook of International Law*，*Chinese Journal of Comparative Law*，*Transnational Dispute Management*，《国际政治研究》《武大国际法评论》《国际经贸探索》《西安交通大学学报》《国际法研究》《法律适用》《国际关系研究》《法律与外交》等中外文学术期刊发表论文多篇。

陆　宇　西安交通大学法学院博士研究生，师从李万强教授，主要研究方向为国际投资法学。曾参与 UNCTAD's IIA University Mapping Project 2016、国家社科基金“‘一带一路’背景下国际投资仲裁多边改革与中国对策研究”、最高人民法院司法案例研究院“国内外热点案件信息周报”项目及省部级课题多项，厦门国际法高等研究院暑期讲习班学员（2019）。

谷婀娜　法学博士，西安交通大学法学院讲师，经济与金融学院博士后，硕士研究生导师。2014~2015 年加拿大约克大学奥斯古德法学院访问学者，2019~2020 年剑桥大学劳特派特国际法研究中心访问学者。主要从事国际投资法、国际经济法基本理论问题等研究。作为负责人主持司法部项目、陕西省社科基金、中国博士后基金等省部级课题 3 项，并作为项目骨干参与国家社科基金、教育部人文社科基金、联合国贸发会等课题多项。近 5 年来，已在 *The Journal of World Investment & Trade*、《现代法学》、《国际经济法学刊》等中外刊物上发表论文十余篇。

缩略词表

英文简称	英文全称	中文名称
AEO	Authorized Economic Operator	经认可的经营者
AfCFTA	The African Continental Free Trade Area	非洲大陆自由贸易区
ASI	Authorized Sustainable Investor	经认可的可持续投资者
BEA	Bureau of Economic Analysis of the U. S. Department of Commerce	美国商务部经济分析局
BIT	Bilateral Investment Treaty	双边投资条约
BOT	Build-Operation-Transfer	建设—运营—移交特许权协议
CCJA	la Cour Commune de Justice et d' Arbitrage	非洲司法与仲裁共同法院
CEP	Clean Energy for All European Package	面向所有欧洲人的清洁能源“一揽子”计划
CETA	Comprehensive Economic and Trade Agreement	(欧盟与加拿大)综合经济与贸易协定
CFIA	Cooperation and Facilitation Investment Agreements	(巴西)投资合作与便利化协定
CFIUS	The Committee on Foreign Investment in the United States	美国外国投资委员会
CISG	United Nations Convention on Contracts for the International Sale of Goods	联合国国际货物销售合同公约
CPTPP	Comprehensive and Progressive Agreement for Trans-Pacific Partnership	全面与进步跨太平洋伙伴关系协定
CRICA	Cairo Regional Center for International Commercial Arbitration	开罗国际商事仲裁区域中心
CSIS	Center for Strategic and International Studies	(美国)战略与国际研究中心
CSR	Corporate Social Responsibility	企业社会责任

续表

英文简称	英文全称	中文名称
DSU	Understanding on Rules and Procedures Governing the Settlement of Disputes	关于争端解决规则与程序的谅解
ECT	Energy Charter Treaty	能源宪章条约
ECRA	Export Control Reform Act	(美国)出口管制改革法案
EUSIPA	European Union–Singapore Investment Protection Agreement	欧盟—新加坡投资保护协定
EUVFTA	European Union–Viet Nam Free Trade Agreement	欧盟—越南自由贸易协定
EUVIPA	European Union–Viet Nam Investment Protection Agreement	欧盟—越南投资保护协定
FATF	Financial Action Task Force on Money Laundering	反洗钱金融行动特别工作组
FCC	The Federal Communications Commission	美国联邦通信委员会
FDI	Foreign Direct Investment	外国直接投资
FET	Fair and Equitable Treatment	公平与公正待遇
FIRRMA	Foreign Investment Risk Review Modernization Act of 2018	(美国)2018 年外国投资风险评估现代化法案
FSB	Financial Stability Board	金融稳定委员会
FTC	The U. S. Federal Trade Commission	美国联邦贸易委员会
G7	The Group of Seven	七国集团
G20	The Group of Twenty	二十国集团
GATT	General Agreement on Tariffs and Trade	关税与贸易总协定
GDP	Gross Domestic Product	国内生产总值
GDPR	General Data Protection Regulation	(欧盟)通用数据保护条例
HKIAC	Hong Kong International Arbitration Center	香港国际仲裁中心
ICC	International Chamber of Commerce	国际商会
ICS	Investment Court System	(欧盟)国际投资法庭体系
ICSID	The International Center for Settlement of Investment Disputes	国际投资争端解决中心
ICT	Information and Communication Technology	信息和通讯技术

续表

英文简称	英文全称	中文名称
IEEPA	International Emergency Economic Powers Act	(美国)国际紧急经济权力法案
IISD	International Institute for Sustainable Development	国际可持续发展研究所
IMF	The International Monetary Fund	国际货币基金组织
ISDS	Investor-State Dispute Settlement	投资者—国家争端解决机制
KORUS FTA	United States-Korea Free Trade Agreement	美国—韩国自由贸易协定
LCIA	The London Court of International Arbitration	伦敦国际仲裁院
MCCI	Moscow Chamber of Commerce and Industry	莫斯科工商会
MFN	Most-Favored-Nation Treatment	最惠国待遇
NAFTA	North American Free Trade Agreement	北美自由贸易协定
NDAA	National Defense Authorization Act	(美国)国防授权法案
OECD	Organization for Economic Cooperation and Development	经济合作与发展组织
OFAC	The Office of Foreign Assets Control of the US Department of the Treasury	美国财政部外国资产控制办公室
OHADA	Organisation pour l' Harmonisation du Droit des Affairs en Afrique	非洲商法统一组织
PCA	Permanent Court of Arbitration	(海牙)常设仲裁法院
PIIE	Peterson Institute for International Economics	彼得森国际经济研究所
PTPA	United States-Peru Free Trade Agreement	美国—秘鲁自由贸易协定
QFII	Qualified Foreign Institutional Investor	合格境外机构投资者
RCEP	Regional Comprehensive Economic Partnership	区域全面经济伙伴关系协定
RQFII	RMB Qualified Foreign Institutional Investor	人民币合格境外机构投资者
RSA	Railway Security Alliance	(美国)铁路安全联盟
SADC	The Southern African Development Community	南部非洲发展共同体

续表

英文简称	英文全称	中文名称
SCC	Stockholm Chamber of Commerce	斯德哥尔摩国际商会
SDG	Sustainable Development Goal	联合国可持续发展目标
SDN	Specially Designated Nationals and Blocked Persons List	(美国财政部)特别指定国民名单
SEC	U. S. Securities and Exchange Commission	美国证券交易委员会
SWIFT	Society for Worldwide Interbank Financial Telecommunications	环球同业银行金融电讯协会
TFA	Trade Facilitation Agreement	贸易便利化协定
TPP	Trans-Pacific Partnership Agreement	跨太平洋伙伴关系协定
UNCTAD	The United Nations Conference on Trade and Development	联合国贸易与发展会议
UNCITRAL	The United Nations Commission on International Trade Law	联合国国际贸易法委员会
USMCA	United States-Mexico-Canada Agreement	美国—墨西哥—加拿大协定
USTR	The Office of the United States Trade Representative	美国贸易代表办公室
WTO	The World Trade Organization	世界贸易组织

序

随着中国逐步走近世界舞台的中央,国际法的重要性日益彰显,中国国际法教学和研究迎来了新时代的春天。然而毋庸讳言,目前我国的国际法教学和研究离国家的需要和人民的期待仍有较大差距。一个突出的表征便是,当前国际法教学和研究对实践,尤其是中国实践的关注还比较少,对中外国际法案例的系统梳理和精细研究仍不多见,国际法教学也较少以中外实践为分析蓝本。这种对"实践关切"的缺失不仅使我们对中外国际法律实践进而对国际法发展全貌难以做到"胸中有数",更在相当程度上制约了我国国际法理论的创新与实践的国际推广,其潜在影响堪称深远。可喜的是,近年来国家有关部门、学会和一批有识之士正在大力推动中外国际法实践,特别是我国国际法律实践的发掘、梳理与阐发,取得了一批优秀的初步成果。但这是一项长期的基础性工作,需要一批批人、一代代人持续不断地努力,久久为功,方能见效。

作为《国际经贸法律前沿》年度报告的第一卷,本书正是西安交通大学国际法学科青年团队同仁朝着这个方向的一种尝试和努力。本书梳理了 2019 年国际经贸领域(包括投资、贸易、金融、争端解决、"一带一路"、新议题等)的最新政策动向、国际立法进程、司法实践和智库研究,同时也包含重点域外国家的涉外经济立法、司法、执法实践,致力于为基于经验、基于案例,特别是基于中国实践的国际法教学和研究提供一本及时、好用的工具书。本书可用作法学专业本科生、硕士生尤其是国际法专业学生的教学辅助用书,可为国际经济法、国际政治、国际经济研究等领域学者提供手册式索引,亦可为从事涉外法律服务、"一带一路"研究智库研究人员、律师及其他相关工作者提供参考。

本书的特点是视野开阔,信息量大,同时阅读门槛适中。它追踪了国际经济法、涉外经济法、对外关系法等领域的主要议题,既关注国际立法和国际裁判,也关注国内涉外立法和司法实践以及顶级智库的最新研究,内容涵盖中国、美国、欧盟、俄罗斯、东亚、拉美等主要国家和地区,兼具理论性与实践性。可以说是"一册在手、全貌在握"。当然,对国际经贸领域的全景式跟踪与总结,需要较多的研究积累和较为持续的投入。由于时间、精力、经验、能力等方面的局限,团队同人尽管付出了很大努力,但有些分析和论述的深度仍显不足,对一些比较重要的问题的聚焦式探讨还比较少。这些都有待感兴趣的读者、国际法的"有心人"们进一步挖掘深化。毫无疑问,本书作者们的学术努力和探索勇气非常难能可贵,值得充分肯定与褒扬。

西安交通大学国际法学科有着悠远而又光荣的历史。1901 年,作为西安交大前身的南洋公学便开办了特班,开设了宪法、国际公法、国际条约等课程。在南洋公学工作或学习过的著名学者王宠惠(耶鲁大学博士、中国首任国际常设法院大法官)、徐谟(联合国首任中国籍大法官)、李叔同(翻译了中国最早的国际私法著作)等对中国早期的法学尤其是国际法学的发展作出了卓越的贡献。

赓续南洋法脉,新时代西安交通大学国际法团队依托 2006 年成立的"丝绸之路"国际法与比较法研究所(Silk Road Institute for International and Comparative Law,SRIICL)、2015 年成立的"丝绸之路"经济带法律政策协同创新中心等平台,孜孜矻矻,奋力开拓,终于小有所成。目前团队有国家特聘专家 1 名,教育部讲座教授 2 名,骨干成员包括 10 名教授、5 名副教授和 8 名讲师。联合国国际法院大法官、原剑桥大学惠威尔国际法讲座教授詹姆斯·克劳福德(James Crawford)、牛津大学常务副校长埃万·麦肯雅克(Ewan McKendrick)、海牙国际法研究院院长莱恩·穆勒森(Rein Müllerson)、WTO 上诉机构前主席张月姣、世界银行集团 ICSID 秘书长梅格·金尼尔(Meg Kinnear)、国际比较法科学院前秘书长尤尔根·贝斯托(Jürgen Basedow)等受聘担任我校国际法与比较法客座教授,其中詹姆斯·克劳福德教授还担任 SRIICL 名誉所长。团队教师们创办并主编了牛津大学出版社出版的国际学术期刊《中国比较法学刊》(*Chinese Journal of Comparative Law*),在牛津大学出版社、剑桥大学出版社、人民出版社、法律出版社等中外著名出版机构出版了著作数十部,在《美国比较法杂志》(*American Journal of Comparative Law*)、《欧洲国际法杂志》(*European Journal of*

International Law)、《现代法律评论》(*Modern Law Review*)等顶级专业期刊上发表学术论文百余篇,承接了包括国际与国家重大重点科研项目数十项,为中美投资条约谈判、中国加入能源宪章组织、南海争端解决、陕西自贸试验区建设等国家和地方重要决策议题提供了智库支持,有关成果获得了教育部高等学校科学研究优秀成果(人文社会科学)一等奖,陕西省哲学社会科学优秀成果一等奖,斯普林格·自然中国新发展奖,首届中国智库创新人才先锋人物奖等一系列重要奖励。

2020年4月,习近平总书记考察调研西安交大,在充分肯定西安交大的历史性贡献的同时,勉励交大师生抓住机遇,为中华民族作出卓越贡献。西安交通大学法学院与国际法学科师生深受鼓舞,决心大力弘扬"西迁精神",锐意开拓进取,努力在推进"全面依法治国"与人类命运共同体建设的进程中创造"属于我们的杰出贡献"。借此机会,我们衷心感谢各位学界先进与师友同仁长期对西安交大法学院与国际法学科发展的支持、关怀与帮助,并期待与各位师友同道继续并肩携手,共同为世界法治进步而不懈奋斗!

单文华

2020年6月26日于西安

目　　录

第一章　国际经贸法律与政策年度概览 …………………………（ 1 ）
一、2019 年趋势回顾 …………………………………………（ 1 ）
二、关键议题 ……………………………………………………（ 5 ）
三、前沿议题 ……………………………………………………（ 7 ）
四、智库研究 ……………………………………………………（ 8 ）
五、2020 年形势展望 …………………………………………（ 13 ）

第二章　国际投资法律政策新发展 ……………………………（ 16 ）
一、规则实践 ……………………………………………………（ 16 ）
二、政策动向 ……………………………………………………（ 20 ）
三、智库研究 ……………………………………………………（ 35 ）
四、小结 …………………………………………………………（ 42 ）

第三章　国际贸易法律政策新发展 ……………………………（ 44 ）
一、规则实践 ……………………………………………………（ 44 ）
二、政策动向 ……………………………………………………（ 49 ）
三、智库研究 ……………………………………………………（ 67 ）
四、小结 …………………………………………………………（ 75 ）

第四章　国际金融法律政策新发展 ……………………………（ 77 ）
一、规则实践 ……………………………………………………（ 78 ）
二、政策动向 ……………………………………………………（ 80 ）
三、智库研究 ……………………………………………………（ 86 ）

四、小结 …………………………………………………………… (89)

第五章 国际经贸争端解决新发展 …………………………………… (91)
一、规则实践 …………………………………………………………… (92)
二、政策动向 …………………………………………………………… (102)
三、智库研究 …………………………………………………………… (110)
四、小结 …………………………………………………………… (120)

第六章 “一带一路”法治建设新发展 ………………………………… (122)
一、规则实践 …………………………………………………………… (122)
二、政策动向 …………………………………………………………… (144)
三、智库研究 …………………………………………………………… (149)
四、小结 …………………………………………………………… (154)

第七章 自由贸易试验区建设新发展 ………………………………… (156)
一、中央政策 …………………………………………………………… (157)
二、地方探索 …………………………………………………………… (161)
三、创新推广 …………………………………………………………… (165)
四、小结 …………………………………………………………… (167)

第八章 国际经济法新议题 ………………………………………… (168)
一、规则实践 …………………………………………………………… (168)
二、政策动向 …………………………………………………………… (173)
三、智库研究 …………………………………………………………… (175)
四、小结 …………………………………………………………… (185)

第九章 年度报告:国际投资仲裁实证研究报告 ……………………… (187)
一、引言 …………………………………………………………… (187)
二、国际投资仲裁的基本情况 ………………………………………… (190)

三、国际投资仲裁的参与方 …………………………………… (196)
四、国际投资仲裁的程序规则 ………………………………… (213)
五、国际投资仲裁的实体内容 ………………………………… (217)
六、国际投资仲裁的成本 ……………………………………… (225)
七、国际投资仲裁的裁决与执行 ……………………………… (229)
八、小结 ………………………………………………………… (230)

后 记……………………………………………………………… (232)

第一章　国际经贸法律与政策年度概览*

导读　国际经贸法律与政策的变化与发展，根植于全球经济格局的调整和国家间经济实力对比的变化。2019年，多边贸易体制遭受重创，国际投资体制改革缓慢前进，多边主义与自由贸易在单边主义和保护主义的干扰下受到质疑与挑战。改革与重组成为2019年国际经贸法律与政策的总基调。同时，科技创新开辟了经济发展的新业态与新动能，国际经济结构与权力结构的新一轮变革使世界各国在竞争与合作中不断探索新的发展空间、争取新的发展利益、建构新的规则与秩序。

一、2019年趋势回顾

2019年，国际经贸规则在多个领域取得了新的发展。在双边及国家实践层面，以美国、欧盟为代表的发达经济体和以中国、俄罗斯、巴西为代表的新兴经济体的表现十分活跃。区域规则整合与重组明显，在全球经济治理体系改革中起到了举足轻重的作用。在区域层面，CPTPP、AfCFTA、RCEP、USMCA等相继签署，形成了新一轮区域规则重组局面。在多边层面，WTO上诉机构改革与国际投资争端解决机制改革这两项议程，使全球经济治理体系处于百年未有之大变局。改革与重组是贯穿2019年国际经贸法律与政策的总基调。

（一）国际规则

1. 双边层面

双边条约是国际经贸法律的基本形式。双边投资条约的签订数

---

* 本章执笔：陆宇、王鹏。

量在2019年仍然呈上升趋势。在2019年,美国、欧盟、中国等经济体都扩充了自身的双边条约版图。

中国一如既往坚持多边主义,在平等互利的基础上,在WTO制定的多边贸易规则项下与世界各国/地区开展形式多样的经贸合作。中共十八届三中、五中全会后,中国提出以周边为基础加快实施自由贸易区战略,形成面向全球的高标准自由贸易区网络。中国的自由贸易区战略在2019年继续稳步推进,中国分别与韩国、巴基斯坦、以色列、挪威、秘鲁、新西兰进行了自由贸易协定谈判或自由贸易协定升级谈判。另外,中美双方经历了多轮经贸谈判后,达成了中美第一阶段经贸协议,为稳定双方经贸关系作出了积极贡献。

欧盟致力于促进与全球贸易伙伴之间的开放和公平贸易,并在WTO制定的多边贸易规则基础上制定了具体的贸易政策。欧盟拥有庞大的贸易网络,41个贸易协定涵盖72个国家。2019年,欧盟与南方共同市场达成自由贸易协定,还与印度达成了双边投资便利化机制。欧盟还将可持续发展议题与贸易相结合,在与越南、日本、新加坡、墨西哥和南方共同市场签署的协议中纳入实施气候变化《巴黎协定》承诺的条款。此外,中欧双边投资协定谈判在2019年持续推进,双方已开始投资准入等文本问题上的谈判。

美国基于其单边主义的政策取向,在双边经贸关系上也有新的动向。美国政府以"极限压制"的特殊手段,要求"对等"(reciprocity)关系,在多个层面重塑了经贸关系。在亚洲,美国与中国达成了第一阶段经贸协议,并继续维持一定规模的加征关税。美国称,该协议的实施情况将成为第二阶段经贸协议谈判的前提。此外,美国与日本签署了《美日贸易协定》和《美日数字贸易协定》。

2. 区域(诸边)层面

2019年是区域整合的一个重要年份。这一年,CPTPP进入实施元年,RCEP在经过漫长的谈判后终于在除印度外的其他15国之间达成一致,USMCA取代了NAFTA重塑了北美贸易与投资体制,AfCFTA的顺利达成再一次为"泛非主义"在国际法领域的实施提供了全新的案例。

在东北亚地区,中日韩自贸区第15轮谈判将就多项议题开展实质性磋商。在跨大西洋两岸,欧盟与美国的谈判或许会为国际贸易与投资规则提供新的模板。英国“脱欧”之后，英国与美国的自由贸易协定谈判也提上日程。在亚欧大陆，“一带一路”倡议与欧亚经济联盟、海湾国家合作组织等区域合作机制的进一步融合，将持续开辟亚欧大陆的经济合作空间，进一步发掘市场潜力，为打造符合区域合作实际和特点的规则与政策奠定现实基础。

3. 多边层面

2019 年 12 月 9 日至 10 日，WTO 召开 2019 年度第五次总理事会，WTO 成员经过数月讨论形成的改进上诉机构运作的总理事会决议草案未能获得通过，WTO 上诉机构（The Appellate Body）自 2019 年 12 月 11 日起正式“暂停运转”。以 WTO 为核心的多边贸易体制遭受重创，改革势在必行。在实体层面，渔业协定、发展中成员的特殊与差别待遇、政府主导型经济与市场经济的定义等仍需达成共识。在程序层面，如何恢复上诉机制的运作以及如何进一步改革上诉机制，也是各成员需要探讨的重点。欧盟与加拿大已经提出一个初步替代方案，美国反应冷淡，该方案随后的走向还需要时间检验。

与此同时，争议缠身的 ISDS 在各多边平台持续探讨着改革的方案与路线图，其中以 ICSID 规则修订、ECT 现代化改革、UNCITRAL 第三工作组主持的各项改革议程最为瞩目。改革的议题主要包括：进一步平衡投资者与东道国的利益，增强国际投资仲裁的透明度和公信力，寻求高效便利的替代性投资争端解决机制。由于各国对 ISDS 的立场观点的差异性，短时间内凝聚改革共识的可能性较低，大国（美国、欧盟中发达国家为代表）与新兴市场国家（中国、巴西、印度为代表）的博弈将进一步决定改革进程走向。

（二）各国国内立法与政策动向

1. 各国国内法动向

（1）中国

2019 年，中国国内的自由贸易试验区战略进一步推进，在上海自由贸易试验区的基础上增设临港片区，增设中国（山东）自由贸易试验区、中国（江苏）自由贸易试验区、中国（广西）自由贸易试验区、中国（河北）自由贸易试验区、中国（云南）自由贸易试验区、中国（黑龙江）自由贸易试验区。国内各自由贸易试验区的布局形成了东西南北中协调、陆海统筹的开放态势。各自由贸易试验区以提升行政效能、优化政务服务、促进创新创业为主线，在贸易、投资、金融、财税、人员流动等方面形成了多项可复制、可推广的制度创新成果。

2019 年，中国的外资管理体制发生结构性变化。2019 年 3 月，全国人大通过《外商投资法》；2019 年 12 月，国务院颁布《外商投资法实施条例》；同月，最高人民法院发布《关于适用〈中华人民共和国外商投资法〉若干问题的解释》。这三部法律文件彻底改变了由原先“外资三法”主导的外资管理体制。

2019 年，中国的出口管理体制也发生了结构性变化。2019 年 12 月，全国人大常委会审议了《出口管制法（草案）》，此法将整合《监控化学品管理条例》《核出口管制条例》《军品出口管理条例》《核两用品及相关技术出口管制条例》《导弹及相关物项和技术出口管制条例》《生物两用品及相关设备和技术出口管制条例》等六部有关出口管制的行政法规。

（2）日本

日本修改了本国的外国投资法，新修订的法案扩大了需要进行国家安全审查的行业范围，此举与美国、欧盟及其成员国扩大对外资的国家安全审查范围的政策导向相吻合。

（3）科特迪瓦

为了满足东道国的可持续发展目标，科特迪瓦在其新版投资法中引入了环境与本地成分条款。新法明确规定所有外国投资者必须遵守科特迪瓦国内法中与环境保护有关的现行法律和法规，并且在国内法没有明确规定的领域要遵守国际通行规则。本地成分条款加强了外国投资在科特迪瓦国内的社会经济影响。

2. 各国国内法域外适用

由于单边主义（“美国优先”）的政策导向，美国的国内立法与政策演进显示出较强的“攻击性”，最具代表性的便是长臂管辖与单边制裁。长臂管辖权（long arm jurisdiction）始于美国，为了扩大自己的管辖权，美国法律规定国内法院在判断能否对一个涉外民事案件行使管辖权时，可以适用“最低限度联系”原则，即认为涉外民事案件中只要有任何因素与美国有关，就与美国有最低限度的联系，美国法院就可以主张管辖权。在实践中，美国“337 条款”、《海外反腐败法》、《出口管制法》是“长臂管辖”的法律基础。OFAC 公布了制裁合规承诺框架,并修订了《报告、程序和处罚条例》,进一步加强其实施单边主义措施的国内法基础。

为了应对域外国家针对中国的不公平贸易现状措施,中国宣布建立不可靠实体清单,并建立国家技术安全管理清单制度。中国共产党第十九届中央委员会第四次全体会议通过的《关于坚持和完善中国特色社会主义制度　推进国家治理体系和治理能力现代化若干重大问题的决定》也将研究国内法域外适用问题列为完善国家治理体系与治理能力现代化的组成部分。

二、关键议题

(一)国际投资仲裁改革

ISDS 改革正在迈入区域化,例如,CPTPP、USMCA 和 EUSIPA。此外,ISDS 改革的多边参与也变得越来越重要,包括通过联合国国际贸易法委员会第三工作组(UNCITRAL WGⅢ)关于若干改革方案的讨论以及 ICSID 的规则修订进程。

截至 2019 年年底,ICSID 已发布了三份针对规则修订的工作文件。规则修订工作聚焦采纳第三方资助、降低投资仲裁成本、平衡当事方利益、材料电子传输等。

UNCITRAL WGⅢ的改革议程较为广泛,主要议题包括常设上诉机制、仲裁员的选任、第三方资助、裁决的一致性和连续性、替代性投资争端解决机制等。包括中国在内的多个国家提交了立场文件,在此平台项下的改革进程将在 2020 年继续推进。

能源宪章会议于 2018 年年底通过了一项 ECT 现代化改革的议题清单,涵盖了投资和投资者的定义、东道国规制权、间接征收的定义、保护伞条款、虚假诉讼和第三方资助等议题。2019 年 10 月,能源宪章秘书处将各成员方对 ECT 现代化的政策反馈进行了汇总,各成员方对目前改革的方向有一定的共识,并且也提出需要对接 ICSID 与 UNCITRAL 在投资争端解决机制上的若干改革方案。

(二)多边贸易体制改革

2019 年 4 月,针对俄罗斯和乌克兰之间争端,WTO 作出了具有里程碑意义的裁决,肯定了各国以国家安全为由实施贸易限制的权利,并宣称 WTO 有权审查因为安全威胁而实施限制性措施的必要性。此项裁决在单边主义、保护主义盛行的背景下，显得更为重要，将会进一步影响全球多边贸易体制的走向。

为了回应 WTO 的改革及其上诉机制的停摆危机，中国从以下三个方面，为程序性议题的改革提出了建设性意见：(1) 解决危及 WTO 生存的关键和紧迫性问题；(2) 增加 WTO 在全球经济治理中的相关性；(3) 提高 WTO 的运行效率。同时，欧盟和加拿大拟建立 WTO 临时上诉机制作为上诉机构停摆后的替代方案。欧盟还提出，WTO 的三大职能需要全面实施"一揽子"改革，即制定贸易规则、监督各成员方贸易政策及实践和争端解决。

(三) 国际经贸合作

经历了一系列的改革与重组，国际经贸合作在主体范围和议题设置方面也有新突破。

1. 以 RCEP、AfCFTA 为代表的大型经贸协定的达成，标志着区域合作迈上了新的台阶。这两项协定涵盖了亚太地区与非洲大陆的各经济体，成为区域合作的新平台。

2. 以"一带一路"倡议为代表的国际经济发展合作倡议，通过灵活多样的商谈形式，设计符合当地发展需求的合作项目，并且在时间进度上进行短期、中期和长期的分类合作安排。

3. 合作的主体范围并不限于某一地理区域的空间范围，从而使经贸合作的版图遍布世界各地。

4. 合作的形式灵活多样，合作双方基于共同的价值目标确定合作意向，并框架性地确定合作的议题和操作流程，为后续实践过程中充分实现合作效益和发展利益，提供了政策和制度空间。

5. 对接国际通行的经贸规则，并结合合作的具体情况，创新相关规则、制度，形成具有指导意义的国际经贸合作案例，为进一步完善多边贸易与投资规则进行"试点"。

(四) 双边经贸摩擦

2019 年，双边经贸摩擦成为各国政界、商界、学界的优先应对和研究事项。美国是制造双边经贸摩擦的源动力。自特朗普 (Donald Trump) 执政以来，美国的对外经贸政策由争取多边"自由贸易" (free trade) 转向追求双边"对等贸易" (reciprocal trade)，在国际经济交往中变得更具攻击性。为了迫使美国的贸易伙伴接受“公平对等”的原则，美国单方面取消普惠制待遇，用双边谈判抛开 WTO，用加征关税等惩罚性措施“极限施压”来达成目的。2019 年，美国与欧盟、中国、日本、墨西哥、加拿大都不同程度地发生了经贸摩擦，其中与中国、欧盟的经贸摩擦尤为瞩目。这些经贸摩擦均以双边经贸协议作为休止符，美国通过双边谈判重塑其国际地位，重建全球贸易体系的做法已经取得了一定的效果，多边主义正在遭受强烈的冲击。

三、前沿议题

（一）全球科技竞争

人工智能、大数据、5G 技术引领着世界科技发展，为经济发展创造了新业态与新动能。科技发展也悄然地重塑世界经济与政治格局。例如，华为在 5G 技术上的领先优势不但没有激发市场对 5G 技术的良性竞争，反而激发了国家间的相互角逐与遏制。以 5G 技术为代表的科技创新逐渐演变成国家战略的竞争、地缘政治的博弈。

对于来自中国的 5G 技术，西方国家虽然都抱有一定的怀疑态度，但在政策制定中也存在不同的立场主张。美国主张坚决遏制华为在美国的商业存在，限制美国政府使用华为设备，并要求供应链企业停止向华为出售相关产品。同时，美国还对一些欧洲国家进行游说或威胁，迫使其放弃使用华为的通信设备与 5G 技术。2019 年 3 月，美国驻德国大使致函德国政府，声称如果德国采用了华为的通信设备，美国与德国的情报共享将被大幅削减。反观欧盟各成员国的立场则有所缓和。例如，德国政府表示不打算全面禁止华为，但将为该公司的设备使用制定新的安全规则。而已经脱离欧盟的英国也声称将允许华为的 5G 参与非核心部分的网络建设。

从西方各国的不同政策立场可以看出，竞争与合作交织是未来 5G 在全球布局的新常态，欧洲地区较为开放的态度为华为海外布局提供新的契机。

（二）跨境数据流动

以《欧盟通用数据保护条例》为代表的跨境数据流动规则，为世界各国的数据治理提供了有益的借鉴。2019 年二十国集团（G20）大阪峰会发布的《数字经济大阪宣言》，为引导数字经济健康有序发展提供了一个价值取向。中国政府提出要营造公平、公正、非歧视的市场环境,不能关起门来搞发展,更不能人为干扰市场;要共同完善数据治理规则,确保数据的安全有序利用;要促进数字经济和实体经济融合发展,加强数字基础设施建设,促进互联互通;要提升数字经济包容性,弥合数字鸿沟。作为数字经济大国,中国愿积极参与国际合作,保持市场开放,实现互利共赢。虽然 G20 大阪峰会在数字经济发展上达成了共识,但未来数字经济的发展仍然面对着开放与保守、效率与安全、公平与效益的博弈。

(三)国际产业博弈

国家发展战略是决定一国参与全球经济治理、影响国际经贸法律与政策走向的重要因素。由于新业态带来的全球供应链调整,以及国家经济实力增长带来全球经济格局变革,各国的发展战略也相应的有所调整。以中国为代表的新兴市场国家和美欧发达国家之间的战略博弈也显得尤为突出。这一时期,国际经贸法律与政策的变动与国家间的外交关系、军事实力、地缘利益相互交织,国际经贸法律不仅是规范国际经济交往的工具,也是国家间竞争的武器。

(四)单边制裁措施

单边制裁措施是美国打击竞争对手的一个利器,其霸凌主义的实质被国际社会广为诟病。美国实施的单边制裁措施与长臂管辖,是“美国优先”政策的产物,它带来的消极影响同美国历史上的军事干预、政治干预是一脉相承的。美国单边制裁措施和长臂管辖使国际经贸法律与政策成为干预企业经营、人员流动乃至国家内政的“武器”。西方有治外法权的历史传统,对所谓“非文明国家”剥夺本国公民及其财产的纠纷行使司法管辖权。在西方文明中成长的国际法也曾被认为是“文明国家间”的法。贸易霸凌主义对全球多边贸易体制和国际经贸合作带来了巨大冲击。“贸易战”“投资战”“金融战”此起彼伏,此消彼长,而开动“战争”机器的国家则借此打破秩序,重建能够优先保障其自身利益的规则和制度体系。

四、智库研究

本部分从国内外智库研究的议题切入,对 2019 年开展的若干研究进行综述。

(一)国际投资法律与政策

该领域的研究议题较为广泛,包括多边平台的改革方案和改革进程,区域层面的规则设计,双边投资条约谈判与实践以及各国国内立法与司法实践。

1. 多边改革

(1)可持续发展导向与投资便利化

为了促进东道国在国际投资法项下实现可持续发展,并进一步投资便利化,有研究认为可探索创建 ASIs[类似于《全球贸易安全与便利标准框架》的"经认证的经营者"(Authorized Economic Operator)],使符合条件的国际投资者获得一般投资者可用范围之外的投资便利化福利。同时,由于贸易和投资互为表里的紧密关系,多数观点都主张在 WTO 框架下启动投资便利化谈判,在投资领域移植贸易领域的做法。然而,此举可能忽视了发展中国家的实际情况和关于投资便利化的政策主张,不利于最终形成共识。此外,需要协调跨境贸易和创建贸易(Established Trade)在促进可持续投资方面的作用,进一步稳固国际投资合作。

(2)国际投资均衡化

各国政府都会为鼓励本国企业赴海外投资而出台各项激励措施。为了进一步规范各国的海外投资,避免国家间出现的不公平竞争,保障海外投资促进全球经济的均衡与可持续发展,有研究提议建立一项约束对外直接投资激励措施的国际框架,促进各国的政策协调,最大限度地实现海外投资效益。

(3)投资争端解决

第三方资助是国际投资争端解决机制的一个热点问题,正在进行修订的 ICSID 仲裁规则对这个议题进行了广泛的讨论。有研究指出,第三方资助应该尽可能详尽地披露第三方资助协议及其条款,以便各方了解参与案件并分享收益的具体情况,同时为更全面的监管提供证据。此外,还有研究为东道国限制投资者挑选国际投资条约提出了若干政策建议。欧盟提出的 ICS 也是学界关注的焦点,对投资法庭的运行机制和法官的独立性与公正性问题关注较多。

2. 区域整合

区域整合除了在规则层面的文本研究,还包括对美国、欧盟、中国的国别政策研究。在一些区域或特定议题项下,三方呈相互依赖的态势。在区域整合方面,美国与中国更受关注。

美国更新了 NAFTA,达成了 USMCA,北美地区的经贸格局被重新洗牌。USMCA 还对 ISDS 的适用作出了独特的双轨制安排和特定投资者排除安排。同时,也有研究对美国是否会重返 TPP/CPTPP 作出了前瞻性的分析。

中国凭借“一带一路”倡议和其倡导的共商、共建、共享原则与人类命运共同体理念,在区域整合中开辟了与西方国家不同的路径。然而在“一带一路”倡议实施的各个“片区”,由于缺少具有确定性和可预期的制度安排,引发了西方对中国搞“扩张主义”的猜疑。例如,中国在太平洋岛国的基础设施建设项目和双边贸易往来以及中国与东南亚国家的经贸合作,引发美国、澳大利亚的地缘政治忧虑。

3. 双边合作

欧盟是双边合作中的重要力量。欧盟和中国自 2013 年以来一直就双边投资条约进行谈判。2019 年 4 月 9 日发表的《中欧领导人联合声明》为 2020 年达成中欧全面投资协定设定了宏伟目标。虽然谈判进展顺利,但达成这一协定仍需要解决市场准入、投资待遇、ICS 等问题。在缺乏多边投资便利化框架的情况下,欧盟与印度寻求在双边层面达成投资便利化机制。

促进和保护投资应成为推进实现可持续发展目标的手段,新兴经济体在推动国际投资体制改革方面做出了许多新的尝试。例如,巴西出台的 CFIA 旨在加强合作的基础上进行制度改革。CFIA 提出通过国家间设定专项议题来促进投资便利化,并通过双边协商、谈判和调解来解决投资争端,侧重双边投资争端的预防。

4. 各国国内实践

2019 年 9 月,美国发布了美国财政部两项拟议规则,以规范 FIRRMA 中相关条款的执行。FIRRMA 的立法目的是扩大 CFIUS 的管辖权。新法规涵盖了“敏感”和“关键”技术、基础架构和数据领域的外国投资,但是这些领域的定义既复杂又宽泛,为外国企业赴美投资与在美外资企业的合规经营带来挑战。除美国外,欧盟各国、日本等经济体也都对国家安全审查规则进行了修订。

（二）国际贸易法律与政策

1. 中美经贸摩擦的比较研究

从日美摩擦的历史经验来看，贸易摩擦在给日本带来冲击的同时，也促进了日本产业变革、技术创新和制度调整。中美经贸关系正在从合作向竞争转变，国家竞争态势从局部产业的竞争向全面竞争演进。因此，中美经济制度的协调更加重要。中国当前正在全面改革国内外资管理体制，运用自由贸易试验区开展先行先试，全面转变政府监管模式，构建制度型开放的新格局，中国可与美国在双边经贸关系方面建立多维度协调机制。

2. 外国投资国家安全审查

美欧两大发达经济体相继对外资国家安全审查制度进行更新，其影响力在一定程度上引起了世界各国之间的联动效应。美国新版规则进一步扩大了审查的范围并且赋予了 CFIUS 更大的自由裁量权。促使 CFIUS 考虑将某项不受管辖的交易认定为受辖的因素包括但不限于：（1）涉及的技术是否具有“破坏性”；（2）开展研发的地方；（3）涉及的美国企业是否受到严格监管，即航空器、航空航天、金融、银行、证券交易所或能源行业，尤其是核能行业。

《关于建立欧盟外国直接投资审查框架的条例》（Regulaton of Establishing a Framework for Screening of Foreign Direct Investment into the European Union）于 2019 年 4 月 10 日正式公布。新条例旨在：（1）建立一种成员国和欧盟委员会能够交换信息并提出与具体投资有关问题的合作机制；（2）如果外国投资对一个以上成员国的安全或公共秩序构成威胁或当投资可能破坏事关整个欧洲利益的项目或计划，如欧盟地平线 2020 计划（Horizon 2020）或伽利略计划（Galileo），欧盟委员会可以发表意见；（3）鼓励在投资审查领域开展国际合作，包括分享针对共同关切问题的有关经验、实践案例和相关信息；（4）为希望在国家一级维持或采用筛选机制的成员国提出一定的要求，成员国对是否允许在其领土内进行具体的投资活动拥有最终决定权；（5）确保审查程序的高效与保密性，欧盟的做法使各成员国与欧盟之间在外资国家安全审查机制的运作过程中形成了一套双层机制。《关于建立欧盟外国直接投资审查框架的条例》在某种程度上对成员国具有示范法的作用。目前,欧盟各成员国已着手更新或建立本国的外资国家安全审查制度。

（三）国际经贸法律与政策的交叉研究

1. 地缘经济

麦肯锡全球研究院最新发布的《MGI 中国—世界经济依存度指数》显示,世界对中国经济的依存度相对有所上升,但中国对世界经济的依存度则相对降低。例如,中国企业的绝大部分营收仍然来自本国市场。国际企业进入中国金融市场时,依然要面对运营与监管方面冗杂的掣肘因素。尽管中国蓬勃的数字经济产生了海量数据,但跨境数据流的规模仍然较为有限。世界各国正在重新审视这种负相关的关系产生的原因,并探索改善的路径。

中国企业全球化发展也带来了地缘经济上的变动。CSIS 的研究指出,随着中国成为经济超级大国,中国的几家企业已跻身全球最大企业之列。目前,中国最大企业的收入以万亿计,而评估它们在全球市场中的存在可以洞悉中国不断扩大的经济影响力。

俄罗斯凭借其丰富的油气资源和横跨亚欧大陆的地理位置,也对地缘经济格局的变动产生了深远的影响。长期以来,掌握向欧盟的天然气供应和阻止欧盟的能源供应多元化发展一直是俄罗斯经济战略的关键组成部分。以北溪 2 号项目为例,该项目会使俄欧双方的地缘经济格局均发生变化。该项目将更大幅度地提升欧盟成员国对俄罗斯的能源依赖,并使俄罗斯降低对乌克兰的过境依赖。两种依赖都会引起美国的忧虑,北溪 2 号项目背后的美、俄、乌、欧的地缘经济博弈可见一斑。

2. 地缘政治

由于美国的单边主义立场和英国脱欧的后续影响,有研究担心多边主义会受到更大范围的质疑。美国布鲁金斯学会提出,为了防止西方主导的国际体系的衰落,遏制中俄的崛起,应在地缘政治竞争的世界中重塑自由主义的经济体制,并建立相应的民主制度框架,以实现自由主义世界体系的长期稳固。

将贸易等经济议题与政治议题、军事议题捆绑在一起,是美国政府采取的惯常手段。这也影响了美国智库对议题的研究视角。例如,兰德公司的研究指出,如果美国政府打算在贸易问题上采取更强硬的立场，中国政府可以利用朝鲜弃核的进程向美国反制，并警告美国带有攻击性的立场可能对朝鲜正在进行的拆除平壤核武器兵工厂的努力产生负面影响。

3. 国家竞争

国家经济实力的增长、国家间经贸合作的变动以及国际投资与贸易规则的演进都会对一国及一国跨国企业的发展空间产生影响，进而会波及国家的政治收益和企业的经济利益，影响国际经贸规则的发展。因此，有的研究更加关注国家战略竞争对国际经贸规则的总体走向产生的影响。一国的海外利益的布局和维持需要该国有与之相匹配的军事力量作为支撑，军事实力的对冲会对一国的海外利益格局产生直接的影响，俄罗斯和中国不断增长的军事实力会对其海外利益的扩大产生积极影响。

综上所述，通过对比国内外智库研究议题和成果可以看到，由于研究偏好和研究专长的差异，国内外智库研究的议题有所不同，并且在一些相同议题的研究中也存在不同的立场和观点。

国内智库的研究主要侧重于中国发展的实际需要，以及国内相关法律法规与政策解读。研究的议题包括完善中国国内经贸立法、优化国内营商环境、“一带一路”倡议、中美经贸摩擦等。国外智库的研究则更侧重立足于国际经贸规则在多边和区域层面的发展，以及国际贸易投资规则与机制和地缘政治、地缘经济互动过程中的变化与发展，研究的议题涵盖国际投资争端解决多边化改革、WTO 改革、国际关系与国际经贸合作等。

五、2020 年形势展望

在 2019 年，无论是旧议题的规则修订，还是新议题的规则建构，国际经贸法律和政策的发展，具有明显的政治驱动因素，竞争色彩浓厚；国际经贸法律和政策的发展具有明显的经济分配效应，往往契合主导国的竞争优势和强势产业；在规则设计和导向上，新规则往往与国际和国内的已有原则和规范相结合，力求新规则的正当性。本章在开篇时指出，2019 年的总基调是改革与重组。因此，为了进一步落实新规则、新机制，推动新格局的产生，竞争与合作将会是 2020 年的主题。

1. 多边层面的若干改革议程将在 2020 年持续推进。WTO 改革在其上诉机构停摆之后走到了一个历史的关键十字路口。旷日持久的国际投资争端解决改革在 2020 年还会对各种改革方案进行探讨，全球投资发展的新趋势，美国、欧盟部分成员国、中国等投资大国的改革立场以及国家间协调的结果会决定这项改革议程的最终走向。

2. 区域层面的规则整合在 2020 年将暂告一段落。USMCA、RCEP、AfCFTA 等三大标志性的区域性经贸规则将进入生效后的首个自然年。“一带一路”倡议经历了近 7 年的探索，也逐渐走向成熟，其发展动力将会由项目引领逐步转向体制机制的可持续推动。上述区域性经贸规则以及国际经贸合作机制与 2018 年年底生效的 CPTPP 几乎涵盖了整个世界版图，各套规则或机制之间的相互重叠形成的多层平行架构，必然会产生新的合纵连横，将竞争与合作进行到底。

3. 双边层面的竞争与合作格外值得关注。美国、欧盟、中国是这一层面的主角。一方面，中美第一阶段经贸协议进入实施阶段，协议实施的效果将关乎中美在 2020 年的经贸关系走向和中美第二阶段经贸协议谈判的前景。随着全球经济增长进一步恶化和主要国家领导人选举周期临近，中美两国的信任基础正在削弱，两国的合作面临更多不确定性。另一方面，美欧经贸摩擦也同样影响着跨大西洋两大经济体的经贸关系，双边经贸摩擦的溢出效应甚至会波及多边规则的存在与发展。此外，欧盟为改革 ISDS 而于 2015 年提出的 ICS 已在双边文本上落笔，未来欧盟或许会进一步扩大投资法庭机制在双边层面的存在范围，进而对国际投资争端解决的多边化改革产生深远影响。

4. 全球经济形势对国际经贸规则的影响将更加明显。全球经济增长乏力，新技术迟迟未能突破，全球进入零和博弈的存量竞争时代。各国民族主义抬头，国际规则竞争加剧，很大程度上就是国际合作的国际和国内分配不均导致的。2020 年年初，新冠肺炎全球扩散，全球产业链安全受到极大威胁，各国消费被极大抑制，经济增长的供给和需求都严重不足，各国经济“脱钩”的风险加大；全球油价波动，资本市场出现恐慌性波动，全球经济增长的信心基础极大削弱。因此，国际合作的经济基础更加脆弱。至此，无论是大国领导和支持，还是相互依赖的全球经济体系，抑或是国际和国内社会共识，第二次世界大战之后的全球经济法制化、制度化、司法化进程都面临彻底“熄火”威胁，民族主义和保守主义政策可能进一步抬头。

2020年,世界各国在国际经济结构转型升级的过程中,还将不断通过多维度的竞争来获取新的发展空间,从而为国家和各市场主体获取政治收益和经济利益,并奠定国际经贸规则话语体系中的地位。随着国际经济格局变化和国家间力量对比的调整,国际经贸规则可能在竞争与合作间摇摆,在不同领域可能存在差异性实践,不同议题之间的联系和组合将更加多样。至于全球各国在分化与组合之间走向合作还是竞争,走向开放还是封闭,只能留待时间来回答了。

第二章　国际投资法律政策新发展*

导读　2019年,欧美等主要经济体采取了相当数量的保护主义的外资政策。在此背景下,中国主动与国际规则接轨,确立了全面开放新格局下外商投资的基本法律制度——《外商投资法》,实行准入前国民待遇加负面清单管理制度,释放出中国促进投资自由化和保护外商投资的积极信号。在国际层面,国际投资监管制度正面临着系统性改革,投资便利化、企业社会责任等新议题也被列入投资监管政策的讨论中。大区域间的综合贸易和投资协定谈判数量增多,投资区域一体化的步伐正在加快。

随着新兴经济的资本“走出去”,国际直接投资流动变得复杂化,很多国家出现了“身份转换”的现象,即由资本输入国或资本输出国转变成为资本双向流动大国。世界急需一个更加平衡的投资监管体系,促进更负责任的投资和更健康的经济发展。与此同时,国家间的竞争关系也对外资监管提出了新的挑战。本章依次介绍国际和国内层面的投资规则实践、政策动向和智库研究成果。

一、规则实践

(一)区域层面

1.《关于建立欧盟外国直接投资审查框架的条例》

在2017年的国情咨文中,时任欧盟委员会主席容克(Jean-Claude Juncker)提出了创建第一个涵盖欧盟全境的投资审查框架的建议。欧

* 本章执笔:闵婕、胡欣然。

洲议会于2019年2月14日投票通过,并经欧盟成员国批准,欧盟委员会于2019年3月21日正式公布《关于建立欧盟外国直接投资审查框架的条例》。该投资审查条例于2019年4月10日生效,[1]意图强化欧盟对外国直接投资的审查力度,保障欧洲的安全和公共秩序。

此前,欧盟层面缺乏统一的外资审查立法。在欧盟28个成员国中,尽管有12个国家建立了国家层面的外资审查机制,但各国在适用范围、适用标准、审批程序、审批时长等方面均有不同,投资审查规则碎片化明显。2017年,德国、法国和意大利牵头向欧盟委员会提交倡议,希望在欧盟层面加强对外国直接投资的统一有效规制。

《关于建立欧盟外国直接投资审查框架的条例》一共17条,规定了适用范围、审查机制、审查因素、合作机制、年度报告、影响欧盟利益的外资项目、信息要求、国际合作、评估等内容。该条例将在欧盟层面建立外商直接投资的合作机制、预警机制和集中数据库,方便欧盟成员国与欧盟委员会之间交换信息。对于可能会影响安全或公共秩序的项目,接受投资并购的成员国必须"适当考虑"相关信息和建议;对于影响欧盟整体利益的项目,成员国将需"最大程度"考虑欧盟委员会的任何意见。但是,成员国对是否最终审批通过在其领土内的并购交易保留最终的决定权。在程序上,外资项目的安全审查仍由投资所在成员国开展,但成员国应将外资项目信息及时通报欧盟委员会和其他成员国。

《关于建立欧盟外国直接投资审查框架的条例》的快速出台表现出欧盟主要成员国对外国直接投资加大审查的态势。接下来,欧盟委员会和欧盟成员国还将出台必要措施以在2020年10月11日之前全面实施投资审查条例。

2. 欧盟与越南投资保护协定[2]

2017年9月,欧盟与越南分别缔结了EUVFTA和EUVIPA两项

---

[1] 中国驻欧盟使团经济商务参赞处:《欧盟理事会通过外国直接投资审查规定》,载商务部网:http://eu.mofcom.gov.cn/article/i/jyjl/m/201903/20190302846433.shtml;中国驻欧盟使团经济商务参赞处:《欧盟外商投资审查条例生效》,载商务部网:http://eu.mofcom.gov.cn/article/i/jyjl/m/201904/20190402858029.shtml,2020年3月2日最后访问。

鉴于本书的特殊性(涉及国际经贸法律实践的前沿性研究),且考虑到数据的动态变化,本书涉及的所有网络参考文献都以最后访问日期为准。——编者注

[2] European Commission: *EU - Viet Nam Trade and Investment Agreements*, European Commission (Sep. 24, 2018), http://trade.ec.europa.eu/doclib/press/index.cfm? id=1437.

协定。EUVIPA 将取代目前 21 个欧盟成员国与越南签订的双边投资协定。EUVIPA 在救济机制上安排了欧盟主张的投资法院体系，以保障投资保护规则的实施，并保留了双方政府的合理规制权。EUVIPA 的内容还包括承诺有效执行《巴黎协定》，要求双方尊重和有效执行国际劳工组织关于工人基本权利的各项原则。

欧盟表示，EUVIPA 将为欧洲和越南的公司、消费者和劳工带来更多好处，尤其可以增进劳工权利，加强环境保护，落实《巴黎协定》下的气候变化应对义务。在 EUVIPA 签署后，越南批准了劳工组织关于集体谈判的公约，并表示最迟在 2023 年之前批准国际劳工组织的两项基本公约。

3. 中国香港与东盟部分国家《投资协定》生效[1]

中国香港与东盟 10 个成员国于 2017 年签订《投资协定》。该协定的投资保护部分涵盖了公正公平待遇条款、自由转移条款、征收补偿条款等。在投资协定生效后，老挝、缅甸、新加坡、泰国和越南将保护中国香港在当地的投资。根据投资协定，当投资被征收或因战争、武装冲突等事件而遭受损失时，东道国将给予在当地投资的中国香港企业相关补偿。

（二）双边层面

1. 澳大利亚与乌拉圭双边投资条约[2]

2019 年 4 月，澳大利亚与乌拉圭签订新版双边投资条约。新条约生效后，其将取代 2001 年的旧版条约。新条约强化了国家为了公共政策目标而行使的立法和监管权，在序言部分写入了各国的监管权，强调了东道国政府在行使立法和监管事项方面的灵活性。新条约在例外条款中指出，本条约的任何内容不得被解释为阻止缔约国任何一方采取或实施为了公共政策目标所必需的措施。

---

[1] 新华社：《香港与东盟部分国家投资、自贸协定生效》，载新华网：http://www.xinhuanet.com/gangao/2019-05/16/c_1124504836.htm，2020 年 3 月 2 日最后访问。

[2] International Institute for Sustainable Development (IISD): *Australia inks new BIT with Uruguay, trade and investment deals with Hong Kong*, International Institute for Sustainable Development (Jun. 27, 2019), https://www.iisd.org/itn/2019/06/27/australia-inks-new-bit-with-uruguay-trade-and-investment-deals-with-hong-kong/.

2. 澳大利亚与中国香港双边投资条约[1]

2019年3月，澳大利亚与中国香港签署新版双边投资条约。根据新条约规定，自该条约生效起10年内，现有投资将会受到旧版双边投资条约的规制。新条约包含"投资与环境、健康和其他监管目标"的专门条款，允许缔约方采取"与本条约一致的一切措施"，以确保投资与某些公共政策目标相适应。

3. 中国香港与智利双边投资条约[2]

2019年7月14日，中国香港与智利在2016年签署的双边投资条约生效。该条约主要包括公平公正和非歧视待遇、征收补偿、投资收益自由转移等。在原有自由贸易协定的基础上，该条约将进一步增强投资者的信心，带动中国香港与智利之间的投资往来，巩固两地的经贸联系。至此，中国香港缔结且生效的投资条约数量增至20个。

（三）国内层面

《外商投资法》于2018年被列入年度立法工作计划，并在当年12月提请全国人大常务委员会审议。2019年2月25日，宪法和法律委员会召开会议，完善形成《外商投资法（草案）》，并将这部法律草案提请十三届全国人大二次会议审议。2019年3月11日，全国人民代表大会宪法和法律委员会召开全体会议，根据各代表团的审议意见，对《外商投资法（草案）》进行统一审议，对草案进行了修改完善。2019年3月15日，《外商投资法》在全国人民代表大会第二次会议上以高票表决通过。[3]

《外商投资法》共分为6章，包括总则、投资促进、投资保护、投资管理、法律责任、附则，共42条，对新的外商投资法律制度作出了基本

---

[1] IISD: *Australia inks new BIT with Uruguay, trade and investment deals with Hong Kong*, International Institute for Sustainable Development (Jun. 27, 2019), https://www.iisd.org/itn/2019/06/27/australia-inks-new-bit-with-uruguay-trade-and-investment-deals-with-hong-kong/.

[2] 沈婧婕：《香港与智利投资协定生效》，载人民网：http://hm.people.com.cn/n1/2019/0716/c42272-31237501.html，2020年3月4日最后访问。

[3] 全国人大：《外商投资法专题》，载中国人大网：http://www.npc.gov.cn/npc/c35794/wstzfca.shtml，2020年3月2日最后访问。

规定：一是明确扩大对外开放和促进外商投资的主基调；二是坚持外商投资基础性法律的定位；三是坚持中国特色和国际规则相衔接；四是坚持内外资一致。

在总则部分，《外商投资法》规定国家坚持对外开放的基本国策，鼓励外国投资者依法在中国境内投资。国家对外商投资实行准入前国民待遇加负面清单管理制度。“准入前国民待遇”是指在企业设立、取得、扩大等阶段给予外国投资者及其投资不低于本国投资者及其投资的待遇。“负面清单”是指国家规定在特定领域对外资准入实行特别管理措施。负面清单由国务院发布或者批准发布。对负面清单之外的外商投资给予国民待遇。在投资保护部分，《外商投资法》强调“国家对外国投资者的投资不实行征收。在特殊情况下，国家为了公共利益的需要，可以依照法律规定对外国投资者的投资实行征收或者征用。征收、征用应当依照法定程序进行，并及时给予公平、合理的补偿”。

《外商投资法》有利于推动我国“从流动型开放向制度型开放转变”。《外商投资法》在总结“外资三法”实施经验的基础上，确立了全面开放新格局下外商来华投资的基本制度框架，实行准入前国民待遇加负面清单管理制度，明确国家支持企业发展的各项政策同等适用于外商投资企业，强化对外商投资合法权益的法律保护，完善法治化、国际化、便利化的营商环境，更好地吸引、保护、管理外商投资，为我国积极有效利用外资、推动新一轮高水平对外开放提供更加有力的法治保障。

二、政策动向

根据 2019 年 UNCTAD 发布的《世界投资报告》，[1] 发达国家和发展中国家增加了对外商投资进行限制的政策和法律法规。发达国家在国家安全问题上采取了许多限制举措，发展中国家多在某些行业设定外资所有权上限。各方都在加强建立投资审查框架，限制外商投资进入关键领域和行业，保护国内核心和专门技术。此外，可持续发

---

[1] UNCTAD：*World Investment Report* 2019-*Special Economic Zones*，(Jun. 12，2019)，UNCTAD：https://unctad.org/en/pages/PublicationWebflyer.aspx? publicationid=2460.

展、性别平等议题也被纳入晚近的投资政策中。

(一)国际条约谈判

在双边层面,中欧投资协定与美欧、美英双边经贸谈判将于2020年继续推进。在区域层面,欧盟成员国就终止欧盟内部双边投资协定的诸边条约达成一致。此外,AfCFTA投资章节、RCEP等大型区域协定谈判仍在继续。在多边层面,关于ISDS改革的讨论在UNCITRAL和ICSID项下持续进行。

1. 中欧投资协定谈判

中欧之间的经贸合作关系对彼此至关重要。中国是仅次于美国的欧盟第二大贸易伙伴,而欧盟是中国最大的贸易伙伴和主要投资伙伴。据统计,截至2018年12月,欧盟累计对华投资额1306.5亿美元,是中国第三大累计实际投资来源地。同期,中国对欧盟直接投资存量达907.4亿美元。[1] 2013年,中国和欧盟启动《中欧全面投资协定》的谈判。2013年至2018年,双方围绕双边投资协定已经举行了17轮谈判,但进展缓慢。进入2019年,中欧双边关系的活跃程度较先前有了大幅度提升,2019年4月9日,中欧领导人会晤期间,双方明确表示将在当年取得实质性进展,并于2020年签署高水平的双边投资协定。

(1)中欧领导人联合声明[2]

2019年4月9日,中国总理李克强同欧洲理事会主席图斯克(Donald Tusk)、欧盟委员会主席容克(时任)在布鲁塞尔举行的第二十一次中欧领导人会晤上发表联合声明,双方承诺在投资领域需取得实质性进展,特别是在投资自由化方面,力争在2020年达成高水平的中欧投资协定。一旦协定予以缔结,对外资的市场准入、消除影响外国投资者的歧视性要求和做法、建立平衡的投资保护框架以及纳入投资和可持续发展等条款将会做出实质性的调整和完善。根据中欧联合声明,双方同意建立高层沟通机制负责持续督导谈判,并于2019年

---

[1] 中国商务部新闻办公室:《第25轮中欧投资协定谈判在布鲁塞尔举行》,载商务部网:http://www.mofcom.gov.cn/article/ae/ai/201912/20191202923735.shtml,2019年12月20日最后访问。

[2] 新华社:《第二十一次中国—欧盟领导人会晤联合声明》(全文),载中国政府网:http://www.gov.cn/xinwen/2019-04/09/content_5381013.htm,2019年4月9日最后访问。

年底前向双方领导人汇报进展。

(2)谈判进度和重点内容[1]

从2019年6月到12月,中欧围绕协定文本和清单完成了第21~25轮谈判(见表2-1)。中欧谈判涉及的议题广泛,包括市场准入、非歧视待遇、技术转让、审批程序的公平性和可预测性、透明度规则,以及对包括劳工、环境和气候在内的可持续发展的承诺等。改善和重新平衡中欧的贸易和投资关系是谈判的主要目标之一。欧盟希望中国在对外投资基础设施的方式上提高透明度。由于欧盟对外资监管审查日益严格,中资企业对欧盟的直接投资下降,中国更加重视巩固本国企业在欧洲市场的准入。

表2-1　2019年中欧投资协定谈判详情

谈判场次	谈判时间	谈判地点
第21轮谈判	2019年6月10日至14日	北京
第22轮谈判	2019年7月15日至19日	布鲁塞尔
第23轮谈判	2019年9月17日至24日	北京
第24轮谈判	2019年11月5日至8日	北京
第25轮谈判	2019年12月16日至19日	布鲁塞尔

在第22轮谈判中,双方重点围绕《2019年欧盟—中国领导人峰会联合声明》中强调的投资自由化进行谈判。与此同时,通过健康和运输两个专业模块会议,继续推进市场准入谈判。根据欧盟委员会2019年7月发布的一份报告,中欧双边谈判已经在金融服务和国民待遇领域取得了一些进展。报告还指出,在解决国家间争端方面需要取得"更切实的进展",这也是谈判的重点。在可持续发展方面,欧盟首席谈判代表就与投资有关的环境和劳工政策问题以及下一步技术工作的路径展开了探讨。在争端解决方面,谈判双方就投资者母国与东道国之间的争端解决进行了建设性的交流,并表示下一步务必抓紧谈判,以取得更加

---

[1] IISD: *EU-China investment negotiations: Advances on national treatment, financial services*, International Institute for Sustainable Development (Sep. 19, 2019), https://www.iisd.org/itn/2019/09/19/eu-china-investment-negotiations-advances-on-national-treatment-financial-services/.

切实的进展。

在第 25 轮谈判中,欧盟表示希望平衡目前中国与欧盟之间在市场开放程度上的差距。欧盟尤其希望寻求中国在关键领域的开放,如电信、信息及通信技术、医疗卫生、金融服务和制造业。此外,欧盟还期望中国作出承诺,确保在中国的欧洲公司能够拥有公平的竞争环境,包括避免强制性技术转让,取消歧视性审批程序,确保国有企业在同等条件下竞争,提高中国公司补贴透明度。欧盟还希望中国致力于可持续发展事业,特别是在保护气候、环境、劳工权利方面作出持续性的努力。[1]

(3)困境与挑战

中欧双方推进投资协定谈判需要妥善解决市场准入、国民待遇和投资争端解决机制等关键问题。

一是市场准入问题。欧盟希望中国进一步扩大市场开放,加强知识产权保护;中国则希望欧盟对外商投资审查框架标准能够更加清晰明确,避免中国企业遭受不公平待遇。对欧盟成员国而言,欧盟的双层法律体系使其在国家层面享有保留措施,因而,如何在欧盟及其成员国对市场准入的期望与中国可能做出的让步之间寻求平衡是一项艰难的工作。与以往不同的是,欧盟已不再将中国视为发展中国家,并重新审视双方之间的关系,从先前的合作转为合作与竞争并存,对中国的防范心理和政策法律措施都在加强。因此,双方应进一步加强沟通对话,推动双方基于规则的良性竞争。

二是国民待遇。中国的国有企业在补贴、延期缴税和信贷支持方面比民营企业享有更多优待。虽然新通过的《外商投资法》规定了外商准入前国民待遇,但是并没有明确国有企业的地位,这有待于在未来国务院发布的法规中进一步细化。此外,中国和欧盟成员国签订的投资条约均无准入前国民待遇条款的规定。

三是争端解决机制。欧盟与其他伙伴在双边、多边谈判时都极力主张 ICS。然而,中国政府在投资仲裁改革中明确表示,现有投资仲裁机制有利于保护中国在海外的投资。尽管中国对欧盟主张的 ICS 没有

---

[1]　中国商务部新闻办公室:《第 25 轮中欧投资协定谈判在布鲁塞尔举行》,载商务部网:http://www.mofcom.gov.cn/article/ae/ai/201912/20191202923735.shtml,2019 年 12 月 20 日最后访问。

明确支持,但在中欧联合声明中,双方都希望在推动投资争端解决机制改革方面展开合作,具体进展有待进一步观察。

2. 欧盟内部投资条约终止[1]

2019 年 1 月 15 日和 16 日,欧盟国家签署声明,同意在年底前终止约 200 个欧盟内部的双边投资协定(Intra-EU Bilateral Investment Treaties),并要求正在处理纠纷案件的仲裁庭以“缺少有效同意”的原因停止进程。根据声明,欧盟委员会将尽快加强与成员国的讨论,以更好地确保对欧盟内部投资的全面、有力和有效的保护。这些讨论包括对现有争端解决机制的评估,以及在必要的情况下,根据欧盟法律创制新的或改进现有争端解决机制和方式。2019 年 10 月 24 日,欧盟成员国达成终止欧盟内部双边投资协定的诸边条约。

3. ECT 现代化[2]

ECT 是能源行业的多边贸易和投资协议,缔结于 1991 年 12 月,并于 1998 年 4 月对欧盟生效。截至目前,已有 52 个国家和欧洲经济共同体(European Economic Community,欧盟前身)、欧洲原子能共同体签署 ECT。然而自其缔结以来,ECT 条款几乎没有被修改过,并已成为当今世界上遭遇诉讼最多的投资协定(截至 2019 年年底,共有 121 起根据 ECT 提起的投资仲裁)。

在投资保护领域,ECT 并不完全契合欧盟改革国际投资规则的方向。欧盟于 2019 年 5 月 14 日通过决议参与 ECT 现代化谈判,其中对 ECT 的修订建议包括:(1)规制权条款;(2)违反公平公正待遇的列举式清单;(3)对征收范围作出更明确的界定,包括对间接征收的说明;(4)提高透明度和负责任的商业行为条款;(5)对包括气候变化和清洁能源转型在内的可持续发展条款作出更强有力的规定。

(二)国家/地区立法动态

近年来,各国政府出于国家安全原因拒绝外国投资的情况日益增

---

[1] European Commission: *EU Member States Agree on a Plurilateral Treaty to Terminate Bilateral Investment Treaties*(Oct. 24, 2019), European Commission: https://ec.europa.eu/info/publications/191024-bilateral-investment-treaties_en.

[2] European Commission: *Energy Charter Treaty Modernisation - European Commission Presents Draft Negotiating Directives*(Mar. 2, 2020), European Commission: http://trade.ec.europa.eu/doclib/press/index.cfm? id=2017.

加,这类审查最初被认为是控制涉及军事和国防领域投资的一种手段。对外国投资审查的范围和内容逐渐扩大,逐步延伸到东道国国内战略性行业和关键基础设施领域,如能源生产和供应、供水、运输、电信、矿产资源或媒体。最新的发展动态是外国投资审查将进一步延伸到外国人对国内技术和专有技术的收购,如人工智能、机器人、半导体、云计算、5G、量子技术、计算硬件、纳米技术、生物技术或卫星和航空航天等。有部分国家也已经采用或正在考虑与安全相关的审查程序,以规制外国投资者获取本国公民的敏感数据。

根据UNCTAD发布的投资政策监测报告,从2011年1月至2019年9月,至少有13个国家/地区引入了新的投资监管框架。此外,有15个国家/地区对现有投资审查系统进行了至少45项重大修改,背后的动因包括:尖端技术和专有技术已成为各国国际竞争力的关键因素;许多国家认为具有战略重要性的公司和关键基础设施公司不能受外国控制;对外国直接投资的审查是对国有企业和基础设施私有化的必要平衡;扩大审查范围也是对外国国有或控股企业和主权财富基金投资活动增加的部分回应(见表2-2)。

表2-2 各国/地区外资准入审查政策动态

政策措施分类	时间(年)	国家/区域	措施内容
增加审查对象	2011	韩国	当目标公司拥有高技术和经济价值或能够为相关产业带来高增长潜力的国家核心技术时,可以进行外国直接投资审查
	2014	法国	扩大了外资收购需要审查的行业清单,包括水、电、天然气、石油和能源供应,交通网络运营,电子通信,公共卫生,关键工厂和设施的运营
	2018	德国	扩大了关键基础设施的定义,纳入了对形成公众舆论至关重要的新闻和媒体公司

续表

政策措施分类	时间(年)	国家/区域	措施内容
增加审查对象	2018	美国	启动了关键技术试点计划,旨在扩大审查与新兴技术和基础技术公司有关的外国投资并购。FIRRMA 对任何保存或收集可能被利用的公民敏感个人数据的美国实体的任何投资进行审查
	2019	欧盟	一项欧盟条例建议成员国考虑外国投资者获取包括个人数据在内的敏感信息的影响,或在其外国直接投资审查过程中控制这些信息的能力
	2019	日本	扩大了外国直接投资审查涵盖的部门清单,包括集成电路制造、计算机、无线通信设备和移动电话、软件开发、电信和信息处理服务
降低审查门槛	2012	芬兰	对外国公司收购的审查门槛从控股 33%降低到 10%
	2018	英国	将高科技行业触发投资审查的门槛从 7000 万英镑降至 100 万英镑,特别是计算机硬件设计和生产,以及量子技术的开发和生产
	2018	德国	德国政府修订了《对外贸易和支付条例》,将军事设备、加密技术和 IT 安全、关键基础设施的外国所有权门槛从 25%降至 10%
扩大审查范围	2017	日本	开始审查外国对特定行业中所有公司(不仅是上市公司)的股票和股权的收购
	2018	美国	FIRRMA 增加了外国直接投资审查涵盖的新型交易

续表

政策措施分类	时间(年)	国家/区域	措施内容
扩大披露义务	2011	中国	商务部《实施外国投资者并购境内企业安全审查制度的规定》中规定了在审查程序中披露的文件。这些文件包括合并后企业任命的董事会成员、总经理、合伙人和其他高级管理人员名单
	2014	意大利	明确了在外国直接投资筛选过程中需要披露的信息(如财务计划、对于收购项目及其影响的一般说明、关于收购方及其业务范围的详细信息)
延长审查时间	2015	加拿大	延长了《关于投资的国家安全审查条例》规定的某些截止日期,以使政府能够采取更灵活的做法
	2017	德国	将审查程序的最长期限从2个月延长至4个月
	2019	意大利	将投资审查程序的最长期限从15天延长至45天
加重惩罚力度	2015	澳大利亚	为协助违反外国直接投资审查要求引入了第三方责任
	2017	俄罗斯	任何外国投资者在俄罗斯在没有通过必要的审查的情况下购买公司5%或以上的股本,其在该公司的投票权将被暂停
	2019	意大利	对规避外国直接投资审查程序以达到交易价值双倍的行为实行了行政制裁(该条款已于2019年9月10日失效)

资料来源:UNCTAD Investment Policy Monitor:*National Security - Related Screening Mechanisms for Foreign Investment* (Dec. 5, 2019), UNCTAD: https://unctad.org/en/PublicationsLibrary/diaepcbinf2019d7_en.pdf.

1. 美国

(1) CFIUS

1975年,美国创立CFIUS监管外国投资。CFIUS是一个由财政部部长担任主席的内阁级委员会，由国防部长和美国其他国家情报部门成员主导。CFIUS 在收到项目投资的通知申报后，由财政部组织成员负责审查事宜，一般经过 30 天或者 75 天的审查期后，会有两种结果：一种是认定交易对国家安全不构成风险，另一种则是向总统呈送其有关风险缓解或否决交易的建议。总统会在 15 天内决定是否接受、修改或拒绝委员会的建议。[1]

在 1988 年之前，CFIUS 由行政部门独立管理，没有国会的参与。1988 年，美国国会通过了《国防生产法埃克森—弗罗里奥修正案》，确立 CFIUS 作为行政主管机构的地位，专注于国防、军事和国家安全问题。2007 年，美国国会通过了《2007 年外国投资与国家安全法》，扩大了 CFIUS 的管辖范围和权力范围。

（2）美国财政部 FIRRMA

2018 年，美国在两党的压倒性支持下通过了 FIRRMA。[2] FIRRMA 进一步扩大了 CFIUS 的权力范围，增加了外国直接投资审查所涵盖的新型交易，此外，对任何保存或收集可能利用公民敏感个人数据的美国实体的任何投资也被列为审查对象。2019 年 9 月 19 日，美国财政部发布了全面实施 FIRRMA 的规则草案，以实施根据 FIRRMA 扩大的权限。[3]

该规则草案明确了什么情形构成 FIRRMA 项下的“实质性利益”。FIRRMA 声明，个人必须向 CFIUS 申报外国企业在美国企业中获得了“实质性利益”，且该国政府在本国企业中也拥有“实质性利益”。根据该规则草案，外国人与美国企业之间的实质利益被定义为至少 25% 的

---

[1] Stephen Libowsky：《美国外国投资委员会自由裁量权在扩大，如何从细节上降低审查风险?》，载微信公众号“走出去智库 CGGT”：https://mp. weixin. qq. com/s/FM3dRreJGv0U2GIVaFv5aw，2019 年 5 月 30 日最后访问。

[2] Covington：*CFIUS's Proposed Regulations to Implement Expanded Jurisdiction Over Real Estate Transactions*（Sep. 27，2019），Covington & Burling LLP：https://www. cov. com/en/news-and-insights/insights/2019/09/cfiuss-proposed-regulations-to-implement-expanded-jurisdiction-over-real-estate-transactions.

[3] U. S. Department of the Treasury：*Summary of the Foreign Investment Risk Review Modernization Act of* 2018（Mar. 2，2020），U. S. Department of the Treasury：https://www. treasury. gov/resource-center/international/Documents/Summary-of-FIRRMA. pdf；草案全文详见：https://home. treasury. gov/policy-issues/international/the-committee-on-foreign-investment-in-the-united-states-cfius。

投票权益,而外国政府与外国人之间的实质利益将为49%或更高的投票权益。

但是,这类投资也存在例外情形,包括例外投资者、增量收购或参与投资基金。要成为"例外投资者",个人首先必须证明与一个或多个"例外外国"的实质联系。尽管没有明确规定何为"例外外国",但CFIUS要求该国建立一套健全的程序,以评估外国投资是否存在国家安全风险,并配合美国保障投资安全。如果同一外国投资者(或全资子公司)曾在过去的交易中向CFIUS提交了书面通知,取得对同一美国企业的实际控制,那么这一外国投资者对此企业的增资交易不属于"所涵盖的交易"。外国投资者在技术、基础设施或数据行业(Technology, Infrastructure and Data, TID)投资基金中的有限合伙,本身并不会使得间接投资成为一项"所涵盖的交易",CFIUS对该交易也并无管辖权。

根据该规则草案,CFIUS的管辖范围将扩大至机场、港口、军事设施和其他与国家安全相关的政府场所附近的房地产权。外国人必须通过购买、租赁或特许获得至少三项产权,才构成"所涵盖的不动产交易"。受监管房地产交易的例外情形包括:例外的不动产投资者;《有关外国人在美国进行某些投资的规定》[1]中所列的交易情形;城市化区域和城市群;单体住宅单元。尽管该规则草案并未强制要求涉及房地产交易的当事方向CFIUS申报,但当事方仍可自愿向CFIUS申报或提交通知。

FIRRMA的立法具有明显的针对性,尤其是为了防范中国的海外投资而将某些非控制性投资和房地产交易纳入其管辖之下。先前,CFIUS只有在美国企业控制权移交给外国人的情况下才有权审查房地产收购,收购未开发或非商业地产不受CFIUS审查。如今,如果这些绿地交易(greenfield transactions)符合监管规定的标准,也将受到CFIUS的管辖。

---

[1] U. S. Department of the Treasury Office of Investment Security: *Provisions Pertaining to Certain Investments in the United States by Foreign Persons* (Jan. 17, 2020), https://home.treasury.gov/system/files/206/Part-800-Final-Rule-Jan-17-2020.pdf.

(3)美国商务部《关于通信信息技术的规则草案》[1]

美国商务部发布了《关于通信信息技术的规则草案》,该规则草案将授权美国商务部审查和限制对信息和通信技术与服务的获取,从而维护美国的国家安全。该规则草案意图进一步加强美国 2019 年 5 月 15 日第 13873 号行政命令的举措,如果美国政府确定该交易对美国国家安全构成了不当威胁,根据提议的规则,美国商务部长将有权禁止任何受美国管辖的信息和通信技术或服务的获取、进口、转让、安装、交易或使用。

该规则草案设定了美国商务部长行使此权力所必须满足的三个条件:交易必须涉及外国或国民拥有权益的财产;交易必须包括外国竞争者拥有、控制或受其管辖或指示的人员设计、开发、制造或提供的信息和通信技术;交易必须对美国的关键基础设施或数字经济构成某些不适当的风险,或者对美国国家安全或美国人民构成某些不可接受的风险。

该规则草案对"外国相对人"的定义,使美国商务部长可以通过"长期模式或严重的行为实例"认定对美国国家安全不利的外国政府或外国非政府人员。该规则草案没有指定任何特定的国家或实体,但最直接的目标是关于购买中国和俄罗斯的电信设备,特别是中兴通讯和华为提供的设备。例如,在 2019 年 11 月 22 日,美国联邦通信委员会通过了一项规则,禁止使用通用服务基金购买华为和中兴通信设备。重要的是,该规则草案还具有一定的溯及既往性。

与 CFIUS 和电信工作组(Team Telecom)[2]流程相比,根据该规则草案进行的审查涉及的交易范围更广。根据 CFIUS 程序,美国政府仅限于审查授予外国投资者对美国企业控制权的外国投资,或根据关键技术试验计划,审查外国投资者对某些行业的非控制性投资。当前的 CFIUS 法案未涵盖美国政府认为可能的、为外国竞争者提供美国信息和通信技术基础设施使用权的其他交易。

---

[1] Terence Foo:《美国商务部发布拟议规则,拟对美国购买"信息和通信技术与服务"领域的设备或服务设立国家安全审查机制》,载 Clifford Chance:https://www.cliffordchance.com/briefings/2019/12/_0.html,2019 年 12 月 11 日最后访问。

[2] 电信工作组由美国联邦政府负责国家安全事务的机构代表组成的联合工作组,包括国土安全部、国防部、司法部、国务院、财政部、商务部、贸易代表办公室和联邦调查局。

此外,该规则草案仅规定了基本的程序框架,因此,目前尚难判断拟议规则的具体实施方式和潜在商业影响。初步来看,该规则草案对商业交易会带来一定程度的干扰,尤其是对于当前未受 CFIUS 或电信工作组影响的公司。该规则草案公开征求意见的截止日期为 2019 年 12 月 27 日。美国商务部已邀请各方就交易的定义以及应排除在该规则草案范围之外的交易类别提出意见。

2. 德国

一直以来,德国对外商投资持欢迎和开放态度,大力支持自由市场,对企业采取“不插手”态度。德国《对外经济法》第 1 条规定,原则上所有的商品、服务、资本的跨境流动和交易是自由不受限制的。然而,全球产业和投资资本在德国频繁收购优秀的制造业企业的行为,在促进德国经济活力的同时也引发了德国社会的担忧。基于此,德国政府扩大了政府部门(经济部)的审批范围。由于德国政府日渐担忧中国制造业的崛起对德国经济竞争力的冲击和中国政府在经济活动中的角色,中资企业在敏感行业的并购投资受到特别的审查。

2004 年,欧盟颁布非欧盟投资者对关键基础设施投资的管理指令,以此指导各成员国的立法。同年,德国第一次在其《对外经济法》第 7 条中加入相应的(针对来自欧盟以外的)外商投资审批内容,“只有可能危害德国社会秩序与安全并且获得 25% 的股权的交易才需由政府审批,并且行业范围仅限于武器生产和经德国信息技术安全局认证的、可用于官方文件传输的信息加密技术企业”。[1]

2017 年 7 月,德国联邦政府修改外商投资审批的相关法规,以便更好地应对共同体之外的企业对德国企业的大宗收购,具体内容包括:(1)引入“关键基础设施”概念并进行了细化,明确列举经济部可介入审查的领域;(2)将经济部的审核时限从收购协议签约后 3 个月之内修改为经济部得知交易后的 3 个月之内,经济部获知交易的最高期限为签约后 5 年。此次修改增加了德国交易审批的不确定性,比如引入并细化“关键基础设施”概念,从字面上看有助于提高投资的可预测性,但实际上德国经济部在非特殊领域的审查并不局限于法规明确列举

[1] 王炜:《德国投资观察　中资收购德企业受阻第一案为何受美国干涉? 德国并购投资监管和宏观环境分析》,载微信公众号“走出去智库 CGGT”:https://mp.weixin.qq.com/s/ZnyKXf84rG04fDFb4uzyWw,2019 年 5 月 14 日最后访问。

的关键基础设施；此次修改还延长了审批的时间，增加经济部的自由裁量权等。2019 年 2 月，德国经济部长阿尔特迈尔（Peter Altmaire）提案设立一只国有基金以保护关键企业，避免它们被中国和其他外国公司收购。

总体而言，德国政府对外商并购投资的行政干涉依然受到很大限制：(1)受限于欧盟立法和欧盟法院判决；(2)需要考虑与重要贸易伙伴保持开放友好的合作关系；(3)受限于本国法，政府不能出台针对某一国别企业的投资限制法规，同时因为德国宪法和行政法的规定，否决企业间自愿达成的投资行为需要合规合理的书面解释。相比之下，美国的 CFIUS 作出裁决只需认定交易危害国家安全，不需对否决的理由作出书面解释。基于欧盟法的限制和作为开放市场经济体的原则，德国政府对交易的审批也要考虑到参与者之后可能提出的行政诉讼，这些都大大限制了德国政府否决中国企业并购交易的自由度。

3. 日本[1]

日本内阁在 2019 年 10 月 18 日通过了一项关于加强外国在日投资管理的法案。根据该法案，日本政府修改《外汇与外贸法》（Foreign Exchange and Foreign Trade Act），将外国投资者"持有"日本某些关键行业上市公司股权的认定门槛从 10%降至 1%。

《外汇与外贸法》规定的外国投资者包括：(1)非居民个人；(2)在外国司法管辖区设立或在外国设有主要办事处的公司、合伙企业、协会或其他实体；(3)依照日本法律设立，在第一项和第二项所列股东直接或间接持有表决权总和的比例为 50%及以上的公司；(4)拟从事投资贸易的合伙企业，其非居民对所有合伙人的出资总额达到 1/2 或以上，或执行合伙人中非居民占多数；同时，企业、合伙、协会或其他实体，其大多数管理人员（如主管或类似人员）或代表人员是非居民个人。

先前日本政府重点审查的关键行业包括：(1)涉及国家安全（如制造武器、卫星和核电站）；(2)与公共基础设施有关（如电力、天然气和电信）；(3)涉及公共秩序和安全（如医药制造业和私人安全服务）；(4)促进日本经济平稳运行的公司（如农业、林业、渔业、石油、航空和海

---

[1] Japan Ministry of Finance: *Amendment Bill of the Foreign Exchange and Foreign Trade Act*(Oct. 21, 2019), Japan Ministry of Finance: https://www.mof.go.jp/english/international_policy/fdi/20191021.html.

运)。此外,2019 年 8 月,日本政府扩大了"重点行业"的外资投资范围,其中包括软件、技术制造和通信行业。

《外汇与外贸法》规定,外国投资者必须通知日本财务省任何将会对公司管理业务产生重大影响的事项,但并没有规定"对公司业务产生重大影响"的认定标准。此外,修改法案还对外国投资者转让业务、实施与日本公司分离的业务提出了新的告知要求。这些新规定将如何影响外国投资者还有待观察。

修改法案为外国投资者建立了一个新的豁免制度。根据日本财务省于 2019 年 10 月 18 日发布的一份文件,包括外国银行、外国证券公司、保险公司和资产管理公司在内的业务部门的股票交易,不受通知要求的限制。此外,内阁命令对"资产管理公司"作进一步规定,一些规模较大的金融机构和规模较小的经纪公司可能会被纳入"外国证券公司"的范畴。

(三)行政与执法动态

1. 案例研究:美国 CFIUS 叫停北京昆仑万维科技股份有限公司投资[1]

2016 年,中国的一家博彩公司北京昆仑万维科技股份有限公司(以下简称昆仑公司)以 9300 万美元的价格收购了美国同性社交平台 Grindr 的 60%股份,之后又收购了该公司剩余股份。昆仑公司没有在交易完成前通知 CFIUS,而 CFIUS 对这次交易的备案本来是自愿性质的。如果双方完成自愿备案,那么就能阻止 CFIUS 随后修改交易;如果当事人双方未在 CFIUS 管辖下完成备案,CFIUS 有权启动事后审查,要求实施补救措施,甚至解除交易。据报道,CFIUS 已经启动事后审查程序,并在交易结束两年后迫使昆仑公司出售 Grindr。CFIUS 担心在中国政府的要求下,昆仑公司将有关 Grindr 用户的信息与政府共享。

该案表明,当交易各方不寻求事前保护时可能面临事后审查的潜在危险。此外,CFIUS 对国家安全的定义越来越宽泛,对涉及美国公民

---

[1] Joshua Berman: *CFIUS Stonewalls Chinese Investor, Unwinds Gay Dating App Investment* (Mar. 29, 2019), Clifford Chance: https://www.cliffordchance.com/briefings/2019/03/cfius_stonewallschineseinvestorunwindsga.html.

或项目数据的有关交易表现出了浓厚的兴趣，特别是当数据涉及美国军方或情报人员时。

该案的借鉴意义不容低估。社交媒体、大数据、基于位置的服务以及传统上不被视为国家安全的其他经济领域现已成为 CFIUS 的重点审查目标。尽管 CFIUS 的审查范围绝不仅限于中国，但是来自中国的投资仍然是 CFIUS 特别关注的对象，特别是在技术领域。最重要的是，CFIUS 在交易完成的后几年解除交易的意愿也在增加。因此，参与跨境数据服务的投资者，即使目标投资并未涉及国家安全，也应该仔细考虑完成交易后可能出现的风险并尽早采取适当的预防措施。

2. 案例研究：中国中车股份有限公司欲参与华盛顿地铁投标遭阻拦

2019 年 5 月，中车四方股份驻芝加哥发言人表示，中国中车股份有限公司（以下简称中国中车）计划投标总价值超过 5 亿美元的华盛顿轨道车辆合约。但此次投标引发了美国运输业者的反弹。

RSA 已成立 3 年半，是由制造商、供应商和钢铁工人组成的运输游说团体，其成立初衷是反对中国中车在美国客运铁路市场快速扩张。RSA 表示，如果中国中车赢得合约，只要列车安装有无限网络，国会议员和情报官员的行踪就可以被追踪，并窃取用户数据。[1] 美国伊诺交通中心总裁罗伯特·普恩特斯（Robert Puentes）则表示，美国在公共交通机构方面的监督较为严格，这意味着中国中车很难进行间谍活动，而且，中国中车也缺乏监视乘客的理由。美国 CSIS 的技术政策项目主管詹姆斯·刘易斯（James Lewis）也表示，只要地铁车辆不与制造商进行通讯，那么除了提供无线网络带来的正常黑客风险之外，就不存在远程控制的风险。他指出，反对中车竞标的重点在于中国中车使用“掠夺性定价”参与竞争，而不是网络安全。

面对公众对于列车可能遭黑客攻击的担忧，华盛顿都会区运输局 2019 年 2 月更新了招标文件，借此加强网络安全要求。与此同时，中国中车也表示，为美国车型开发敏感技术（如自动列车控制系统等安全技术）的均非中国供应商（如阿尔斯通、西门子和安萨尔多等）。

---

[1] 路透社：《中国中车欲参与华盛顿地铁标案遭美国国土安全强硬派拦阻》，载路透中文网：https://cn.reuters.com/article/us-washington-subway-china-crrc-0509-idCNKCS1SG03Z?from=singlemessage&isappinstalled=0，2019 年 5 月 10 日最后访问。

三、智库研究

（一）中国企业海外投资

中国对外直接投资发展迅猛。到2016年，中国已成为主要的对外投资者，对外投资超过2000亿美元，占中国国内生产总值的近2%。但自2016年以来，中国政府逐渐限制非理性对外直接投资，以防止资本外流，缓解人民币贬值压力。

1. 中国对欧洲的直接投资[1]

中国企业在欧洲的投资以兼并和收购（mergers and acquisitions）为主，通过收购发达经济体的企业可以寻求获得新技术、企业能力和市场准入。2000年至2018年，中国对美国和欧洲企业的收购占中国对外投资总额的90%以上，绿地投资比重非常小。2016年以来，中国对欧洲投资下降明显。2017年至2018年，中国对欧盟的投资下降约1/3。2018年，中国对欧盟的投资是美国的4倍左右，这表明欧盟对中国投资的开放程度首次明显高于美国。

在行业分布上，中国企业在欧盟的工业机械、汽车、信息和通信技术以及运输和基础设施领域的投资远远超过美国，而美国的房地产和酒店业则比欧盟更具吸引力。尽管中国投资者在美国电子和消费品行业的投资流入量相对较低（不到100亿美元），但投资也明显高于欧盟。

从国别分布来看，2000年至2018年，英国累计接受来自中国的外商直接投资553亿美元，德国为263亿美元，意大利为180亿美元，法国为175亿美元。而像葡萄牙和希腊这样经常被称为“中国海外战略投资”的潜在目标的成员国接受投资更少，分别为76亿美元和22亿美元。在2018年，来自中国的投资分别占马耳他和卢森堡两国国内生产总值的7.5%和4.2%，其次是葡萄牙的3.2%，芬兰的2.9%，匈牙利的2.1%和英国的2%。从数据上来看，中国向欧盟各成员国的投资存在潜在政治影响的担忧，似乎有些夸大其词。

中国不断增强的经济实力以及各国对中国海外投资的潜在目的的

---

[1] Jacob Funk Kirkegaard：*Chinese Investment into the US and EU Has Plummeted since 2016*（Sep. 16. 2019），Peterson Institute for International Economics：https://www.piie.com/research/piie-charts/chinese-investment-us-and-eu-has-plummeted-2016.

疑虑,促使欧盟各成员国政府对来自中国的投资实施更加严格的审查和评估。《关于建立欧盟外国直接投资审查框架的条例》采取了“协调与合作”的实施形式,即欧盟成员国可以与其他成员国分享被审查的外商投资项目的若干细节,并向其他成员国请求获取可能影响“国家安全和公共秩序”的交易信息。同时,该框架条例对“国家安全和公共秩序”的定义具有潜在的深远影响。

《关于建立欧盟外国直接投资审查框架的条例》第4.1条列出以下影响“国家安全和公共秩序”的考虑因素:(1)关键基础设施,无论是实体的还是虚拟的,包括能源、运输、水、卫生、通信、媒体、数据处理或存储、航空航天、国防、选举或金融基础设施、敏感设施,以及对建设这种基础设施至关重要的土地和房地产;(2)关键技术和军民两用产品,包括人工智能、机器人、半导体、网络安全、航空航天、国防、能源储存、量子和核技术以及纳米技术和生物技术;(3)关键物资供应,包括能源或原材料以及粮食安全;(4)敏感信息的准入,包括个人数据或控制此类信息的能力;(5)媒体的自由和多元化。

如果未来在欧盟层面加强对外国直接投资的审查,并使许多成员国随之扩大投资审查机制适用的范围,其影响之大可能会限制中国的许多海外投资。更重要的是,新的欧盟层面的监管,不仅激励尚未建立国家投资审查程序的成员国,而且还要推动这些成员国审查框架的逐步融合。

近年来,一些欧盟成员国的国家安全审查规则已经发生了转变,这些转变与各国国内的外商投资存量与流量的大小紧密相关。以2000年以来欧盟各成员国中来自中国的外商投资存量与流量为例,占中国对欧洲直接投资总额近8%的欧盟成员国(11个),尚未设立本国的国家安全审查机制;占中国对欧洲直接投资总额近14%的欧盟成员国(6个),尚未对其现有国家安全审查机制进行改革;占中国对欧洲直接投资总额的近12%的欧盟成员国(4个),计划实施新的国家安全审查程序。占中国对欧洲直接投资总额约2/3的欧盟成员国(7个,包括欧盟内部发达经济体),自2017年以来已经建立了国家安全审查机制或扩大了原有审查机制的审查范围。

欧盟投资审查制度框架涵盖的部门十分广泛,并且涉及了中国海外投资者较为集中的基础设施和运输行业。欧盟要求对国家控制的直接或间接实体进行外来投资的特殊审查，包括依赖国家提供融资支持的交易。此外，《关于建立欧盟外国直接投资审查框架的条例》要求对作为“国家主导的对外投资项目或计划”的一部分的投资进行潜在的审查。虽然新的欧盟投资审查制度框架不能指示成员国采取任何特定行动或明确要求更加关注中国的对内投资，但其条款无疑将激起欧洲公众对中国投资的一般性讨论。

2. 中国对美国的直接投资[1]

自2016年以来，中国对外投资下降明显。中国对美国的直接投资从2017年开始亦呈现下降趋势，降幅高达80%以上。2018年，中国对美国的投资趋近于零，最主要原因在于美国政府对华发起贸易战，并且加强对中国赴美直接投资的监控。中国投资者为应对上述风险，纷纷采取了规避措施。

与此同时，中国政府还加强了对外直接投资审查，试图遏制非理性投资，客观上也阻止了一部分中国对外直接投资。中国投资者此前一直对美国的酒店业较为关注。然而，2018年中国政府发布《境外投资敏感行业目录（2018年版）》，限制包括房地产、酒店业、娱乐业、体育俱乐部等行业的境外投资。因此，对美国境内房地产和酒店业的中国投资在2018年基本消失，这也是导致中国在美投资总额下降的重要原因。

总体而言，中国对美国的投资已经大幅下降，美国政治舆论对中国海外投资的负面评价不断上升。鉴于目前的政治环境，即使中国在未来放宽国内对资金外流的限制，短期内也很难扭转中国对美投资急剧下降的局面。

3. 中国对非洲的直接投资

中非合作历史悠久，但长期以来，中非关系主要聚焦于政治而非经济关系。然而，近年来中非经济关系迅速发展，中国已成为许多非洲国家最重要的贸易伙伴。

---

[1] Jacob Funk Kirkegaard: *Chinese Investment into the US and EU Has Plummeted since 2016*(Sep. 16, 2019), Peterson Institute for International Economics: https://www.piie.com/research/piie-charts/chinese-investment-us-and-eu-has-plummeted-2016.

根据布吕格尔经济研究所 2019 年的研究,[1] 与在非洲有殖民历史的主要欧洲国家相比,中国在非洲的投资还处于初期阶段,投资存量正在增长。在 2016 年至 2018 年,美欧对非洲的直接投资波动较大,出现了一些大规模撤资,而中国对非洲投资保持增长。然而,无论从投资存量还是投资流向的角度来看,欧盟仍然是非洲最具规模的投资者。

从投资结构上来看,绿地投资是中国对非洲投资的主导形式,并购投资只占相对较小的一部分,这一点和欧盟对非投资的结构类似。从产业分布来看,除制造业外,中国对非投资主要集中在交通基础设施和资源领域。鉴于中国对非洲境内的制造业投资较少,较难给当地带来较多的就业机会,如何促进当地就业是中国未来继续投资非洲可能面临的关键问题之一。

(二)投资便利化

作为近年来国际经济立法的重点之一,投资便利化不仅在 G20 峰会上多有讨论,中国、巴西等国也试图在 WTO 框架下推进谈判。目前,多个国家和国际组织都提出了不同版本的投资便利化立法倡议,但关注的侧重点和推进路径各不相同。相比之下,投资便利化并不是美欧政策的关注重点,美欧的立场强调投资保护、推行开放的"进攻性"投资规则。2016 年,G20 贸易部长在杭州峰会上首次发布《二十国集团全球投资指导原则》(G20 Guiding Principles for Global Investment Policymaking)。时隔 3 年,G20 又发布了《迈向可持续发展的二十国集团投资便利化指导原则》(Towards G20 Guiding Principles on Investment Facilitation for Sustainable Development)。

不少国家主张在 WTO 框架下启动投资便利化谈判,并借鉴贸易便利化谈判的经验。然而,贸易和投资活动在持续时间、经济特征和法律关系等方面存在较大差别。事实上,大多数发展中国家不支持在世界

[1] Alicia García-Herrero, Jianwei Xu: *China's Investment in Africa: What the Data Really Says, and the Implications for Europe* (Jul. 22, 2019), Bruegel: https://www.bruegel.org/2019/07/chinas-investment-in-africa-what-the-data-really-says-and-the-implications-for-europe/.

贸易组织项下进行投资便利化谈判。[1] 2018 年 8 月,SADC 的 13 个成员国举办了一场研讨会,[2]第一次系统收集发展中国家,特别是规模较小的经济体,在国际投资政策方面的实际需求,主要包括:通过技术援助评估投资申请和强化决策过程,制定最佳实践基准,应用创新技术来加强(而不是取代)监管决策;提高各国政府分析外国投资者投资计划书的能力,根据投资者在其他国家的记录和投资资金来源分析潜在投资者的特点。无论是 UNCITRAL,还是 WTO,都应当更关注而不是压制发展中国家的需求,从而成为可持续发展型投资政策的供给中心。

有些国家(地区)试图在双边层面推进投资便利化实践。以欧盟与印度为例,欧盟—印度投资便利化机制于 2017 年 7 月正式启动,力图为欧盟投资者提供一个更具预测性的商业环境,寻求识别并解决欧盟投资者在印度经营所面临的问题。这一机制的优点是简单实用,重点在于提高透明度、简化程序,并消除外国投资者的瓶颈因素。欧盟—印度投资便利化机制表明,印度对双边市场准入问题更宽容,对多边市场准入更谨慎。印度一直强烈反对签订包含市场准入内容的多边协议,因为这相当于放弃本国所享有的政策空间。[3]

当然,双边主义本身所具有的分散性和不一致性可能会加剧国际经济法的碎片化和竞争性(零和博弈属性)。这意味着,有些国家(尤其是最不发达国家)没有能力动员国际社会进行技术援助和能力建设,难以吸引和留住可持续发展型投资。基于此,最不发达国家应该团结起来,发挥数量优势,支持 WTO 等多边平台对投资便利化的讨论,而不是期望在双边合作的基础上获得技术援助。

---

[1] Howard Mann, Martin Dietrich Brauch: *Investment Facilitation for Sustainable Development: Getting It Right for Developing Countries* (Oct. 26, 2019), Columbia FDI Perspectives: http://ccsi.columbia.edu/files/2018/10/No-259-Mann-and-Brauch-FINAL.pdf.

[2] Martin Dietrich Brauch, Howard Mann, Nathalie Bernasconi-Osterwalder: *SADC-IISD Investment Facilitation Workshop* (Jan. 30, 2019), International Institute for Sustainable Development: https://www.iisd.org/sites/default/files/publications/sadc-iisd-investment-facilitation-workshop.pdf.

[3] Maria Laura Marceddu: *Another Brick in the Wall: The EU-India Investment-Facilitation Mechanism* (Dec. 16, 2019), Columbia FDI Perspectives: http://ccsi.columbia.edu/files/2018/10/No-267-Maria-Laura-Marceddu-FINAL.pdf.

(三)投资与发展

理论上,外国直接投资在推动实现可持续发展目标方面能够起到关键作用。从东道国的角度来看,外国直接投资可以促进增长和创新,创造高质量的就业机会和发展人力资本,提高生活水平和生态环境可持续性。从全球的角度来看,外国直接投资将国内企业与跨国企业联系起来,成为国内企业进入国际市场和融入全球价值链的渠道。为确保投资便利化多边框架在顶层设计上最大限度地促进东道国的发展,可持续性应成为东道国吸引外国直接投资的重要标准。

实际上,外国直接投资是否能够有效促进东道国的发展还有待商榷。越来越多的投资条约和国内法开始纳入可持续发展的目标。例如,科特迪瓦的新版投资法明确指出,制定该法旨在通过促进生产性和负责任的投资来促进可持续发展,并规定所有投资者必须遵守与环境保护有关的现行法律和法规。对于投资条约中有关"投资"的定义,哥伦比亚可持续发展中心的常驻高级研究员卡尔·萨望(Karl P. Sauvant)认为,除萨利尼标准(salini criteria)外,还应包括对东道国的经济发展作出贡献。[1]

卡尔·萨望进一步提出了可持续投资者的三项标准:[2]

第一,基础标准。投资者必须承诺遵守特定的国际范围公认的准则,特别是《国际劳工组织跨国公司宣言》《联合国工商业与人权指导原则》和《经合组织跨国公司准则》。附加要求可以包括提供他们的企业社会责任声明和进度报告,并记录遵守当地法律的情况。只有这样,才能确保投资者接受国际公认规范,并展现其一贯以来负责任的行为。

第二,特定国家标准。特定国家标准侧重关注投资者为兑现承诺付出的努力,每个国家都可以制定本国的可持续性投资特征清单,该清单应提供一般性、指示性的可持续性投资的特征。允许各国制定国家标准,可确保吸引并维持支持特定国家发展目标的投资者,与此同时,

---

[1] Karl P. Sauvant: *Promoting Sustainable FDI Through International Investment Agreements*(May. 6, 2019), Columbia FDI Perspectives: http://ccsi.columbia.edu/files/2018/10/No-251-Sauvant-FINAL.pdf.

[2] Evan Gabor, Karl P. Sauvant: *Incentivizing Sustainable FDI: The Authorized Sustainable Investor*(Jul. 15, 2019), Columbia FDI Perspectives: http://ccsi.columbia.edu/files/2018/10/No-256-Gabor-and-Sauvant-FINAL.pdf.

投资者可以灵活选择最适合其特征的项目。

第三，额外收益标准。一旦投资者满足前两项标准，他们就有资格享受一般投资者无法享受的"经认可的可持续投资者"待遇。配套措施包括：在各国投资促进机构内建立专门的可持续投资者协调中心，这些机构与"经认可的可持续投资者"在其整个投资周期内合作；对"经认可的可持续投资者"进行优先援助以满足设立投资的需求（可能包含降低费用的优惠）；提供专属的员工培训计划；提供有针对性的财政激励措施，加大对"经认可的可持续投资者"的推介力度，便利政商沟通途径。此外，在对"经认可的可持续投资者"进行认定时，应确保其满足一定的正当程序和透明度要求，以降低法律和政策风险。例如，东道国可能与投资者的母国一起负责指定制定"经授权的可持续投资者"名单；确定统一的认定标准，评审过程和相关名单都应当公开。

随着 WTO 关于投资便利化的讨论进一步深入，通过便利化措施促进外国直接投资的目标应与促进可持续外国直接投资的目标相结合。"经认可的可持续投资者"就是促进两种目标结合的一种机制，如果设计良好，能够使那些需要更多投资但议价能力薄弱的东道国（特别是最不发达国家）受益。

（四）投资与贸易[1]

跨国公司在服务外国市场方面主要有两条途径：一种是在母国生产并出口商品和服务（跨境贸易）；另一种是直接在外国市场开展业务，然后向当地市场或其他地区销售商品和服务（创建贸易）。评估一国公司的表现需要同时评估跨境贸易和创建贸易，以便更全面地了解公司的国际竞争力。

2017 年，全球创建贸易的统计数据为 31 万亿美元，超过跨境出口贸易的 23 万亿美元。创建贸易通常基于母公司的先进技术、营销和管理经验，以及其他具有竞争性的所有权优势。它们在海外设立子公司，主要是为了更好地进入这些市场，并利用当地资源，增强企业的国际竞争力，从而创造更多就业机会、增加工资收入和稳定出口。

---

[1] Karl P. Sauvant：*Do Not Neglect Establishment Trade：The China-US Example*（Sep. 9，2019），Columbia FDI Perspectives：http://ccsi.columbia.edu/files/2018/10/No-260-Sauvant-FINAL.pdf.

跨境贸易和创建贸易都是由母公司控制，两种贸易形式相互交织，跨境出口与外国直接投资相辅相成。如何在两者之间作出选择，通常取决于企业在寻求服务于外国市场并试图增强其国际竞争力时，通过哪种方式获利更多。然而，需要特别指出的是：对于跨境服务贸易，由于大多数服务仍然需要在特定的消费时间和地点进行交易，服务贸易企业通常需要利用外国直接投资在外国市场提供服务，从而产生创建贸易。

这一现实适用于包括中美贸易关系在内的所有国家。根据 BEA 发布的 2016 年数据，美国对中国的跨境商品和服务出口额为 1560 亿美元；再加上美国在华控股子公司创造的 2660 亿美元的长期销售额（不包括这些子公司在中国向美国在中国的其他子公司和向其他国家的销售），贸易总额为 4220 亿美元。同年，美国从中国进口的产品和服务达到 4610 亿美元；除此之外，还需要加上在美拥有多数股权的中国子公司创造的 260 亿美元的创建贸易（不包括这些子公司在美国向其他国家销售的货物），贸易总额为 4870 亿美元。因此，仅从跨境贸易来看，2016 年美国贸易逆差为 3080 亿美元，但总体看来，跨境贸易和创建贸易的逆差总和仅占贸易总额的 7%。这一数据凸显了创建贸易对美国企业国际竞争力的重要意义。从这个意义上来看，贸易和投资密不可分，通过 WTO 推动投资便利化谈判具备坚实的经济基础。

四、小结

当前国际投资协定体制面临着系统性挑战，包括国际投资协定能否促进外国直接投资备受质疑，日渐增多的国家安全审查和限制措施，保护私人投资与东道国规制权之间的冲突，以及 ISDS 的多边改革，等等。因此，如何促进投资便利化和自由化，促进可持续的投资，平衡投资者和东道国之间的利益成为各方讨论的热点。

在国际法层面，投资条约逐渐纳入透明度、企业社会责任、安全例外等条款，投资仲裁改革也在多边层面持续讨论。国际投资法的实体性改革与程序性改革通常是相互交织、相互配合的。例如，为了实现东道国的监管目标，可以在协定中强调对征收定义范围的限制、规定例外条款和企业社会责任条款，也可以对仲裁范围加以限制，并考虑设立“冷却期”，增加调解机制的前置要求。

在国内法层面，欧盟成员国及美国等主要经济体采取了相当数量的保护主义外资政策,出台了一些外国投资国家安全审查和市场准入评估措施。在此背景下,中国主动与国际规则接轨,确立了全面开放新格局下的外商投资基本法律制度——《外商投资法》。

国际投资法的改革在国际与国内两个层面呈现相互促进的态势。缔结国际投资条约,从某种程度上来看,既是国内政策的外延,也是促进国内立法变革的外部动力。许多新兴政策工具涵盖了国际与国内两个层面。投资便利化改革在多边、区域、双边和国内层面同时推进,且在国内层面还体现出了自上而下与自下而上改革相结合的特点。

第三章　国际贸易法律政策新发展*

导读　2019年，世界经济增长放缓，贸易保护主义持续升温，大国之间的贸易摩擦、越来越多的单边贸易政策以及全球供应链波动，给以规则为基础的多边贸易体系带来严峻挑战。各国对世界贸易体系改革的诉求和理念不同，加之几十年来WTO内部的固有问题，世界范围内的贸易冲突不断升级，进一步加剧了全球贸易局势的不确定性。在此复杂局面下，国际贸易法律政策呈现出竞争与合作并存、贸易摩擦与促进并存、多边与双边并存的特点。

近年来，国际贸易法律体系在动荡中调整。以规则为基础的多边贸易体系饱受多方质疑，难以有效回应各成员方的核心诉求，不能满足时代的发展需求，各经济体纷纷探索多边贸易体系的改革路径。在区域和国内层面，各经济体也纷纷制定新的法律政策以回应内外需求。本章依次从国际和国内规则实践、政策动向和智库研究成果三个方面介绍国际贸易法律与政策的新发展。

一、规则实践

（一）国际层面

1. 贸易促进

（1）中国与欧盟首次签署民航领域协定[1]

2019年5月20日，中国与欧盟签署《中华人民共和国政府和欧洲

---

* 本章执笔：屈冠男、易雨谣。

[1]　中国民航局：《中国与欧盟首次签署民航领域协定》，载中国民用航空局网：http://www.caac.gov.cn/XWZX/MHYW/201905/t20190520_196266.html，2019年5月21日最后访问。

联盟民用航空安全协定》和《中华人民共和国政府和欧洲联盟关于航班若干方面的协定》。中国与欧盟在适航和环保审定、飞行运行、空管服务、人员执照与培训等安全领域建立了合作框架。后续双方将就此协定细节继续开展磋商，在航空安全领域、技术、人才等方面展开广泛交流。

(2)欧盟与南方共同市场达成自由贸易协定[1]

欧盟是第一个与南方共同市场达成贸易协定的主要合作伙伴。南方共同市场由阿根廷、巴西、巴拉圭和乌拉圭组成。此协定是欧盟有史以来缔结的最大的贸易协定，将覆盖7.81亿人口，每年可节省超过40亿欧元的关税，并巩固欧盟与南方共同市场成员国之间密切的政治和经济联系。该协定象征着两个地区对基于规则的国际贸易体系的明确支持，不但会使欧洲公司大举进军具有巨大经济潜力的市场，也将巩固南方共同市场国家正在进行的重要经济改革和现代化进程。

这一协定得到了包括欧盟委员会主席容克在内的欧盟高级官员的高度评价。尽管国际贸易局势较为紧张，欧盟借此表达了支持以规则为基础的贸易体系，为环境保护、劳工权利、可持续发展等议题提供强有力的框架，实现双方公平平衡的互利共赢。

(3)欧盟将贸易保护规则扩展至成员国的大陆架和专属经济区[2]

根据《联合国海洋法公约》的规定，除了专属经济区，每个国家还根据联合国有关公约在其大陆架海床上享有特殊权利。目前，欧盟的海关规则只允许对进口到联盟关税区的货物采取贸易保护措施，不对进口到欧盟成员国大陆架或专属经济区的货物，如对石油、天然气以及海上风车等自然资源采取贸易保护措施。新的海关规则将改变这一状况，将贸易保护规则扩展至成员国的大陆架和专属经济区。欧盟此举是其自2018年实施的现代贸易保护政策措施的一部分，旨在与其他贸易伙伴(如美国、印度等)的政策保持一致，以免其产业受到不公平的贸

---

[1] European Commission: *EU and Mercosur Reach Agreement on Trade*(Jun. 28, 2019), European Commission: https://trade.ec.europa.eu/doclib/press/index.cfm?id=2039.

[2] European Commission: *EU Extends Trade Defence Rules to Continental Shelf and Exclusive Economic Zones of Member States*(Jun. 3, 2019), European Commission: http://trade.ec.europa.eu/doclib/press/index.cfm?id=2043.

易对待。

(4)国际商会发布《2020年国际贸易术语解释通则》[1]

ICC发布《2020年国际贸易术语解释通则》(Incoterms 2020),该通则是对国际贸易体系下买卖双方责任划分的更新。《国际贸易术语解释通则》是一套公认的调整国际贸易活动的释义和规则,最新的版本增加了买方和卖方在信息共享方面的合作义务。

2. 贸易冲突

(1)WTO专家组中止审理中国诉欧盟价格比较法案[2]

2019年5月7日,中国根据DSU第12.12条向WTO专家组提交中止中国诉欧盟价格比较法案(WT/DS516)的程序,专家组于2019年6月14日批准中止程序,并要求双方就此展开交流。

(2)中国向WTO提起诉讼,反对美国对中国进口商品征收额外关税[3]

2019年9月2日,中国政府依据《1994年关税与贸易总协定》(以下称GATT 1994)DSU第4条,要求与美国政府就美国对毛衣加征约3000亿美元商品的关税措施进行磋商。中方认为,美国"301调查"所覆盖的中国产品,加征关税后的关税税率超出了美国在GATT 1994附件中承诺的约定税率。因此依据GATT 1994第1.1条,第2.1条(a)(b)项,DSU第23条第1款、第2款(a)(b)(c)项,有争议的措施背弃和损害了中国在相关协议项下直接或间接产生的利益。中国保留在磋商过程中就上述措施提出额外索赔和法律事项的权利。

---

[1] ICC:*Incoterms* 2020(Aug. 1, 2019), International Chamber of Commerce: https://iccwbo.org/resources-for-business/incoterms-rules/incoterms-2020/.

[2] WTO:*European Union—Measures Related to Price Comparison Methodologies*(Jun. 24, 2019), World Trade Organization: https://www.wto.org/english/tratop_e/dispu_e/cases_e/ds516_e.htm.

[3] WTO:*China initiates WTO Dispute Against Additional US Duties on Chinese Imports*(Sep. 4, 2019), World Trade Organization: https://www.wto.org/english/news_e/news19_e/ds587rfc_04sep19_e.htm.

(二)国内层面

1.知识产权保护

(1)中国修订2011年《技术进出口管理条例》[1]

2019年3月18日,国务院发布了《国务院关于修改部分行政法规的决定》(国令第709号)。该决定对2011年《技术进出口管理条例》进行了修改,删去了《技术进出口管理条例》第24条第3款、第27条、第29条的规定。[2] 这一改动删除了部分强制性行政规定,一方面,扩大了缔约双方在技术进出口合同中意思自治的空间;另一方面,也减少了与其他现行法律之间的冲突,将有关技术合同不同位阶、不同领域的规定进行了统一。

鉴于此,在今后技术进出口合同谈判时,当事人应当善用法律赋予的协商权利,充分约定双方的权利义务,特别是:关于改进技术的归属;关于使用技术产生侵权责任的承担;关于限制性条款的有效性等。

(2)中国新版《反不正当竞争法》进一步保护商业秘密持有人[3]

2019年4月23日,全国人民代表大会常委会通过了《反不正当竞争法修正案》,专门规定商业秘密案件中的举证责任的分配和转移规

---

[1] 穆颖、朱颖:《环球法律专递〈技术进出口管理条例〉修订对技术进口交易的影响》,载微信公众号“环球律师事务所”:https://mp.weixin.qq.com/s/dY-3XrKitD8jI_eF4LA34w,2019年3月26日最后访问。

[2] 2011年《技术进出口管理条例》第24条规定:“技术进口合同的让与人应当保证自己是所提供技术的合法拥有者或者有权转让、许可者。技术进口合同的受让人按照合同约定使用让与人提供的技术,被第三方指控侵权的,受让人应当立即通知让与人;让与人接到通知后,应当协助受让人排除妨碍。技术进口合同的受让人按照合同约定使用让与人提供的技术,侵害他人合法权益的,由让与人承担责任。”第27条规定:“在技术进口合同有效期内,改进技术的成果属于改进方。”第29条规定:“技术进口合同中,不得含有下列限制性条款:(一)要求受让人接受并非技术进口必不可少的附带条件,包括购买非必需的技术、原材料、产品、设备或者服务;(二)要求受让人为专利权有效期限届满或者专利权被宣布无效的技术支付使用费或者承担相关义务;(三)限制受让人改进让与人提供的技术或者限制受让人使用所改进的技术;(四)限制受让人从其他来源获得与让与人提供的技术类似的技术或者与其竞争的技术;(五)不合理地限制受让人购买原材料、零部件、产品或者设备的渠道或者来源;(六)不合理地限制受让人产品的生产数量、品种或者销售价格;(七)不合理地限制受让人利用进口的技术生产产品的出口渠道。”

[3] Ruixue Ran, Robert Williams, Sheng Huang, Alexander Wang and Andrew Wang: *China Amends Trade Secret Law to Further Favor Rights-Holders*(Apr. 29, 2019), Covington & Burling LLP: https://www.globalpolicywatch.com/2019/04/china-amends-trade-secret-law-to-further-favor-rights-holders/.

则，以减轻权利人的举证责任，并增设惩罚性赔偿制度，加大商业秘密的保护力度。该修正案的最大的变化是关于商业秘密的举证规则的规定。在以往的实践中，原告从被告处获取盗用的证据存在相当的困难，原告举证负担较重。而根据新规，原告只需要证明商业秘密法定要件中的“采取保密措施”，“不属于商业秘密”将由被告承担举证责任。在证明商业秘密已经被涉嫌侵权人披露、使用时，原告也可依据表面证据进行合理推断被告盗用了其商业秘密，此时举证责任转移。[1] 这些修订大大减轻了商业秘密权利人的证明责任，从而提高了商业秘密持有人获取权利救济的可能性。

除此之外，新法规定，在故意和恶意盗用的情况下，法院可以将示范性损害赔偿扩大5倍。第17条允许法院在故意盗用达到“严重程度”时酌定给予惩罚性赔偿，同时，将法定损害赔偿上限从2017年《反不正当竞争法》的300万元提高至500万元，加强了对商业秘密的保护力度。总体而言，此次修订鼓励商业秘密所有权人积极主张权利，增强对侵犯商业秘密行为的威慑力，迈出了保护商业秘密的重要一步。

(3)美国起诉两名华人窃取商业机密[2]

根据美国司法部2019年4月公布的一份起诉书，一名前通用电气工程师和一名中国商人被控从事经济间谍活动，为使中国获益而合谋窃取通用电气商业机密。此前，美国司法部也曾以窃取商业机密为由对这名工程师提起诉讼，但此次起诉是美国检方首次在诉状中提出中国政府提供了“资金和其他方面的支持”。

---

[1] 中国《反不正当竞争法》(2019年)第32条规定：“在侵犯商业秘密的民事审判程序中，商业秘密权利人提供初步证据，证明其已经对所主张的商业秘密采取保密措施，且合理表明商业秘密被侵犯，涉嫌侵权人应当证明权利人所主张的商业秘密不属于本法规定的商业秘密。商业秘密权利人提供初步证据合理表明商业秘密被侵犯，且提供以下证据之一的，涉嫌侵权人应当证明其不存在侵犯商业秘密的行为：(一)有证据表明涉嫌侵权人有渠道或者机会获取商业秘密，且其使用的信息与该商业秘密实质上相同；(二)有证据表明商业秘密已经被涉嫌侵权人披露、使用或者有被披露、使用的风险；(三)有其他证据表明商业秘密被涉嫌侵权人侵犯。”

[2] 路透社：《美国起诉两名华人，声称其窃取通用电气商业机密》，载路透中文网：https://cn.reuters.com/article/usa-china-ge-secretsstealing-0423-tues-idCNKCS1S006J?from=singlemessage&isappinstalled=0，2019年4月24日最后访问。

2. 贸易补贴

欧盟普通法院关于比利时税收超额利润的裁决：[1]2019年2月14日，欧盟普通法院（European Union General Court）撤销了欧盟委员会关于比利时超额利润裁决制度的国家援助决定。法院首先认为欧盟有权监督并确保成员国遵守国家援助规则，不能仅仅因为援助措施涉及直接征税就指责欧盟越权。法院认为，欧盟委员会应该分别评估每一项裁决是否都会引起国家援助，该裁决是欧盟委员会首次在转让定价税收裁定（Transfer Pricing Tax Rulings）领域执行国家援助规则。

3. 金融安全

美国在《金融现代化法案》中增加网络安全要求：2019年3月，FTC发布对《金融现代化法案》（Gramm-Leach-Bliley Act）两项关键规则的拟修订意见：[2]第一，在安全维护规则中为确保信息安全增加具体要求，以更好地保护消费者并为企业提供更多确定性。第二，改良金融隐私规则，通过立法改进技术和合规，与其他消费者金融隐私保护规则保持一致。

二、政策动向

（一）国际条约谈判

1. 中美第一阶段经贸协议

作为世界上最大的两个经济体，中美之间的贸易摩擦给全球经贸形势带来了极大的不确定性。IMF表示，中美之间的任何贸易协议都应符合多边规则，否则可能导致中国对其他主要贸易伙伴减少进口，进而给这些国家带来经济风险。例如，IMF认为，增购美国大宗商品会导致第三国对华出口被排挤。与此同时，IMF也提出警示，中国经济增长前景的不确定性是全球经济面临的风险之一，如果中美贸易谈判出现

[1] Thomas Vinje：*The First EU General Court Judgment on State Aid Through Tax Rulings-are There Wider Implications*?（Mar. 8, 2019），Clifford Chance：https://www.cliffordchance.com/briefings/2019/03/the_first_eu_generalcourtjudgmentonstateai.html.

[2] Mike Nonaka, Libbie Canter, David Stein and Sam Adriance：*FTC Proposes to Add Detailed Cybersecurity Requirements to the GLBA Safeguards Rule*（Mar. 7, 2019），Covington & Burling LLP：https://www.insideprivacy.com/financial-privacy/ftc-proposes-to-add-detailed-cybersecurity-requirements-to-the-glba-safeguards-rule/.

恶化,市场状况可能会突然收紧。[1]

诚然,中美贸易谈判历经 2 年多时间,的确在某些时间点上几近趋于恶化。2019 年 6 月 1 日,美国依据"301 条款"向价值 2000 亿美元的中国对美出口商品加征关税,将关税税率由 10%提高至 25%,新的关税税率于 6 月 15 日生效。随即,中国对部分价值 600 亿美元的美国对华出口商品采取反制措施,并于 6 月 1 日生效。6 月 2 日,中国国务院新闻办公室发布《关于中美经贸磋商的中方立场》白皮书,指出美国挑起对华经贸摩擦损害两国和全球利益,美国在中美经贸磋商中出尔反尔、不讲诚信,同时阐明中国始终坚持平等、互利、诚信的立场。中方在白皮书中表示,对于两国经贸分歧和摩擦,中国愿意合作,但"合作是有原则的,磋商是有底线的,在重大原则问题上中国决不让步。对于贸易战,中国不愿打,不怕打,必要时不得不打"。[2] 6 月 3 日,USTR 和美国财政部就中方发布白皮书作出回应。美方认为,中国在过去的几十年中一直在进行不公平贸易,造成美国巨额的贸易逆差,严重损害了美国工人、农民、大农场主和商人的利益。美国认为,中国的强制技术转让和商业秘密窃取损害了美国的知识产权,导致美国及其企业每年几十亿美元的损失。[3]

在中国商务部、外交部随后召开的新闻发布会上,发言人表示美方对中国从事"不公平贸易行为"的说法完全是不实指责,颠倒黑白、强词夺理。美国频繁采取的单边主义和贸易保护主义措施是企图将自身利益诉求强加于中国,是典型的"贸易霸凌主义"行为。[4] 此后,美国贸易代表莱特希泽(Robert Lighthizer)表示将在 G20 大阪峰会上恢复已

[1] 彭博社:《IMF 强调中美协议应符合多边贸易规则》,载联合早报网:https://beltandroad.zaobao.com/beltandroad/news/story20190415-948785,2019 年 4 月 5 日最后访问。

[2] 国务院新闻办公室:《关于中美经贸磋商的中方立场》,载新华网:http://www.xinhuanet.com/world/2019-06/02/c_1124573295.htm,2019 年 6 月 2 日最后访问。

[3] USTR:*U. S. Trade Representative and the U. S. Department of Treasury respond to the "White Paper" issued by China on June* 2, 2019 (Jun. 3, 2019), Office of the U. S. Trade Representative:https://ustr.gov/about-us/policy-offices/press-office/press-releases/2019/june/us-trade-representative-and-us.

[4] 商务部新闻办公室:《商务部新闻发言人应询就美方对〈关于中美经贸磋商的中方立场〉白皮书发布的声明发表谈话》,载中国商务部:http://www.mofcom.gov.cn/article/ae/ag/201906/20190602869880.shtml;外交部发言人办公室:《2019 年 6 月 4 日外交部发言人耿爽主持例行记者会》,载中国外交部:https://www.fmprc.gov.cn/web/fyrbt_673021/jzhsl_673025/t1669530.shtml,2019 年 6 月 4 日最后访问。

中断谈判6周的中美双边贸易谈判。在此期间,中美双方分别提高了关税,并将摩擦扩大到关键技术的出口管制等领域。[1]

然而继阿根廷和大阪会晤后,中美之间的贸易摩擦进一步恶化。2019年8月15日,美国政府宣布,对来自中国的约3000亿美元商品加征10%关税,分批次自2019年9月1日、12月15日起实施。中方随即采取反制措施,对原产于美国的5078个税目、约750亿美元商品,分别加征10%、5%的关税,分两批自2019年9月1日、12月15日起实施,同时,决定对原产于美国的汽车及零部件恢复加征关税。[2] 作为回应,时任美国总统特朗普指示USTR针对价值约5500亿美元的中国进口产品加征5%的关税,对于之前约2500亿美元的中国对美出口商品25%的关税税率,USTR将自10月1日起上调至30%。[3]

在经历两年多时间的贸易摩擦和磋商谈判后,中美双方在2019年12月13日就《中美第一阶段经贸协议》的文本达成一致。《中美第一阶段经贸协议》包括知识产权、技术转让、农业、金融服务、货币、扩大贸易、争端解决等7章。[4] 与此同时,美国已同意大幅修改其301关税措施(见表3-1)。

表3-1 2018~2019年中美双方实施的关税举措

2018年	2019年
2月7日	1月1日
美国依据"201条款"向中国太阳能板、洗衣机加征关税	中国暂停对美汽车及零部件("301条款")加征的报复性关税,并且减少2019年最惠国关税

[1] 英国《金融时报》:《美国贸易代表:美国准备好与中国重启谈判》,载FT中文网:www.ftchinese.com/story/001083277,2019年6月20日最后访问。

[2] 国务院关税税则委员会:《关于对原产于美国的汽车及零部件恢复加征关税的公告》,载中国财政部:http://www.gov.cn/xinwen/2019-08/24/content_5424154.htm,2019年8月24日最后访问。

[3] USTR:*Statement on Section 301 Tariff Action Regarding China*(Aug. 23, 2019), Office of the U.S. Trade Representative:https://ustr.gov/about-us/policy-offices/press-office/press-releases/2019/august/ustr-statement-section-301-tariff.

[4] USTR:*United States and China Reach Phase One Trade Agreement*(Dec. 13,2019), Office of the U.S. Trade Representative:https://ustr.gov/about-us/policy-offices/press-office/press-releases/2019/december/united-states-and-china-reach.

续表

2018 年	2019 年
3 月 23 日	2 月 8 日
美国依据“232 条款”向中国钢铝产品加征关税	美国减少依据“201 条款”对太阳能板、洗衣机加征的关税
4 月 2 日	6 月
中国针对美国“232 条款”关税加征报复性关税	美国依据“301 条款”加征关税（将价值 2000 亿美元的商品的关税税率由 10%提高到 25%，6 月 15 日生效），中国对某些美国产品采取反制措施（部分为 600 亿美元，6 月 1 日生效）
5 月 1 日	7 月 1 日
中国降低药品的最惠国关税	中国降低 IT 产品最惠国关税
7 月 1 日	9 月 1 日
中国降低消费品、汽车、IT 产品关税	美国依据“301 条款”加征关税（对 3000 亿美元的产品加征 15%的关税），中国对某些美国产品采取反制措施（750 亿美元）
7 月 6 日	9 月 17 日
美国依据“301 条款”对 340 亿美元商品加征关税，中国对 340 亿美元商品加征报复性关税	中国对将近 20 亿美元的美国出口产品实施豁免
8 月 23 日	12 月 26 日
美国依据“301 条款”对 160 亿美元商品加征关税，中国对 160 亿美元商品加征报复性关税	中国对将近 10 亿美元的美国出口产品实施豁免
9 月 24 日	
美国依据“301 条款”对 2000 亿美元商品加征关税，中国对 600 亿美元商品加征报复性关税	
11 月 1 日	
中国降低工业产品最惠国关税	

2019 年 2 月,美国贸易代表莱特希泽就中美贸易协定出席美国国会听证并做书面发言,表达了美国政府在特定问题上的态度和立场,即强调中美贸易关系的结构性改革[1]和签署协议的可执行性。[2] 此次谈判,美方主要设定了四个目标:一是力求中方就技术转让、知识产权、工业补贴等问题作出结构性改革;[3]二是力求在货物和服务贸易方面获得更大的市场准入;三是达成的协议必须具有可执行性;四是采用双边方式与单边行为相结合的双轨制模式来解决中美贸易摩擦。[4] 美方在谈判过程中提出的各项举措基本围绕上述议题展开,中方在某些方面也表现出对推进谈判、达成协议的积极态度。

(1)知识产权

时任美国总统特朗普 2019 年 3 月曾表示,他并不急于与中国达成贸易协议,因为经历了数月的谈判磋商,知识产权问题是双方最主要的分歧所在。美方指控中方强迫美国企业进行知识产权的分享和技术转让,并以此作为其进入中国市场实施运营的条件,中国对此加以否认。[5]

USTR 于 2019 年 4 月发布了年度《301 特别报告》。报告研究了美国贸易伙伴保护知识产权的充分性和有效性,以及“恶名市场”名单,其中,特别指出中国线上和实体市场中存在大量盗版和商标假冒行为。报告对美国 36 个贸易伙伴的知识产权保护现状表达了关切,中国则被

---

[1] 莱特希泽强调,美方希望中方作出重大结构性改变,以营造更加公平的市场竞争环境,特别是在知识产权和技术转让方面。

[2] 美方一直坚持,保障与中国达成的协议能够得到执行与协议的实质内容同等重要,任何协议都必须是可执行的。

[3] 例如,2019 年 7 月,美国商务部认为中国为预制结构钢出口提供补贴,表示将对相应进口产品征收反补贴关税。《美拟对中国、墨西哥产预制结构钢征反补贴关税》,载 FT 中文网:www1. ftchinese. com/story/001083546, 2019 年 7 月 9 日最后访问。

[4] 陶然笔记:《莱特希泽国会发言表明 中美谈判正“字斟句酌”往前推进》,载环球网:https://world. huanqiu. com/article/9CaKrnKiZoI,2019 年 3 月 13 日最后访问。

[5] 路透社:《美国总统特朗普称不急于与中国达成贸易协议》,载路透中文网:https://cn. reuters. com/article/wrapup-trump-no-rush-deal-0313-wedn-idCNKCS1QV00O? from=singlemessage&isappinstalled=0, 2019 年 3 月 14 日最后访问。

列入优先观察名单。[1] 与此同时，USTR 还将"拼多多"列入未能阻止假冒伪劣产品销售的商品市场黑名单，该名单上还有中国最大电商平台——阿里巴巴集团旗下的淘宝网。[2] 随后，中国商务部宣布将建立"不可靠实体清单"制度，依据中国《对外贸易法》《反垄断法》《国家安全法》等有关法律法规，对不遵守市场规则、背离契约精神、出于非商业目的对中国企业实施封锁或断供，严重损害中国企业正当权益的外国企业、组织或个人，将被列入"不可靠实体清单"。[3]

双方在知识产权章节的约定相当详细。从保护对象来看，协议不但涵盖了著作权、专利、商标、商业秘密、药品等传统知识产权保护对象，一些新兴业态，如电子商务平台、地理标志[4]等领域的知识产权保护也有涉及。从保护程序来看，协议规定了预防机制、民事程序、刑事程序、争端解决机制等，完善了知识产权的保护机制，同时也加大了对知识产权侵权行为的惩戒力度。整体而言，协议文本基本实现了美国在知识产权领域的谈判目标，对中国来说，文本中的某些要求，如商业秘密、民事举证责任、刑事启动程序等已经逐步落实，基本符合中国知识产权保护的未来发展方向。

---

[1] 具体而言，特别 301 行动计划中为多年来被列入优先观察名单的国家制定了标准，而在一段时间内，USTR 将会对列表中国家知识产权的发展状况展开调查。对于未能回应美国关切的国家，USTR 将采取适当的行动，例如，根据《美国贸易法》第 301 条，或根据 WTO 或其他贸易协定争端解决程序采取必要的强制措施，以打击不公平贸易的做法，并确保贸易伙伴遵守他们的国际承诺。See USTR：*Annual Special* 301 *Report on Intellectual Property Protection and Review of Notorious Markets for Piracy and Counterfeiting*（Apr. 25，2019），Office of the U. S. Trade Representative：https：//ustr. gov/about-us/policy-offices/press-office/press-releases/2019/april/ustr-releases-annual-special-301.

[2] 路透社：《美国将中国拼多多列入"恶名市场"名单》，载路透中文网：https：//cn. reuters. com/article/us - ustr - pdd - notorious - list - 0426 - idCNKCS1S204J? from = singlemessage&isappinstalled=0，2019 年 4 月 26 日最后访问。

[3] 中国商务部：《商务部新闻发言人就中国将建立"不可靠实体清单"制度答记者问》，载中国商务部：http：//www. mofcom. gov. cn/xwfbh/20190531. shtml，2019 年 5 月 31 日最后访问。

[4] 此前，中国与欧盟签订中欧地理标志保护与合作协定，该协定将保护欧洲在中国的 100 个地理标志和中国在欧盟的 100 个地理标志免遭仿制和非法使用。详见中国新闻网：《中国驻欧盟使团：中欧签署地理标志协定迈出里程碑式重要一步》，载中国新闻网：http：//www. chinanews. com/gn/2019/11-07/9000439. shtml，2019 年 11 月 7 日最后访问。

(2)技术转让

技术转让也是美方谈判的主要诉求之一,但在谈判过程中,双方并未过多提及此方面的内容。协议文本主要从市场准入、行政管理、正当程序和透明度等方面规定了双方的权利义务,中国在2019年出台的《技术进出口管理条例》中已经就行政管理部分作出积极地调整。

(3)农业

在知识产权、技术转让等方面,中国可能在谈判中并不占据优势,但在立场上中国并不示弱。时任美国农业部长桑尼·珀杜(Sonny Perdue)2019年3月曾表示,中国对美国出口产品加征的报复性关税使美国农民遭受沉重打击。[1] 协议文本中涵盖的食品、农产品领域十分广泛。协议反映了美国扩大农产品贸易的要求,也加强了对食品、农产品安全检疫的防控与审查,确保双方在农业领域的贸易安全。

(4)金融服务

在2019年4月举行的第9轮中美经贸高级别磋商中,美国彭博新闻社(Bloomberg News)表示,中美磋商中的协议要求中国允许美国企业在华进行全资经营。有学者猜测,美国的要求可能是希望加快中国金融领域的开放,这一要求和目前中国的总体方向基本一致,理论上中国应该能接受,但必须留存底线。[2] 协议文本主要就稳定汇率制度、汇率与外汇储备的透明度作出规定,双方并未透露谈判过程中有关货币的相关消息。

(5)扩大进口

美国2018年的贸易逆差高达6210亿美元,创10年新高。[3]在第9轮中美经贸高级别磋商中,美国要求中国在2025年之前向美国购买包括大豆和能源产品在内的更多商品。在第12轮中美经贸高级别磋商中,双方讨论了中方根据其国内民众需要增加采购来自美方的农产

---

[1] 英国《金融时报》:《中国在对美贸易谈判中态度转向强硬》,载FT中文网:www.ftchinese.com/story/001081991,2019年3月22日最后访问。

[2] 英国《联合早报》:《美方要求主中方购买更多商品 在华美企可全资经营》,载《联合早报》中文网:https://m.uzrbo.com/cngov/2019-04/0555948.html,2019年4月5日最后访问。

[3] 英国《金融时报》:《美国2018年贸易逆差创10年新高》,载FT中文网:www.ftchinese.com/story/001081757,2019年3月7日最后访问。

品以及美方需要为采购创造的条件。[1] 根据协议规定，中国将在 2020 年至 2021 年的两年内，以 2017 年为基准，扩大自美采购和进口不少于 2000 亿美元的制成品、农产品、能源产品和服务。

(6)争端解决

协议的执行是中美双方谈判的重点。美方坚持协议须具有可执行性。2019 年 4 月，时任美国财政部长史蒂文·姆努钦(Steven Munuchin)在与中国国务院副总理刘鹤通电话后，曾透露美国和中国已经同意在本国境内设立"执行办公室"，以监督协议的执行，但这一说法在当时并未得到美国贸易代表办公室和美国白宫方面的证实。[2] 最终，双方同意在协议第七章建立"双边评估与争端解决机制"以评估协议履行的具体问题，并通过磋商解决双边贸易摩擦。

2. USMCA

美国、墨西哥和加拿大三国达成协议，将已有 25 年历史的 NAFTA 升级为 21 世纪的高标准协议——USMCA。USMCA 在知识产权、数字贸易、最低限度、金融服务、环境等新兴议题上都取得了关键进展。美国总统特朗普表示，USMCA 对三个成员国来说是一宗大交易，弥补了 NAFTA 中的许多缺陷和错误，极大地向美国农民和制造商开放了市场，减少了对美国的贸易壁垒，并使三个大国团结在一起与世界其他国家竞争。[3]

时任美国总统特朗普通过钢铝产品的反补贴调查来对墨西哥和加拿大进行"极限施压"。2019 年 3 月，时任美国贸易代表莱特希泽表示，美国正计划取消对墨西哥和加拿大加征的钢铝关税，[4] 但同年 6 月，美国又威胁要对所有墨西哥出口美国的产品加征关税。7 月，美国

[1] 新华社：《第十二轮中美经贸高级别磋商在上海举行》，载中国政府网：http://www.gov.cn/guowuyuan/2019-07/31/content_5417624.htm，2019 年 7 月 31 日最后访问。

[2] 英国《金融时报》：《美中同意设立贸易协议执行办公室》，载 FT 中文网：www.ftchinese.com/story/001082263? archive，2019 年 4 月 11 日最后访问。

[3] USTR：*Agreement between the United States of America, the United Mexican States, and Canada* 12/13/19 *Text* (Dec. 10, 2019), Office of the U. S. Trade Representative：https://ustr.gov/trade-agreements/free-trade-agreements/united-states-mexico-canada-agreement/agreement-between.

[4] 路透社：《美国正在着手取消对墨西哥和加拿大的钢铝关税》，载路透中文网：https://cn.reuters.com/article/us-mexico-cadana-metals-tariff-wrapup-03-idCNKBS1QU03K? from=singlemessage&isappinstalled=0，2019 年 3 月 13 日最后访问。

商务部初步认定墨西哥为预制结构钢出口提供补贴,表示将对相应进口产品征收反补贴关税。此举引发了外界对可能的贸易战的担忧,也加剧了美国与其贸易伙伴之间的紧张关系。尽管过程一波三折,美、墨、加三国最终于 2019 年 12 月 10 日签署了修订后的 USMCA。[1]

3. RCEP

RCEP 谈判于 2012 年由东盟发起,成员包括东盟十国、中国、日本、韩国、澳大利亚、新西兰和印度。RCEP 涵盖人口超过 35 亿,占全球约 48%,国内生产总值占全球比例超过 31%,外贸总额占全球的近 28%,涉及货物贸易、服务贸易、投资、原产地限制、贸易救济、金融、电信、知识产权、电子商务、法律机制等多个领域。[2] 在当前全球经贸形势面临不确定性的背景下,完成 RCEP 将进一步完善本地区产业供应链、价值链,稳定市场,为区域经济发展注入强劲动力。

中国商务部副部长王受文表示,"中国是 RCEP 谈判的积极参与者,愿为加快推进谈判发挥积极和建设性作用。中国正在采取一系列重大改革开放举措,加强制度性、结构性安排,促进更高水平的对外开放"[3]。目前,RCEP 15 个成员(除印度外)已经结束全部 20 个章节的文本谈判以及市场准入问题谈判,下一步将在 2020 年开展签署工作。除 RCEP 之外,东盟国家还签署了汽车及其零部件共同认可协定机制的协议和完善争端解决机制的协议,以促进区域经济稳定健康发展。[4]

4. WTO 改革

始于 2001 年的 WTO 多哈回合谈判多年来停滞不前,近年来主要经济

---

[1] USTR:*Protocol of Amendment to the United States-Mexico-Canada Agreement*(Dec. 10,2019),Office of the U. S. Trade Representative:https://ustr.gov/trade-agreements/free-trade-agreements/united-states-mexico-canada-agreement/protocol-amendments.

[2] 中国商务部:《区域全面经济伙伴关系协定第 26 轮谈判举行》,载商务部网:http://www.mofcom.gov.cn/article/ae/ai/201907/20190702878905.shtml, 2019 年 7 月 4 日最后访问。

[3] 中国商务部:《〈区域全面经济伙伴关系协定〉第二十七轮谈判开幕》,载商务部网:http://www.mofcom.gov.cn/article/ae/ai/201907/20190702885049.shtml, 2019 年 7 月 26 日最后访问。

[4] 新华社:《东盟国家将签署协议助力自由贸易》,载新华网:http://m.xinhuanet.com/2019-07/19/c_1124776373.htm, 2019 年 7 月 19 日最后访问。

体之间的贸易摩擦持续爆发,各国呼吁改革 WTO 的声音越发强烈。[1]

时任美国总统特朗普多次对 WTO 争端解决机制表达失望,威胁退出 WTO,并阻挠 WTO 上诉机构任命新任法官。WTO 上诉机构于 2019 年 12 月陷入停摆状态。2019 年 7 月,美国政府发布《改革世界贸易组织发展中国家地位的总统备忘录》,对 WTO 采用的发达国家和发展中国家二分法进行了批评。[2]

2018 年 11 月,中国政府发布《中国关于世贸组织改革的立场文件》,阐述了中国对 WTO 改革的基本原则和具体主张。在肯定 WTO 在促进全球经济增长、贸易争端解决、贸易政策审议和监督方面的重要作用的同时,中国主张作出如下改革:一是解决危及 WTO 生存的关键性和紧迫性问题;二是增加 WTO 在全球经济治理中的相关性;三是提高 WTO 的运行效率;四是增强多边贸易体制的包容性。[3]

对比来看,中美双方在以下问题上分歧明显:

第一,发展中国家的地位认定问题。美国发布的《改革世界贸易组织发展中国家地位的总统备忘录》,认为 WTO 项下自我认定的"发达国家和发展中国家二分法"已经不合时宜,为许多 WTO 成员在国际贸易中攫取不当利益提供了条件。美国表示从未认可中国的发展中国家地位。

第二,中国市场经济地位问题。中国人民银行前行长周小川曾在博鳌亚洲论坛 2019 年年会上坦承,中国在贸易中可能存在某些"市场扭曲的行为"和"不合理的补贴",这是中国由计划经济向市场经济转型的残留。这一问题突出地体现在《中国入世议定书》第 15(a)(ii)条到期后,各国是否还应继续采用"替代国"方法来对中国商品进行反倾销调查。[4]

---

[1] 中国认为,目前的 WTO 并未完全实现《马拉喀什建立世界贸易组织协定》确定的目标,在谈判功能方面,多哈回合谈判启动超过 17 年,但在农业、发展和规则等议题上进展缓慢,同时也未能回应 21 世纪电子商务、投资便利化等新议题。

[2] Presidential Memoranda:*Memorandum on Reforming Developing-Country Status in the World Trade Organization* (Jul. 26, 2019), White House: https://www.whitehouse.gov/presidential-actions/memorandum-reforming-developing-country-status-world-trade-organization/.

[3] 《中国关于世贸组织改革的立场文件》,载中国商务部网站:http://www.mofcom.gov.cn/article/i/jyjl/k/201812/20181202818736.shtml,2019 年 7 月 19 日最后访问。

[4] André J. Washington:*Not So Fast, China: Non-Market Economy Status is Not Necessary for the Surrogate Country Method*, Chicago Journal of International Law, Vol 1(2018).

第三,WTO 改革的路径选择。周小川认为,“WTO 改革的前提条件是各成员要有诚意。如果大多数成员都支持多边主义,改革就有望达成一致并取得进展。如果个别大的经济体坚持采用单边主义的做法,将双边自贸协定作为其未来贸易体系的主干,改革就会遇到很多挑战和困难”。[1] 欧盟和加拿大同意建立一个临时贸易争端解决机制,作为濒临崩溃的 WTO 上诉机构的临时替代机构。WTO 上诉机构创始成员、前主席詹姆斯·巴克斯(James Bacchus)认为,应该考虑把上诉机构的人员从 7 名增加到 10 名,使上诉机构的人员均为全职工作,而非兼职。[2] 多边主义与单边主义的立场差异,既是中国与美国对 WTO 改革的核心矛盾,也是各成员方的主要分歧所在。

除了“国家安全”条款[3]、经济制裁与次级制裁的正当性与救济[4]、不公平贸易[5]等传统议题外,以规制跨境电子商务为代表的新

[1] 博鳌亚洲论坛:《博鳌亚洲论坛 2019 年年会深度报道(七):WTO 改革》,载博鳌亚洲论坛网:http://www.boaoforum.org/zh/2019hyjb/20190327/44758.html,2019 年 3 月 27 日最后访问。

[2] 英国《金融时报》:《博鳌焦点:WTO 改革》,载 FT 中文网:www.ftchinese.com/story/001082073,2019 年 3 月 28 日最后访问。

[3] 最近 WTO 处理的关于“国家安全”条款的案例即是乌克兰诉俄罗斯一案(WT/DS512),俄罗斯就以“国家安全”条款的例外情形作为加征关税的抗辩理由。此外,美国也常常援引 GATT 21 条加征钢铝关税。

[4] 制裁通常具有广泛的空间适用范围,即禁止针对整个国家的商业活动。一个国家可能会实行两类制裁:初级制裁和次级制裁。初级制裁是指对与制裁国具有管辖权联系的国家进行制裁。而次级制裁适用于与制裁国家和国际组织没有任何联系的国际主体。域外制裁并未被国际社会广泛接受,因此各国可能制定阻断规则来对抗这些制裁。例如,美国实施了次级制裁,而欧盟则制定了阻断法案作为回应。欧盟阻断法案的序言恰好呼应了这一点,其中写道:“这些法律法规和其他立法文书在域外的适用违反了国际法,阻碍了顺利的国际贸易。” See Naimeh Masumy and Niyati Ahuja: *Sanctions vis-à-vis Blocking Measures and the Dilemma Faced by Arbitral Tribunals: Lessons Drawn From EU Blocking Regulation and U. S Extraterritorial Sanctions* (Nov. 7, 2019), Kluwer Arbitration Blog: http://arbitrationblog.kluwerarbitration.com/2019/11/07/sanctions-vis-a-vis-blocking-measures-and-the-dilemma-faced-by-arbitral-tribunals-lessons-drawn-from-eu-blocking-regulation-and-u-s-extraterritorial-sanctions/.

[5] 近年来,欧盟委员会通过两项重大改革加强了欧洲贸易防护措施(Trade Defence Toolbox)。自 2014 年以来,欧盟委员会还实行了 95 项措施以确保欧洲的公司和工人能够公平参与市场竞争。值得注意的是,135 项措施中的 2/3 都涉及来自中国的进口,且主要集中在钢铁行业。See European Commission: *Report on EU trade defence-effective protection against unfair trade* (Mar. 28, 2019), European Commission: https://ec.europa.eu/commission/presscorner/detail/en/IP_19_1850.

兴业态规则也被纳入了 WTO 规则改革议程。鉴于目前尚未有专门的多边规则,电商企业和消费者只能依赖于国家之间的双边贸易协定和区域贸易协定的规则。为此,欧盟提出了一些初步谈判建议,包括解决跨境销售的障碍、限制数据本地化要求、确保对消费者个人数据的保护、改善电信和计算机相关服务的市场准入承诺等。[1]

5. 中国自由贸易协定网络

(1)中国—挪威自由贸易协定

自 2019 年 3 月至 9 月,中国—挪威自由贸易协定进行了第 14 轮至第 16 轮谈判。双方就货物贸易、服务贸易与投资、原产地规则、海关程序与贸易便利化、技术性贸易壁垒、卫生与植物卫生措施、贸易救济、环境、法律议题、争端解决、知识产权、竞争政策、政府采购等相关议题展开了磋商。[2]

(2)中国—以色列自由贸易协定

在中国—以色列自由贸易协定第 6 轮谈判中,双方就货物贸易、技术性贸易壁垒、投资、知识产权、政府采购、电子商务、竞争政策、争端解决、法律与机制条款等议题展开磋商。[3]

(3)中国—新西兰自由贸易协定

中国与新西兰于 2016 年 11 月启动自由贸易协定升级谈判。相比原自由贸易协定,升级谈判对原有的海关程序与合作、原产地规则及技术性贸易壁垒等章节做了进一步升级,并新增了电子商务、环境与贸易、竞争政策和政府采购等章节。双方还在服务贸易和货物贸易市场准入、自然人流动和投资等方面作出新的承诺。2019 年 11 月 4 日,中国和新西兰宣布结束两国之间的自由贸易协定升级谈判。中国指出,更新后的成果符合未来规模更大、更具活力的双边经贸关系发展的要求,同时也是双方坚持开放自由贸易,维护以规则为基础的多边贸易体

[1] European Commission: *EU Releases Proposal on New WTO Rules for Electronic Commerce* (May. 3, 2019), European Commission: http://trade.ec.europa.eu/doclib/press/index.cfm? id=2016.

[2] 中国商务部:《中挪举行自贸协定第十六轮谈判》,载商务部网:http://www.mofcom.gov.cn/article/ae/ai/201909/20190902898769.shtml, 2019 年 9 月 12 日最后访问。

[3] 中国商务部:《中国—以色列自贸协定第六轮谈判举行》,载商务部网:http://www.mofcom.gov.cn/article/ae/ai/201905/20190502866414.shtml, 2019 年 5 月 24 日最后访问。

系的承诺。[1]

(4)中国—韩国自由贸易协定

中国—韩国自由贸易协定于2015年12月生效。2017年12月,两国签署谅解备忘录,启动中韩自由贸易协定第二阶段谈判,[2]旨在为两国企业营造更加自由便利的服务贸易和投资环境。我国首次启用了负面清单模式进行服务贸易和投资谈判,若谈判成功,就意味着我国负面清单制度进一步与国际接轨,不但可以推动未来我国与其他国家的自由贸易协定谈判,也可以促进我国负面清单制度建设。

(5)中国—日本—韩国自贸区谈判

中日韩自由贸易区谈判是中国正在推动的经济体量最大、占中国外贸比重最高的自由贸易区谈判之一,也是中国2019年自由贸易区建设的一大重点。三方就货物贸易、服务贸易、投资等议题展开了实质性磋商。[3]

(6)中国—巴基斯坦自由贸易协定

中国—巴基斯坦自由贸易协定于2007年7月生效。2011年3月,中巴双方启动自由贸易协定第二阶段谈判,于2019年4月就所有议题达成一致并签署《中华人民共和国和巴基斯坦伊斯兰共和国政府关于修订〈自由贸易协定〉的议定书》(以下简称《议定书》),[4]约定《议定书》于2019年12月1日正式生效。《议定书》对原自贸协定货物贸易市场准入及关税减让表、原产地规则、贸易救济、投资等内容进行了升级和修订,并新增了海关合作章节。[5]

---

[1] 中国商务部:《中国与新西兰宣布结束自由贸易协定升级谈判》,载商务部网:http://www.mofcom.gov.cn/article/ae/ai/201911/20191102909875.shtml,2019年11月4日最后访问。

[2] 新华社:《中韩自贸协定谈判稳步推进 我国首次引入负面清单进行服贸和投资谈判》,载新华网:http://www.xinhuanet.com/fortune/2019-04/02/c_1124318952.htm,2019年4月3日最后访问。

[3] 中新社:《中日韩自贸区第15轮谈判将就多项议题开展实质性磋商》,载中国新闻网:http://www.chinanews.com/gn/2019/04-11/8806594.shtml,2019年4月12日最后访问。

[4] 中国商务部:《中巴结束自贸协定第二阶段谈判并签署议定书》,载商务部网:http://www.mofcom.gov.cn/article/ae/ai/201904/20190402858360.shtml,2019年4月28日最后访问。

[5] 中国商务部:《中巴自贸协定第二阶段议定书今日生效》,载商务部网:http://www.mofcom.gov.cn/article/ae/ai/201912/20191202918327.shtml,2019年12月1日最后访问。

(7)中国—秘鲁自由贸易协定

中国—秘鲁自由贸易协定于2010年3月生效，是我国已签署的货物贸易自由化水平最高的自贸协定之一。2018年11月，中秘启动自由贸易协定升级谈判，对服务贸易、投资、知识产权、电子商务、竞争政策、海关程序与贸易便利化、原产地规则等议题进行磋商。[1]

(8)澳大利亚—中国香港自由贸易协定

澳大利亚与中国香港于2019年3月26日签署自由贸易协定和投资协定，就商品零关税、服务供应商的市场准入、跨境数据流动和数据存储规则达成一致，标志着澳大利亚与中国香港的互惠互利经贸关系进入新阶段。[2]

6. 美欧贸易政策动态

(1)美国

2019年3月，美国贸易代表莱特希泽向美国国会提交了美国政府贸易政策议程和年度报告。莱特希泽表示，美国正在推行的更有利于美国工人的贸易政策，使美国工人受益良多；美国已经与韩国、墨西哥和加拿大重新签订了贸易协定；USTR与韩国政府相关部门就KORUS FTA中与竞争有关的事项进行首次磋商，以解决上述问题；[3]与此同时，美国也正积极地落实本国的贸易法，确保从关税普惠制中受益的国家符合美国国会制定的适格标准。这一系列措施都有助于促进美国经济的强劲发展，为美国工人创造更多的就业机会。[4]

美国特朗普政府还与日本、欧盟和英国展开了新的贸易谈判。2019年5月，美日欧在巴黎进行三方会谈，深入讨论了解决第三国非市场政策和措施的问题，认为此类政策和措施带来了严重的产能过剩，使

[1] 中国商务部：《商务部国际经贸关系司负责人介绍中秘自贸协定实施成效及升级谈判有关情况》，载商务部网：http://www.mofcom.gov.cn/article/ae/sjjd/201904/20190402850225.shtml，2019年4月4日最后访问。

[2] 新华社：《澳大利亚与中国香港签署自由贸易协定》，载新华网：http://m.xinhuanet.com/2019-03/26/c_1124285394.htm，2019年3月26日最后访问。

[3] USTR: *USTR Requests First-Ever Consultations Under the U. S. -Korea Free Trade Agreement (KORUS)* (Mar. 15, 2019), Office of the U. S. Trade Representative: https://ustr.gov/about-us/policy-offices/press-office/press-releases/2019/march/ustr-requests-first-ever.

[4] USTR: *Trump Administration Charts Trade Policy Course More Favorable to American Workers* (Mar. 1, 2019), Office of the U. S. Trade Representative: https://ustr.gov/about-us/policy-offices/press-office/press-releases/2019/february/trump-administration-charts-trade.

劳动力和企业在不公平的条件下参与竞争，阻碍了创新技术的开发和使用，弱化了国际贸易的功能。同时，三方也表达了对非市场政策和措施、市场导向条件、产业补贴和国有企业、WTO 改革以及数字贸易和电子商务等领域的关切。[1]

除进行贸易协定谈判之外，美国还采取了更具灵活性的双边贸易合作。2019 年 4 月，美国与肯尼亚举行了“美国—肯尼亚贸易与投资工作组”第一次会议，就未来双边贸易和投资框架进行探索性谈判、加强商业合作，并且制定减少贸易和投资壁垒的短期解决方案，以期深化两国之间的贸易和投资关系，为未来两国间更紧密的贸易关系奠定基础。[2] 同期，“美国—埃及贸易和投资委员会”也召开会议，着重探讨了如何促进农产品和工业品更广泛的互惠市场准入，以及劳工改革、知识产权保护、加强边境执法措施、实施 WTO 贸易便利化协议等双方关切的议题。[3] 2019 年 6 月，美国与加勒比共同体（Caribbean Community）举行了美国—加共体贸易和投资委员会（Trade and Investment Council）第八次会议，讨论贸易优惠方案、知识产权、服务贸易、农业问题和更广泛的区域问题。[4]

（2）欧盟

欧盟委员会在其发布的 2019 年《贸易与投资壁垒报告》指出，2018 年欧盟成员国以外的国家设置了 45 个新贸易壁垒，创历史新高。59 个国家的 425 项贸易限制措施使欧盟企业每年损失数十亿美元。从对象

---

[1] USTR: *Joint Statement of the Trilateral Meeting of the Trade Ministers of the United States, European Union, and Japan* (May. 23, 2019), Office of the U. S. Trade Representative: https://ustr. gov/about - us/policy - offices/press - office/press - releases/2019/may/joint - statement-trilateral-meeting.

[2] USTR: *Inaugural Meeting of the U. S. -Kenya Trade and Investment Working Group* (Apr. 8, 2019), Office of the U. S. Trade Representative: https://ustr. gov/about - us/policy - offices/press-office/press-releases/2019/april/inaugural-meeting-us-kenya-trade-and.

[3] USTR: *Statement on the United States-Egypt Trade and Investment Council Meeting* (Apr. 12, 2019), Office of the U. S. Trade Representative: https://ustr. gov/about - us/policy - offices/press-office/press - releases/2019/april/statement - united - states - % E2% 80% 93 - egypt - trade.

[4] USTR: *Statement on the United States-CARICOM Trade and Investment Council* (Jun. 7, 2019), Office of the U. S. Trade Representative: https://ustr. gov/index. php/about-us/policy-offices/press-office/press-releases/2019/june/statement-united-states-caricom-trade.

来看，对欧盟出口产生最大影响的是中国、美国、印度和阿尔及利亚，行业主要集中在钢铁、铝和信息通信技术领域。[1]

自从欧盟引入新规要对外国企业在欧洲的投资进行审查后，是否需要阻止外国企业竞标公共合同这一问题引起了欧盟的关注。尽管欧洲的公共采购市场相当开放，但其大型贸易伙伴仍旧对海外投标者设置法律障碍。美国作为 WTO《政府采购协定》的签署国，理论上对外国企业开放，但仍有一系列向本土企业倾斜的州级规定。相较之下，日本虽然法律障碍少一些，但文化障碍更大。以法国和德国为首的欧洲各国政府，以及越来越多的企业领导人，都担心中国企业会对本地企业构成威胁。作为应对措施，欧盟在确保公共采购的平等准入和互惠领域拉开新战线。欧盟方面认为，中国的市场基本上仍处于封闭状态，由于"优先买国货"、国产化率规则、较弱的监管、较低透明度标准以及补贴行为，欧洲竞标者难以进入中国市场。因此，欧盟委员会希望建立一项互惠市场开放的机制，即国际政府采购机制（International Procurement Instrument）：如果某些国家的政府未能向外国投标者开放部分行业，则这些国家的投标者将被完全排除在外。此外，欧盟也在考虑通过环境、社会、限制补贴行为等方式限制中国企业进入欧洲市场。[2]

2019 年 4 月，欧盟贸易专员塞西莉亚·马姆斯特伦（Cecilia Malmstrom）在根据《欧盟—韩国贸易协定》（EU－South Korea Trade agreement）设立的第八届双边贸易委员会上提出，韩国禁止进口欧盟牛肉具有歧视性，韩国需要进一步落实协议中的贸易和可持续发展条款，加强行政执法和监管合作。[3]

（二）国内法律与政策动态

1. 知识产权保护

中国正在就加入《工业品外观设计国际注册海牙协定》（又称《海

---

［1］ European Commission：*Report from the Commission to the Parliament and the Concil Trade and Investment Barriers*（Jun. 17，2019），European Commission：https：//trade. ec. europa. eu/doclib/docs/2019/june/tradoc_157929. pdf.

［2］ 英国《金融时报》：《公共采购：欧盟拉开对华贸易新战线》，载 FT 中文网：http：//www. ftchinese. com/story/001082276，2019 年 4 月 12 日最后访问。

［3］ European Commission：*Commissioner Malmström in Seoul to check up on EU－Korea trade agreement and push for improvements*（Apr. 9，2019），European Commission：http：//trade. ec. europa. eu/doclib/press/index. cfm？ id＝2005.

牙协定》)展开磋商。《海牙协定》将使中国企业在外国更便捷地获得外观设计保护,更好地保护中国设计者、企业的利益。[1]

2019年11月,中共中央办公厅、国务院办公厅发布《关于强化知识产权保护的意见》。[2] 该意见提出,到2022年,力争实施强化知识产权保护的总体规划,有效遏制侵权易发多发现象,使权利人维权"举证难、周期长、成本高、赔偿低"的局面得到明显改观;到2025年,使知识产权保护社会满意度达到并保持较高水平,保护体系更加完善,尊重知识价值的营商环境更加优化,知识产权制度激励创新的基本保障作用得到有效发挥。《关于强化知识产权保护的意见》强调,要修改完善知识产权相关基础性法律,通过加大损害赔偿力度、惩罚性赔偿、降低知识产权犯罪入罪标准、规范证据标准、强化执行等具体措施,加大惩戒力度,有效打击侵犯知识产权的行为。同时,《关于强化知识产权保护的意见》也注意到许多新业态知识产权的保护,如跨境电商、传统知识等。

2. 贸易便利化

中国香港律政司从2019年7月开始就CISG适用于香港特别行政区的建议展开为期3个月的咨询。[3] 虽然中国是CISG的缔约国,但CISG目前不适用于中国香港。将CISG适用延伸至香港,可以促进香港贸易增长,避免企业在订立跨境交易合同时受不熟悉的外地法律限制,同时也可提高香港解决CISG争议的能力,从而稳固和提升香港的国际贸易金融中心地位。香港律政司考虑了CISG与香港现行法律之间的兼容性与差异性,以及中国内地与香港之间的制度安排,认为当事各方可约定选择适用CISG或香港本地法律,内地与香港的交易也适用CISG。

---

[1] 新华社:《国家知识产权局:正在就加入海牙协定磋商讨论》,载新华网:http://m.xinhuanet.com/2019-05/25/c_1124541847.htm,2019年5月25日最后访问。

[2] 中共中央办公厅、国务院办公厅:《关于强化知识产权保护的意见》,载中国政府网:http://www.gov.cn/zhengce/2019-11/24/content_5455070.htm,2019年11月24日最后访问。

[3] 中国香港特区立法会:《立法会司法及法律事务委员会〈联合国国际货物销售合同公约〉建议适用于香港特别行政区的咨询》,载中华人民共和国香港特别行政区立法会网:https://www.legco.gov.hk/yr18-19/chinese/panels/ajls/papers/ajls20190527cb4-908-3-c.pdf,2019年5月27日最后访问。

3. 贸易促进与公平贸易

2019 年 3 月,欧盟委员会发布了《欧中战略前景》(EU-China: A Strategic Outlook),期望与中国建立更加平衡的经济关系,包括应对中国国有企业,加强对网络安全威胁的防范。欧盟与中国在气候变化等领域有着广泛的合作,但欧盟认为,为应对中国政府的补贴行为、技术转让、企业收购和来自美国国家安全(如华为 5G 技术)的压力,欧盟有必要采取措施保护本地区经济,以平衡中欧经贸关系。[1]

可持续发展已经成为欧盟贸易政策的核心,[2]它要求在制定贸易政策时要确保经济发展与社会正义、高劳工标准和高环境标准密切相关。[3] 为实现上述目标,欧盟从双边贸易协定、对发展中国家的特殊激励机制以及欧盟贸易和发展政策三个方面,来确保其贸易政策能够促进可持续发展。欧盟与加拿大、新加坡以及部分拉丁美洲国家,在贸易协定中签订了贸易与可持续发展规则。在执行方面,欧盟要求自身及其贸易伙伴必须遵守国际劳工和环境的标准和协议;有效执行其环境法和劳动法;不能偏离环境法或劳动法来鼓励贸易或投资;对诸如木材和鱼类等自然资源进行可持续性交易;打击濒危动植物物种的非法贸易;鼓励应对气候变化的贸易;促进落实企业社会责任。

2019 年 10 月,德国经济和能源部发布了《德国数字化竞争法(草案)》(the draft Act on Digitalization of German Competition Law)。[4]

---

[1] 英国《金融时报》:《欧盟抛出〈欧中战略前景〉意图何在?》,载 FT 中文网:www.ftchinese.com/story/001081921,2019 年 3 月 19 日最后访问。

[2] European Commission: *Policy Making-Sustainable development* (Mar. 12, 2019), European Commission: https://ec.europa.eu/trade/policy/policy-making/sustainable-development/.

[3] 根据欧盟国际贸易中心(International Trade Centre, ITC)的一份报告,在五个欧盟成员国受访的零售商中有 98.5%认为可持续性是产品采购的一个因素。在对法国,德国,意大利,荷兰和西班牙约 1800 家零售商的调查中,零售商越来越多地与欧盟内外的供应商合作,在其供应链中引入环境和社会标准。96%的受访零售商实施了可持续采购战略,76%的零售商作出了可持续采购的公开承诺。See European Commission: *Study finds that sustainable sourcing is at the core of EU business considerations* (May. 24, 2019), European Commission: http://trade.ec.europa.eu/doclib/press/index.cfm? id=2022.

[4] Covington Competition: *German Ministry of Economics and Energy Publishes the Draft Act on Digitalisation of German Competition Law* (Nov. 12, 2019), Covington & Burling LLP: https://www.covcompetition.com/2019/11/german-ministry-of-economics-and-energy-publishes-the-draft-act-on-digitalisation-of-german-competition-law/.

该草案对现行的竞争规则提出了几项重要修改，如滥用市场支配地位的规则、加快德国联邦卡特尔办公室诉讼的规则、复杂的审查规则等，同时强调了数字市场面临的与数据相关的新挑战。

随着欧盟对谷歌处以巨额罚款，FTC 主席约瑟夫·西蒙斯（Joseph Simons）希望对美国科技巨头进行更多审查。[1] 2019 年 2 月，FTC 宣布成立一个新的技术工作组，负责“加强对科技相关经济体的关注及科技行业反竞争行为的调查”，审查科技市场潜在“反竞争行为”，评估大型在线平台如何获得或保持其市场地位，以及美国现行反托拉斯主义理论是否足以保护市场竞争。

三、智库研究

本部分重点梳理中美贸易摩擦，并对区域性贸易协定的谈判进程予以关注。

（一）中美贸易摩擦

1. 额外关税

根据美中贸易委员会的统计，[2]在过去 10 年中，美国对中国的出口增长达到了 73%，且美国对中国香港出口的增长速率基本同步，表明美国对华的出口主要路线为美国—香港—中国内地。尽管美国在 2018 年 7 月便已宣布要对 340 亿美元的中国商品清单加征 25% 的关税，中国也宣布会针对美国的关税加征采取反制措施，但从 2019 年度美国对中国出口的数据来看，中国依旧是对美贸易出口大国（仅次于加拿大和墨西哥）和对美服务出口大国（仅次于英国和加拿大）。

受中美贸易摩擦的影响，2018 年美国对中国商品出口较 2017 年的 1279 亿美元有所减少（7%），各州的数据都反映出中美贸易摩擦给各州商品、服务出口带来了消极影响，但综合过去 10 年的数据来看，美国对中国的贸易出口在美国对世界各经济体出口中的占比仍旧是最高的。

---

[1] Clifford Chance-Talking Tech：*FTC Task Force to Scrutinize Competition in Tech industry-Increased Focus on Mergers in the Technology Sector*（May. 13，2019），Clifford Chance：https://talkingtech.cliffordchance.com/en/industries/e-commerce/ftc-task-force-to-scrutinize-competition-in-the-tech-industry.html.

[2] USCBC：2019 *State Export Report*（Feb. 21，2019），The US-China Business Council：https://www.uschina.org/reports/2019-state-export-report#1.

由于加征关税对服务出口影响较小,美国对中国的服务出口仍在增加,只是增速相较美国对世界其他地区有所放缓。美国对中国的贸易和服务出口为美国提供了数以百万计的就业岗位,中国已经成为美国 49 个州的前五大甚至第一大市场。在这 10 年中,美国对中国出口的核心商品为航空航天产品及零件、半导体产品及零件以及能源(石油、天然气为主)。

同样由于中美贸易摩擦,许多经济体对中国的贸易出口都超过了美国,如欧盟、日本、韩国。根据 PIIE 的报告,自 2019 年 6 月开始,中国对美国征收报复性关税进行反制,虽然报复性关税实际上只涵盖了 2/3 的美国出口商品,且关税上涨的商品中近一半增税幅度较小,中国甚至未对美国出口的汽车和零部件加征关税,但这种有限制的报复并未降低中国反制措施的影响。在对美国商品加征关税的同时,中国对其他国家和地区的产品降低了关税,如加拿大、德国和日本。因此,被加征关税后的美国商品与被降低关税的其他国家地区商品形成了极大差距。

2019 年 8 月 13 日,美国表示将分别在同年 9 月 1 日与 12 月 15 日对中国产品加征新的关税。据 PIIE 分析,美国这两轮新增加的关税在时间上十分耐人寻味,错开了美国的购物高峰期。在 9 月 1 日前,美国对中国进口货物加征关税主要在原材料和零部件上,如半导体与钢材,对市场的冲击较为间接。而 9 月后加征关税的清单则涵盖了许多美国家庭日常用品,[1] 12 月的清单进一步对消费型商品加征关税,主要覆盖了电子产品、玩具甚至圣诞装饰品,这些都将直接影响消费者的生活成本。PIIE 推测,为了避免民众情绪反弹过大,美国对中国两轮关税加征的时间点选择在了美国下半年两轮购物高峰期之后,减少了增加关税对美国消费者的影响。

中美之间的经贸冲突,使中国亟须寻找进口可替代对象。中国在许多美国商品上都找到了进口替代,将进口对象从美国转向日本、欧盟等,在农作物上的进口重点也逐渐向南美洲国家转移。PIIE 的分析表

---

[1] Chad P. Bown: *Trump's fall* 2019 *China Tariff Plan*: *Five Things You Need to Know* (Feb. 21, 2020), Peterson Institute for International Economics: https://www.piie.com/blogs/trade-and-investment-policy-watch/trumps-fall-2019-china-tariff-plan-five-things-you-need-know.

示,由于大幅提高对美的关税给中国市场带来了不小的冲击,中国选择了以降低其他国家进口商品关税的方式来抵销对美国征收更多的关税。[1] 美国从墨西哥和欧盟的进口数量明显上升。UNCTAD 的分析表示,美国关税的增加基本转嫁给了其本国的消费者。[2]

2. 技术转让

技术转让规则一直是中美贸易争端的主要焦点之一。《技术进出口管理条例》(2011 年修订版)第 27 条规定:"在技术进口合同有效期内,改进技术的成果属于改进方。"美国认为这类"强制性的技术转让规则"实际上是在侵犯外国的知识产权,窃取他国技术。2019 年版的《技术进出口管理条例》对技术转让规则部分进行了修订。[3] 《外商投资法》进一步规定"行政机关及其工作人员不得通过行政措施强制进行技术转让"。美国企业研究所认为,中国正在为促进国内技术发展和缓解来自美方的压力而加快改革,但仍需要在保护本国的知识产权与减少政府对关键行业的补贴之间寻找平衡。[4]

3. 政府补贴

中国对国有企业的政策扶持与补贴,被包括美国在内的一些国家认为是在助长不正当竞争行为,给在华的外国企业造成了额外的竞争压力。因此,与政府补贴有关的议题也是中美贸易谈判的重点之一。2018 年美欧日发布联合声明,要求 WTO 将金融补贴纳入多边补贴范围。在 2019 年 5 月,中美因为未能就政府补贴问题上达成一致而一度

---

[1] Chad P. Bown, Euijin Jung, Eva (Yiwen) Zhang: *Trump Has Gotten China to Lower Its Tariffs. Just Toward Everyone Else* (Feb. 21, 2020), Peterson Institute for International Economics: https://www. piie. com/blogs/trade-and-investment-policy-watch/trump-has-gotten-china-lower-its-tariffs-just-toward.

[2] Alessandro Nicita: *Trade and Trade Diversion Effects of United States Tariffs on China* (Feb. 21, 2020), UNCTAD: https://unctad. org/en/PublicationsLibrary/ser-rp-2019d9_en. pdf.

[3] 此外,中国《合同法》第 329 条规定,非法垄断技术、妨碍技术进步或者侵害他人技术成果的技术合同无效。《民法典》第 850 条:"非法垄断技术或者侵害他人技术成果的技术合同无效。"See Ling Ho: *The US-China "Trade War" and Liberalisation of China's Technology Transfer Rules* (Feb. 21, 2020) Clifford Chance: https://www. cliffordchance. com/briefings/2019/04/the_us-china_tradewarandliberalisationo. html.

[4] Claude Barfield: *As US-China Trade Talks Restart, a Checklist of Chinese Structural "Reforms" to Date (Part II)* (Feb. 21, 2020), American Enterprise Institute: https://www. aei. org/economics/as-us-china-trade-talks-restart-a-checklist-of-chinese-structural-reforms-to-date-part-ii/.

导致谈判破裂。

在2015年《中国制造2025》宣布之时,中国表示将对列出的技术研发给予3500亿美元的补贴,并表示会在这些行业内实施竞争中立。[1]中国企业,尤其是国有企业已经有了参与市场公平竞争的能力,近年来,中国推行了公平竞争审查制度,并将企业进行分类,实施"竞争中性"政策,日后还会逐渐从税收、采购、融资和监管等方面进行改革。这些都预示着中国政府虽然对高科技产业依旧存在扶持,但仍期待塑造一个由具有竞争力的国企、具有积极性的民企和具有获得感的外资企业构成的社会主义市场经济。[2]

4. WTO改革

中国强调WTO协商一致原则的重要性,[3]而美国在《2019年贸易政策议程与2018年工作报告》中指出,协商一致原则是导致WTO效率低下的主要原因之一。[4] 双方对待改革的价值取向差异直接导致了双方截然不同的政策立场。美国所提出的改革措施极具针对性,暗示中国利用发展中国家身份享受更多特权,并且对中国给予国有企业的补贴表示不满。美国还在报告中直接表示,中国对于WTO上诉机构提出的建议是在试图赋予上诉机构更多权力,会影响此后其他经济体维护自身利益的权利。

海国图智研究院的分析指出,中美分歧源于双方对于市场经济地位的界定以及WTO职权范围的认识的不同。美国认为,中国对于市场的宏观调控证明其没有将市场作为资源配置的主导因素,因此不能认定为市场经济国家。现行的多边贸易体制使中国享受了市场经济及发

---

[1] Chad P. Bown, Euijin Jung, Eva (Yiwen) Zhang: *Trump Has Gotten China to Lower Its Tariffs. Just Toward Everyone Else.* (Feb. 21, 2020), Peterson Institute for International Economics: https://www.piie.com/blogs/trade-and-investment-policy-watch/trump-has-gotten-china-lower-its-tariffs-just-toward.

[2] 姚曦、徐奇渊:《中美贸易摩擦向多边扩展,国际补贴新规如何接招?》,中国社科院世界经济与政治研究所: http://iwep.cssn.cn/xscg/xscg_sp/201910/t20191013_5013541.shtml,2020年2月21日最后访问。

[3] 中国商务部:《中国关于世贸组织改革的建议文件》,载商务部网: http://www.mofcom.gov.cn/article/jiguanzx/2019/5/20190502862614.shtml,2020年2月21日最后访问。

[4] 周嘉颖、王子月:《[中美关系]WTO改革揭露了怎样的中美分歧?》,载微信公众号"海国图智研究院": https://mp.weixin.qq.com/s/YTguXOPiqLAcJGIjfrj6CA,2020年2月21日最后访问。

展中国家身份带来的特权。中国则认为，美国提出的改革方案会加剧单边主义的蔓延，对多边贸易体制造成根本上的破坏，并从中获取独占的利益与权力，实现"美国优先"的政策主张。除此之外，中国认为"公平、平等"，是根据不同国家的发展情况给予公平的发展机遇，所以发展中国家应当受到照顾，而美国认知的"平等"则强调 WTO 应注重"互惠与对等"，这也是中美价值取向上的差异所在。

5. 中美贸易摩擦的外部效应

作为世界上两个最大的经济体，中国与美国之间的贸易摩擦势必会影响其他经济体。一方面，中美贸易摩擦使得欧洲等经济体的货物市场竞争力增强；另一方面，欧盟也面临在中美之间"选边站"的抉择，需要在 WTO 改革、市场经济地位等问题上"站队"。

欧洲智库布吕格尔经济研究所的研究指出，中美贸易摩擦首先打击的是世界对国际贸易体系的信心。在过去的几十年中，国际贸易一直在以 WTO 为首的国际组织引导下不断发展，而 WTO 自身的问题在中美贸易摩擦中暴露得十分明显。中美两大经济体在贸易上的冲突，增加了世界贸易的不确定性，也提高了部分生产者和消费者的成本，这将进一步影响国际投资，打乱已经形成的国际贸易链，进而动摇全球贸易体系的根基。[1]

美国期待欧盟在中美贸易摩擦中的"站队"与合作。欧盟也是美国寻求更公平贸易关系的对象。美国实际希望建立起"以美国为中心"的国际贸易秩序，对欧美贸易中的利益分配也有不满。美国也曾向欧盟提起过汽车与汽车零部件的关税威胁。欧盟既将中国视为提供就业与经济发展的合作对象，也将中国视为经济竞争对手。因此，在中美贸易摩擦中，欧盟没有采取单纯与美国合作对抗中国的战略，而是逐渐形成与中国既合作又竞争的战略。欧盟贸易委员会提出建设更加"公平、互惠"的贸易投资关系，并倡导在推动 WTO 改革、单边救济措施、双边投资条约与自由贸易协定谈判方面，结构性地调整与中国的经贸关系。

---

[1] Anabel Gonzalez, Nicolas Veron: *EU Trade Policy Amid the CHINA-US Clash: Caught in the Cross-Fire*? (Feb. 21, 2020), Bruegel: https://www.bruegel.org/wp-content/uploads/2019/09/WP-2019-07.pdf.

(二)国际贸易协定

1. USMCA

USMCA 被称为 NAFTA 的升级版。在美国国内,民主党与共和党围绕 USMCA 的批准进行了激烈的角力。CSIS 在 2019 年 9 月对 USMCA 在美国国会的批准之路进行了阶段性的总结。USMCA 于 2018 年 11 月由美国、墨西哥和加拿大三国共同签署,但须在获得三国立法机构批准后方可生效。墨西哥于 2019 年 6 月率先批准了这份协定。然而,美国民主党对于 USMCA 颇有疑虑,美国国内两党争论的焦点主要集中在以下方面:USMCA 缺乏有效的劳工保护条款与环境保护条款;USMCA 诸多条款的强制执行力较弱;USMCA 以牺牲美国患者利益为代价推动制药公司发展。

以劳工保护条款为例, NAFTA 的实施过程中通过牺牲美国本土就业的方式降低企业成本,将部分业务转移到墨西哥以雇佣更廉价的劳动力。USMCA 仍然不能保证墨西哥工人与美国工人享受对等的权利。虽然墨西哥政府为了落实该协定,在国内启动了劳工法律与政策的改革工作,但改革的成效依旧需要评估。此外,加拿大则坚持要与美国进行同步批准程序。

美国大西洋理事会(The Atlantic Council)重点关注 USMCA 对跨大西洋贸易政策的可能影响。USMCA 中的劳工与环境条款,与欧盟自由贸易协定当中的若干条款具有相似性。大西洋理事会认为,这并不预示着美国与欧盟达成自由贸易协定的可能性变大,由于 USMCA 中的部分突破性内容,例如,数字贸易规则,跨大西洋经贸关系谈判可能面临更多挑战。[1] 美国经济的增长主要来源于服务业的驱动,这些服务产生了海量的数据,因而,美国坚持在自由贸易协定中纳入数字贸易章节,并主张数字贸易零关税、数字产品平等保护、禁止数据本地化等内容。USMCA 数字贸易规则甚至可能给欧洲国家带来挑战:首先,USMCA 在数据隐私方面采取的关键准则部分与欧盟的《通用数据保护条例》不同;其次,USMCA 不限制包括个人信息在内的跨境信息传

---

[1] Barbara C. Matthews: *How the USMCA Impacts Transatlantic Trade Policy* (Dec. 14, 2019), Atlantic Council: https://www.atlanticcouncil.org/blogs/new-atlanticist/how-the-usmca-impacts-transatlantic-trade-policy/.

输,但可能基于“合法的公共政策”在一定程度上限制传输;最后,协定还在合作与网络安全义务、禁止签署国披露源代码(可能涉及强制技术转让)等方面作出了规定。

2.《美日贸易协定》

在2019年联合国大会期间,美国与日本宣布达成贸易协定。虽然协议涵盖的范围比较有限,但美方表示将继续针对协议进行谈判。协定规定日本在未来对70亿美元的美国农产品进行税收减免,而美国会对日本工业产品进行税收减免。除此之外,美日还签署了电子商务与数字贸易相关的“行政协议”,以促进跨境数据传输,并保护数据、源代码和算法。[1]《美日贸易协定》对在中美贸易战中遭遇打击的美国农业十分有益,美国因此在日本市场中获得更优惠的竞争环境;而日本也因此暂时缓解了龙头出口产业——汽车产业在美国的关税威胁。

3.《欧盟—南方共同市场自由贸易协定》

在G20峰会期间,欧盟与南方共同市场签署了《欧盟—南方共同市场自由贸易协定》。这份贸易协定对于欧盟与南方共同市场来说都十分重要。一方面,协议改变了巴西和阿根廷内向型的经济发展模式,给南方共同市场迎来了更大规模的贸易;另一方面,欧盟可以借此应对美国的贸易保护主义,在农业市场上更多地对世界开放,巩固自身在全球贸易体系中的地位。[2]

欧盟农业生产者担忧这份协定会给本国农业带来巨大打击,还担心南方共同市场国家农产品的质量。欧盟委员会随后表示,欧盟的进口产品会坚持适用欧盟安全标准,从南方共同市场进口的农产品只会影响欧盟的农产品进口结构,不会打击欧盟境内的农产品生产者。此外,欧洲民众还担心协定会导致巴西环境恶化,因为协议会进一步刺激拉丁美洲的农业生产,导致土地使用的结构性变化,造成更多的森林被砍伐。

---

[1] Matthew P. Goodman, Dylan Gerstel, Nicholas Szechenyi, Michael J. Green: *The U. S. – Japan Trade Deal* (Feb. 21, 2020), Center for Strategic and International Studies: https://www.csis.org/analysis/us-japan-trade-deal.

[2] Michael Baltensperger, Uri Dadush: *The European Union – Mercosur Free Trade Agreement-prospects and risks* (Feb. 21, 2020), Bruegel: https://www.bruegel.org/wp-content/uploads/2019/09/PC-11_2019.pdf.

4. RCEP

RCEP 于 2019 年 11 月完成文本谈判与市场准入谈判,并预计在 2020 年完成签署。印度在最终谈判中宣布退出协定谈判,但与印度相关的条款在印度退出谈判后冻结,这意味着协定签署后印度还可重新加入。

CSIS 指出,印度退出协定谈判的原因可能是对电子商务领域和贸易领域存在担忧。印度希望电子商务领域能够进行"数据本地化",但这一提议遭到了反对。在贸易领域,印度与协定涉及的 11 个国家都存在贸易逆差。与此同时,印度还被要求降低贸易壁垒,这将会进一步增加印度对相关产品的进口,可能给印度的许多敏感行业带来打击。此外,来自外国的廉价商品也会在一定程度上抢占印度市场,引起了印度许多产业的反对。

CSIS 认为,RCEP 最重要的意义在于在成员国之间建立了原产地规则,协定覆盖国家的公司能够更畅通地运输商品,这将大大降低公司在亚洲供应链的成本,而且能促进成员国建立新的区域供应链。其他国家的公司也可因此项规则而受益,因为是否适用该规则是以公司的生产地点而非总部作为判断的标准。RCEP 成员国在服务领域兼采正面清单与负面清单。在投资领域,RCEP 暂不涵盖 ISDS,这部分内容需要成员国在 3 年内重新谈判激活。

电子商务与数字贸易相关部分在 RCEP 谈判中颇具争议,比如减少电子商务壁垒、建立区域电子商务规则的需求与协议未禁止数据本地化存在矛盾。除此之外,成员国无法就中止对数字化交付产品的关税达成共识。美国担心中国通过 RCEP 制定亚太贸易规则,并从 RCEP 成员国中获得免税进口产品作为美国商品的替代,进而调整因为受中美贸易摩擦影响的进口结构,此外美国还担心此协定会增加中日韩三国的尖端技术交流。[1]

(三)WTO 年度总结报告

WTO 于 2019 年 10 月 9 日发布了《2019 全球贸易报告》。报告指

---

[1] William Alan Reinsch, Jack Caporal, Lydia Murray: *At Last, An RCEP Deal* (Jul. 22, 2019), Center for Strategic and International Studies: https://www.csis.org/analysis/last-rcep-deal.

出，服务贸易是国际贸易中最有活力的组成部分。2005 年以来，世界服务贸易额年均增长高于货物贸易，且由于贸易成本降低、数字化促进远程贸易，世界范围内的服务贸易额还会继续增长。[1] 2019 年 10 月，联合国发布《2019 年亚太贸易和投资报告》。报告显示，非关税壁垒主要集中在技术法规层面，如食品卫生与检疫要求，影响了一半以上的亚太地区贸易，这大大提高了企业，尤其是中小企业的运营成本。[2]

大国之间的技术竞争逐渐波及全球贸易。美国通过出台 ECRA 和 FIRRMA 推动“新兴及基础性技术”的出口管制。前者作为跨部门立法，对美国国家安全及新兴技术进行严格管控，防止美国核心技术的对外泄露。美国希望通过以下方法限制“新兴技术”传播：区分新兴技术与成熟技术；只对与国家安全紧密相关的技术进行控制；判断该技术在其他国家获取的可能性；判断技术与美国经济和技术领先地位的相关程度；避免单边方式。[3]

四、小结

在世界经济增长放缓的背景下，许多大型经济体选择关注国内市场，导致贸易保护主义持续升温，贸易摩擦也不断加剧，危及多边贸易体制与全球供应链。纵观 2019 年，国际贸易法律与政策呈现以下特点：

1. 竞争与合作并存。在中欧关系方面，双方在政府补贴、国有企业、公共采购等方面存在摩擦，但在 WTO 改革、维护以规则为基础的多边贸易体系上存在共同追求；在美欧关系方面，双方在贸易保护、不公平贸易等方面有共同利益，但在数据流动波音、空客补贴问题上的分歧不容忽视。

---

[1] World Trade organization：*World Trade Report* 2019：*The future of services trade*（Feb. 21，2020），World Trade Organization：https://www.wto.org/english/res_e/publications_e/wtr19_e.htm.

[2] 联合国亚太经社会及贸发会报告：《非关税措施的贸易成本是关税的两倍之多》，载联合国新闻：https://news.un.org/zh/story/2019/10/1043521，2020 年 2 月 21 日最后访问。

[3] Peter Lichtenbaum, Victor Ban, and Lisa Ann Johnson：*Defining “Emerging Technologies” Industry Weighs In on Potential New Export Controls*（Feb. 21，2020），US－China Business Council：https://www.chinabusinessreview.com/defining-emerging-technologies-industry-weighs-in-on-potential-new-export-controls/.

2. 贸易摩擦与促进并存。中美贸易摩擦吸引了世界各国的大部分注意力,但在此过程中,中国积极调整国内法律与政策,在知识产权保护、技术转让等领域对标国际规则,积极回应国际关切,谋求中国对外贸易的长期健康发展。与此同时,中国也与多个国家进行了贸易协定谈判,在稳固亚洲地区的同时积极开拓欧洲地区。

3. 多边主义受到挑战,区域与双边合作加强。WTO 面临的危机是多边主义受到挑战的缩影,多哈回合谈判停滞 20 多年积累的实体问题不可能一蹴而就,争端解决机制改革也是缘木求鱼、远水难解近渴。各方在多边场合频发改革动议,在双边和区域领域大力实践,但改革方向和具体举措上可谓差异明显。各方能否在多边贸易体制改革中步调一致仍待进一步观察。

第四章　国际金融法律政策新发展*

导读　自2008年国际金融危机爆发以来，全球金融监管体系在不同层面进行了调整与重组，但监管体系的碎片化局面并未得到改观。由于本国金融业发展阶段和国家利益的不同，各国金融法律与政策的立足点多聚焦在国内层面。中国金融业的改革同样遵循了国内优先、兼顾国际的路径。2019年，银行业、保险业、证券业和信托业等成为对外开放的重点，主要推动措施包括放宽参与主体限制，放宽货币类型和额度的限制，放宽投资对象限制，调整交易费用和简化交易程序等。金融科技再度兴起，全球金融体系面临着潜在的系统性变革，国内金融监管体系不断升级，多边金融治理也被注入新动力。在国际合作方面，中国积极推动人民币国际化，促进"一带一路"绿色投资，积极应对与美国的汇率纠纷。

2019年，世界经济风云多变，发展态势充满变数。中美贸易摩擦升级，国内经济下行压力增大，金融业对我国经济社会发展的影响日益突出。为此，中共中央和国务院做出进一步扩大对外开放的重要决策部署，并将金融业视为重要的突破口。本章主要汇总2019年中国在金融业扩大对外开放的有关举措，不仅囊括了中央和地方的改革措施，还涉及一些国内外智库的研究报告，力求全景展现过去一年的金融改革动向。

---

* 本章执笔：张悦、李佳依、高雅婷。

一、规则实践

(一)国际层面

1974 年,美国富兰克林国民银行、前联邦德国赫斯塔特银行的相继倒闭使各国监管部门意识到,必须建立一个国际性银行监管机构,加强跨国银行间的信息交流和协同管理。1975 年 2 月,巴塞尔委员会应运而生,立足于解决跨国银行在母国和东道国之间协同管理的问题。经过长时间的探索,巴塞尔委员会最终将资本充足率作为约束银行内部经营管理的核心,并先后颁布了 3 版《巴塞尔协议》。[1]

(二)国内层面

我国金融法律体系的基本框架形成于 20 世纪 90 年代中期,其中包括《中国人民银行法》《商业银行法》《保险法》《票据法》《证券法》《信托法》《银行业监督管理法》《证券投资基金法》《反洗钱法》等基础部门法。有学者指出,我国的金融法律体系在形成初期呈现以下特点:(1)以国家法律为基本框架,以政府"条例"和"监管规章"为具体内容;(2)在金融部门内部和外部实行"分业经营、分业监管",对工商业与金融业的业务经营实行严格分离,对它们之间的相互投资,特别是对金融企业投资有严格限制;(3)金融部门内部银行业、信托业、证券业、保险业的核心业务分业经营,具体由中国人民银行、银保监会、证监会实行分业的机构监管;(4)金融机构的业务经营实行授权制,经营金融业务都必须取得监管机构的授权。[2] 但随着我国金融体制改革与对外开放进程的不断推进,加之金融机构内外部门的改革,国内金融法律体系正在进行新一轮的升级换代。

2019 年 10 月 15 日,国务院公布《关于修改〈中华人民共和国外资保险公司管理条例〉和〈中华人民共和国外资银行管理条例〉的决定》,新版条例自公布之日起施行。本次修改涉及两个条例的部分条款,主要是贯彻落实党中央、国务院批准的有关外资保险公司和外资银行准

---

[1] 孙若鹏:《〈巴塞尔协议Ⅲ〉最终版的背景、变化及对中国银行业的影响》,载《金融监管研究》2018 年第 10 期。

[2] 刘少军:《完善金融法律体系,理顺风险处置与退出机制》,载《21 世纪经济报道》2019 年 7 月 16 日。

入及业务范围等方面的政策，为进一步扩大保险业、银行业的对外开放提供更好的法治保障。

《外资保险公司管理条例》的主要修改内容为：（1）取消申请设立外资保险公司的外国保险公司应当经营保险业务30年以上，且在中国境内已经设立代表机构2年以上的条件；（2）允许外国保险集团公司在中国境内投资设立外资保险公司，允许境外金融机构入股外资保险公司。

《外资银行管理条例》的主要修改内容为：（1）取消拟设外商独资银行的唯一或者控股股东、拟设中外合资银行的外方唯一或者主要股东、拟设分行的外国银行在提出设立申请前一年年末总资产的条件，取消拟设中外合资银行的中方唯一或者主要股东应当为金融机构的条件；（2）规定外国银行可以在中国境内同时设立外商独资银行和外国银行分行，或者同时设立中外合资银行和外国银行分行；（3）放宽对外资银行业务的限制，允许其从事代理发行、代理兑付、承销政府债券以及代理收付款项业务，将外国银行分行可以吸收中国境内公民定期存款的数额下限由每笔不少于100万元人民币改为每笔不少于50万元人民币，并取消对外资银行开办人民币业务的审批；（4）改进对外国银行分行的监管措施，放宽外国银行分行持有一定比例生息资产的要求，对资本充足率持续符合有关规定的外国银行在中国境内的分行，放宽其人民币资金份额与其人民币风险资产的比例限制。[1]

2019年12月，第十三届全国人大常委会第十五次会议审议通过了修订后的《证券法》，并将于2020年3月1日起施行。本次《证券法》主要修订的内容为：(1)全面推行证券发行注册制度，为有关板块和证券品种分步实施注册制留出了必要的法律空间；(2)显著提高证券违法违规成本；(3)完善投资者保护制度；(4)进一步强化信息披露要求；(5)完善证券交易制度；(6)落实"放管服"要求取消相关行政许可；(7)压实中介机构市场"看门人"法律职责，证券公司不得允许他人以其名义直接参与证券的集中交易；(8)建立健全多层次资本市场体系；(9)强化监管执法和风险防控；(10)扩大《证券法》的适用范围，将存托凭证明

---

[1] 国务院：《关于修改〈中华人民共和国外资保险公司管理条例〉和〈中华人民共和国外资银行管理条例〉的决定》，载中国政府网：http://www.gov.cn/xinwen/2019-10/15/content_5440019.htm，2019年10月15日最后访问。

确规定为法定证券，将资产支持证券和资产管理产品写入《证券法》。[1]

二、政策动向

本部分密切追踪美国等发达国家在金融业开放的政策动向，并选编了我国包括中国人民银行、国家外汇管理局、证监会、银保监会在内的核心监管机构于2019年出台的促进金融行业对外开放的相关政策。

（一）国际层面

2019年是国际金融监管领域挑战与机遇并行的一年。一方面，由于世界经济增长放缓、国际地缘政治格局变化，加之民粹主义、单边主义浪潮持续蔓延，金融监管政策继续呈现碎片化的发展态势；另一方面，金融科技的发展使得新的资产类型和服务不断涌现，数字货币的全球金融监管是2019年关注的重点。

2019年2月，摩根大通推出了自己的数字货币（JPM Coin，摩根大通币），旨在使用分布式账本技术进行即时付款。2019年6月，脸书宣布其计划推出“Libra”新型全球数字货币，用户可以通过脸书应用中的电子钱包进行“点对点”的支付转账。

为了应对加密货币去中心化和全球化发展，各多边监管平台纷纷出台监管政策。FATF曾建议，要求加密货币交易所与钱包服务提供商实施反洗钱与反恐怖主义融资内控措施，遵守国家机构对其施加的牌照或注册要求，并受限于国家机构的监管。FSB以及其他国际机构也一直在持续监督跟进资产市场的发展。但是，由于加密资产尚未对金融稳定性构成风险，国际机构尚未提出更广泛的全球性加密资产监管标准。[2]

---

[1] 中国证监会：《新〈证券法〉全文及修订要点》，载中国证监会网：http://www.csrc.gov.cn/pub/shanghai/ztzl/pfzl/202003/t20200306_371622.htm，2020年3月6日最后访问。

[2] 高伟绅律师事务所：《全球化与金融监管：挑战与趋势》，载 https://www.cliffordchance.com/content/dam/cliffordchance/briefings/2019/12/globalisation-and-financial-regulation-challenges-and-trends-cn.pdf，2020年3月5日最后访问。

（二）国内层面

1. 金融开放

2019年5月，中国银保监会推出12条对外开放新措施，具体包括：（1）按照内外资一致原则，取消单家中资银行和单家外资银行对中资商业银行的持股比例上限；（2）取消外国银行来华设立外资法人银行的100亿美元总资产要求和外国银行来华设立分行的200亿美元总资产要求；（3）取消境外金融机构投资入股信托公司的10亿美元总资产要求；（4）允许境外金融机构入股在华外资保险公司；（5）取消外国保险经纪公司在华经营保险经纪业务需满足30年经营年限、国际总资产不少于2亿美元的要求；（6）放宽中外合资银行中方股东限制，取消中方唯一或主要股东必须是金融机构的要求；（7）鼓励和支持境外金融机构与民营资本控股的银行业保险业机构开展股权、业务和技术等各类合作；（8）允许外国保险集团公司投资设立保险类机构；（9）允许境内外资保险集团公司参照中资保险集团公司资质要求发起设立保险类机构；（10）按照内外资一致原则，同时放宽中资和外资金融机构投资设立消费金融公司方面的准入政策；（11）取消外资银行开办人民币业务审批，允许外资银行开业时即可经营人民币业务；（12）允许外资银行经营"代理收付款项"业务。[1]

2019年7月，国务院金融稳定发展委员会办公室对外发布11条金融业对外开放措施，具体包括：（1）允许外资机构在华开展信用评级业务时，可以对银行间债券市场和交易所债券市场的所有种类债券评级；（2）鼓励境外金融机构参与设立、投资入股商业银行理财子公司；（3）允许境外资产管理机构与中资银行或保险公司的子公司合资设立由外方控股的理财公司；（4）允许境外金融机构投资设立、参股养老金管理公司；（5）支持外资全资设立或参股货币经纪公司；（6）人身险外资股比限制从51%提高至100%的过渡期，由原定2021年提前到2020年；（7）取消境内保险公司合计持有保险资产管理公司的股份不得低于75%的规定，允许境外投资者持有股份超过25%；（8）放宽外资保险公司准入条件，取消30年经营年限要求；（9）将原定于2021年取消证券

[1] 欧阳洁、曲哲涵：《银行业保险业推出12条对外开放新措施》，载中国政府网：http://www.gov.cn/xinwen/2019-05/03/content_5388371.htm，2019年5月3日最后访问。

公司、基金管理公司和期货公司外资股比限制的时间提前到 2020 年;(10)允许外资机构获得银行间债券市场 A 类主承销牌照;(11)进一步便利境外机构投资者投资银行间债券市场。[1]

2019 年 9 月,国家外汇管理局经国务院批准,决定取消 QFII 和 RQFII 投资额度限制。国家外汇管理局先是在 2018 年取消了相关汇兑限制,此次全面取消合格境外投资者投资额度限制,是国家外汇管理局在合格境外投资者外汇管理领域的又一重大改革举措。具备相应资格的境外机构投资者,只需进行登记即可自主汇入资金开展符合规定的证券投资,境外投资者参与境内金融市场的便利性将获得大幅提升,中国债券市场和股票市场也将更为广泛地被国际市场接受。同时,国家外汇管理局正在按程序报请国务院取消相应行政许可项目,待批准后,由国务院统一对外公布。[2]

2019 年 10 月,证监会发布公告,进一步明确取消证券公司、基金管理公司和期货公司外资股比限制的时间安排。自 2020 年 1 月 1 日起,取消期货公司外资股比限制,有关主体可根据《期货交易管理条例》《期货公司监督管理办法》《外商投资期货公司管理办法》等相关规定向证监会提交行政许可申请,符合条件的境外投资者持有期货公司股权比例可达到 100%,证监会将依法依规予以审批。自 2020 年 4 月 1 日起,在全国范围内取消基金管理公司外资股比限制;自 2020 年 12 月 1 日起,在全国范围内取消证券公司外资股比限制。[3]

2019 年 12 月,中国人民银行、国家外汇管理局发布关于《境外机构投资者境内证券投资资金管理规定(征求意见稿)》公开征求意见的通知。此次修订的境外机构投资者境内证券投资资金管理规定,是中国人民银行、国家外汇管理局取消合格境外投资者(QFII/RQFII)投资额度限制后,为进一步便利境外机构投资者境内证券投资而拟出台实施

---

[1] 新华社:《我国新推出 11 条金融业对外开放措施》,载中国政府网:http://www.gov.cn/xinwen/2019-07/20/content_5412220.htm,2019 年 7 月 20 日最后访问。

[2] 外汇局网站:《国家外汇管理局:取消合格境外投资者(QFII/RQFII)投资额度限制　扩大金融市场对外开放》,载中国政府网:http://www.gov.cn/xinwen/2019-09/10/content_5428847.htm,2019 年 9 月 10 日最后访问。

[3] 中国证监会:《证监会明确取消券商等机构外资股比限制时点　提升我国金融领域国际吸引力》,载证券日报网:http://epaper.zqrb.cn/html/2019-10/12/content_514910.htm,2019 年 10 月 12 日最后访问。

的管理规定。该征求意见稿主要遵循以下原则:(1)合并两项制度的资金管理规定,在取消合格境外投资者投资额度限制基础上,合并合格境外投资者相关资金管理规定;(2)本外币一体化管理,在保留 QFII 和 RQFII 制度基础上,不再对境外机构投资者分币种管理,境外机构投资者可汇入外币或人民币或同时汇入外币与人民币资金,并根据所汇入币种开立相应账户;(3)优化托管人管理,境外机构投资者不再受原合格境外投资者制度对托管人数量的限制,可根据实际投资需要选择托管人;(4)进一步便利境外机构投资者境内证券投资,不再要求境外机构投资者汇出累计收益时提供中国注册会计师出具的投资收益专项审计报告、税务备案表等材料,以完税承诺函替代,极大简化其资金汇出入手续,大幅简化登记材料。[1]

2. 金融监管

为更好地满足金融行业发展与监管需要,中国人民银行和国家市场监督管理总局联合推动金融科技产品纳入国家统一推行的认证体系,并于 2019 年 10 月发布了《金融科技产品认证目录(第一批)》和《金融科技产品认证规则》的公告。其中,《金融科技产品认证规则》的适用范围包括以下产品种类:客户端软件、安全芯片、安全载体、嵌入式应用软件、银行卡自动柜员机终端、支付销售点终端、移动终端可信执行环境、可信应用程序、条码支付受理终端(含显码设备、扫码设备)、声纹识别系统和云计算平台。[2]

2020 年 1 月,中国人民银行召开 2020 年金融法治工作电视电话会议,要求推动日常监管、执法检查和行政处罚职责适度分离,完善权力运行制约机制。加强执法检查统筹,推进综合执法检查,综合运用现场和非现场方式,提升执法效能。对于严重金融违法行为,要加大处罚力

[1] 王观:《央行、外汇局将发布规定进一步便利境外机构投资者境内证券投资》,载中国一带一路网:https://www.yidaiyilu.gov.cn/xwzx/gnxw/112704.htm,2019 年 12 月 14 日最后访问。

[2] 市场监管总局认证监督管理司:《市场监管总局、人民银行关于发布〈金融科技产品认证目录(第一批)〉〈金融科技产品认证规则〉的公告》,载国家市场监督管理总局网:http://gkml.samr.gov.cn/nsjg/rzjgs/201910/t20191025_307904.html,2019 年 10 月 25 日最后访问。

度，严肃市场纪律。[1] 此外，中美之间的贸易摩擦使得美国对中国在美上市企业提出了更加严格的监管要求。2019 年 6 月 5 日，美国国会一个由美国共和党与民主党两党议员组成的小组提出一项议案，要求在美国证券交易所上市的中国企业遵从监管要求，包括提供审计相关信息和目前受中国法律限制的其他措施，敦促在美上市的中国企业遵守美国有关财务透明和问责制的法律法规。[2]

3. 优化服务

为深入推进“放管服”改革，提升外汇管理服务实体经济能力和水平，促进跨境贸易投资便利化，国家外汇管理局于 2019 年 10 月发布《关于进一步促进跨境贸易投资便利化的通知》，旨在简化相关业务操作，便利银行和企业等市场主体办理外汇业务，切实支持实体经济发展。[3]

在跨境贸易方面，一是扩大贸易外汇收支便利化试点，使诚信企业享受更大便利；二是简化小微跨境电商企业办理有关贸易资金收付手续；三是优化货物贸易外汇业务报告方式；四是简化出口收入入账手续，允许企业自主选择是否开立待核查账户；五是便利企业分支机构货物贸易外汇收支名录登记；六是允许承包工程企业境外资金集中管理。

在跨境投融资方面，一是允许非投资性外商投资企业依法以资本金开展境内股权投资；二是扩大资本项目收入支付便利化试点，便利企业使用资本项目外汇收入及其结汇所得人民币资金进行境内支付；三是便利境内机构向境外投资者转让境内企业股权所得转让对价款的结汇使用，允许外国投资者保证金在竞标成功后用于其出资、结汇支付等；四是将企业外债注销登记下放银行办理，试点取消企业外债逐笔登记；五是取消资本项目外汇账户开户数量限制；六是开展银行不良债权

---

[1] 中国人民银行：《人民银行召开 2020 年金融法治工作电视电话会议》，载中国人民银行网：http://www.pbc.gov.cn/tiaofasi/144941/144943/144945/3961780/index.html，2020 年 1 月 19 日最后访问。

[2] 路透社：《美国国会提出议案寻求让在美上市的中国公司遵守美国金融监管》，载路透中文网：https://cn.reuters.com/article/us-capitol-chinese-companies-regulation-idCNKCS1T708H? from=singlemessage&isappinstalled=0，2019 年 6 月 5 日最后访问。

[3] 国家外汇管理局：《国家外汇管理局关于进一步促进跨境贸易投资便利化的通知》，载中国投资指南网：http://www.fdi.gov.cn/1800000121_23_75025_0_7.html，2019 年 10 月 23 日最后访问。

和贸易融资等跨境转让试点。[1]

4. 人民币国际化

随着我国经济的平稳繁荣发展与金融市场对外开放的不断深化，全球已有 60 多个央行或货币当局将人民币纳入外汇储备，人民币已连续 8 年成为中国第二大国际收付货币、全球第五大支付货币、第三大贸易融资货币、第八大外汇交易货币、第六大储备货币。超过 32 万家企业和 270 多家银行开展跨境人民币业务，与中国发生跨境人民币收付的国家和地区达 242 个。人民币作为支付货币功能不断增强，作为投融资和交易货币功能持续深化，作为计价货币功能有所突破，作为储备货币功能逐渐显现。[2]

数据显示，我国已与 38 个国家和地区的中央银行或货币当局签署了双边本币互换协议，总金额达 3.67 万亿元人民币。[3] 本币互换安排对便利中国与有关国家和地区贸易投资、维护金融稳定、促进人民币国际使用发挥了积极作用。2019 年 2 月，中国人民银行与苏里南中央银行续签规模为 10 亿元人民币/11 亿苏里南元的双边本币互换协议。2019 年 10 月，中国人民银行与欧洲中央银行续签了双边本币互换协议，互换规模为 3500 亿元人民币/450 亿欧元，协议有效期 3 年，经双方同意可以展期。

5. 国内试点改革

2019 年，上海市为了有效缓解民营企业、小微企业“融资难、融资贵”问题，营造上海优良诚信安全的金融发展环境，开展了以下五个方面的工作：(1) 支持上海市中小微企业政策性融资担保基金的运营，推动建立新型银担合作机制，构建政策性再担保体系；(2) 制定了上海市金融服务民营企业实施方案，继续实施信贷风险补偿和奖励机制，引导创业投资和股权投资机构的集聚；(3) 加强小微金融机构的体系建设，

---

[1] 上海国际金融研究中心：《外汇局发布 12 项措施 提升跨境贸易投资便利化水平》，载上海国际金融研究中心：http://www.sifrc.org/Notice-0-8-1536-index.html，2020 年 3 月 5 日访问。

[2] 中国人民银行：《2019 年人民币国际化报告》，载中国人民银行网：http://www.pbc.gov.cn/huobizhengceersi/214481/3871621/3879422/index.html，2019 年 8 月 23 日最后访问。

[3] 《证券日报》：《央行与新加坡金管局续签双边本币互换协议》，载新华网：http://www.xinhuanet.com/money/2019-05/14/c_1124490199.htm，2019 年 12 月 10 日最后访问。

鼓励银行设立小微专营支行和科技支行;(4)推动小微金融服务创新,开展投贷联动融资服务模式的创新,健全履约贷款的保证保险机制,创新保险产品等;(5)优化小微企业发展环境,逐步实现商业银行、小微企业信贷产品的"一站可查"服务。[1]

三、智库研究

本部分梳理了国内外智库在美国货币政策、美国外汇政策、数字加密货币、人民币国际化方面的研究成果,旨在为我国的相关金融政策与实践提供经验借鉴。

(一)美国货币政策[2]

受单边主义政策的影响,美国货币政策工具化的特征逐渐显现,极具"攻击性"。对于以美元为中心的国际货币体系而言,这无疑是一个重大问题。2019年8月,美国财政部将中国列为"汇率操纵国",这是美国25年来首次认定中国为汇率操纵国。

除了给中国贴上"汇率操纵国"这一标签外,美国政府还首次将汇率章节列入贸易协定。NAFTA的更新谈判是美国政府将汇率政策视为贸易谈判中心主题的首个例证。尽管加拿大、墨西哥和美国已经有外汇市场浮动汇率、信息披露和透明度要求,USMCA还是纳入了"宏观经济政策和汇率问题"章节。

美国财政部决定扩大关于美国主要贸易伙伴的宏观经济和外汇政策的半年度报告中所涵盖的经济体数量,从2018年秋季报告中的13个增加至2019年春季报告中的21个,清单中新增的经济体包括马来西亚、新加坡和越南等。美国降低依据2015年《贸易便利化与贸易执行法案》(Trade Facilitation and Trade Enforcement Act of 2015)确定货币操纵的"门槛",考虑活期账户赤字、货币干预频率以及与美国的双边贸易顺差等因素。

---

[1] 张扬:《上海将推19条措施促进金融服务民企,"扩大开放100条"涉金融举措95%已落地》,载上观新闻:http://www.shobserver.com/news/aletail? id=156565,2019年6月12日最后访问。

[2] Stephanie Segal:*Not a One-Off: The Trump Administration's Approach to Currency* (Aug. 22,2019),Center for Strategic and International Studies:www.csis.org/analysis/not-one-trump-administrations-approach-currency.

拟修改的美国反补贴税法允许美国商务部认定货币低估构成补贴。此举将阐明美国商务部可以决定“以货币低估形式的补贴所带来的利益的存在,并阐明一个经济体中贸易商品领域的公司可以构成企业集团来确定是否存在特定补贴”。到目前为止,美国商务部还没有考虑到货币低估,主要是因为美国法律以及WTO的规定要求补贴须专门针对某个公司或部门,而非一般性的。美国商务部提案将改变该政策,既可以允许考虑货币低估因素,也可以改变有关补贴“专门性”的定义。此外,虽然美国商务部会在决定反补贴时听从财政部对低估的评估,但它也保留“基于整体记录,反对该评估的权利”。

(二)美国外汇政策[1]

时任总统特朗普政府追求单边主义和双边主义的外汇政策,这与先前美国历任总统的多边主义政策大相径庭。例如,2013年,美国引领七国集团(G7)和G20发展新的货币协定,即将宏观经济政策定义为使用国内工具实现国内目标的做法,并要求避免竞争性贬值。相比之下,美国的贸易战和关税威胁造就了避险情绪高涨的市场环境,进一步支持了美元的升值。美国大规模的财政赤字也推高了美国的经常账户赤字,同时增加了对资本流入的需求。在2019年8月,中美贸易紧张局势加剧之后,人民币兑美元汇率跌破7,美国总统命令美国财政部将中国指定为“汇率操纵国”。

美国正在积极推进贸易协议中的汇率条款。USMCA允许将某些与货币政策无关的汇率透明度和报告问题纳入争议解决机制。尽管在USMCA货币条款项下的实际流入量很小,但将它们纳入争端解决机制开创了贸易主管部门介入宏观经济政策制定的新局面。

时任总统特朗普政府已经更加积极和单方面地实施金融制裁。尽管在可预见的未来,美元无法被替代,但特朗普政府采取的政策主张正在疏远美国盟友,并侵蚀了美元所支撑起的国际货币体系的多边框架。

(三)虚拟加密货币监管

2019年,Facebook和27家合作公司计划以一种名为Libra的虚拟

---

[1] Mark Sobel: *U. S. Foreign Exchange Policy—The Trump Administration and the Dollar* (Nov. 18, 2019), Center for Strategic and International Studies: https://www.csis.org/analysis/us-foreign-exchange-polic-trump-administration-and-dollar.

代币为基础，创建一个新的全球金融基础设施，以促进全球范围内即时、低廉的在线支付系统。Libra 项目主要受到比特币、以太坊和其他虚拟加密货币的启发。依托区块链技术，这些加密代币可以在互联网上进行安全交换，而不需要依托银行等第三方信托机构验证交易。与传统系统相比，这种没有中间商参与的基于区块链的支付系统安全性更强，成本更低，可以改变国际货币体系现状。依托脸书，Libra 货币的潜在用户群接近 30 亿人；Libra 货币可以通过与“一揽子”货币挂钩来解决价值波动性问题。

2019 年年中，Facebook 宣布 Libra 计划后，G7 的央行和财政部部长与国际结算银行对 Libra 以及类似虚拟代币给全球货币和金融体系带来的风险进行了首次评估，发现 Libra 在干预主权货币政策、便利洗钱和资助恐怖主义三方面都存在风险。中国人民银行也指出 Libra 项目可能会加强美国在支付系统中的主导地位，从而损害其他国家的利益。[1] 各国监管部门将研究重点聚焦于具有价值稳定机制的虚拟代币，并加强客户身份验证和资金管理的监督。

（四）人民币国际化

SWIFT 2019 年发布报告指出，“一带一路”倡议为在沿线国家开展业务的中外银行提供重大机遇，并成为人民币国际化的推动者，其中一个最大的亮点可能是非洲。2019 年首季与 3 年前首季相比，从中国至非洲的所有货币支付量增加了 67.05%，同期人民币的使用量上升 53.48%。从非洲至中国的人民币支付也上升，期内所有货币的支付量增加 27.76%，人民币支付量升幅则达到 123.01%。[2]

（五）中国金融开放

2019 年 10 月，CSIS 发布研究报告，认为中国金融账户开放或因中

[1] Claudia Biancotti：*Libra's Challenge to Regulators：Innovate*！（Sep. 5, 2019），Peterson Institute for International Economics：https://www.piie.com/blogs/realtime-economic-issues-watch/libras-challenge-regulators-innovate.

[2] SWIFT：《一带一路倡议推动人民币国际化：非洲是重要亮点》，载路透中文网：https://cn.reuters.com/article/swift-bri-yuan-africa-0606-idCNKCS1T70GI?from=singlemessage&isappinstalled=0，2019 年 6 月 6 日最后访问。

美贸易谈判而加速。[1] 在2019年9月26日，美国当时有多家媒体报道，特朗普政府正在考虑将中国公司从美国证券交易所摘牌，作为“限制美国对中国公司投资的更广泛努力的一部分”。虽然随后的一份报告援引了美国财政部一位女发言人的讲话，“政府目前没有考虑阻止中国公司在美国交易所上市”，但报告同时也承认，美国政府已经就此问题召开了几周的跨部门会议。

我国政府正在推动的一系列改革举措，使得我国金融市场对外资越来越有吸引力。金融市场的对外开放，满足了境外投资者对我国金融市场不断扩大的投资需求，吸引了全球长期资本进入我国金融市场。根据IMF估计，在未来2~3年内，可能会有多达4500亿美元的投资流入中国。根据IMF提供的数据，美国财政部和国际清算银行粗略估计美国对中国的金融投资约为4000亿美元，其中约一半是证券投资。美国单方限制资本流入中国，可能会引发投资转移效应，第三方资本可能进入中国填补美国资本退出后的市场份额。这种情形不仅适用于金融流动，还适用于关税或技术控制等其他经济工具。

四、小结

金融是国家重要的核心竞争力，进一步扩大对外开放，尤其金融开放成为推进我国经济高质量发展的必由之路。2019年，中国从中央到地方，从金融监管机构到自由贸易区都推出了一系列的改革举措，如促进外汇管理便利、取消合格境外投资者投资额度限制、证监会取消券商等机构外资股比限制等，旨在提升跨境投融资的便利化水平。尽管国内外形势复杂多变，中国在银行、保险、证券等子行业放宽限制等方面均有所突破，其中包括银行业在外资银行设立股东资质、中外资合营、对外资银行业务的限制、外资银行分行监管等方面予以放宽，保险业则取消了对申请设立外资保险公司的外国保险公司经营年限的限制，允许其在中国境内设立外资保险公司，并允许外资金融机构入股，证券业重点推进了期货公司、基金公司以及券商外资持股比例限制提前放开

[1] Stephanie Segal: *Break-through or Break-up? U. S. -China Negotiations and the Financial Account* (Oct. 4, 2019), Center for Strategic and International Studies: https://www.csis.org/analysis/break-through-or-break-us-china-negotiations-and-financial-account.

的事宜。随着金融领域改革开放的不断深化以及人民币汇率市场化改革深入推进,人民币国际化也快速发展。由"一带一路"倡议推动的人民币国际化进程,在包括非洲在内的许多国家和地区有了新的进展,非洲对人民币的支付量升幅明显,其他"一带一路"国家支付量也有不同程度的上升。

第五章　国际经贸争端解决新发展*

导读　2019年,国际经贸争端解决机制的危机持续发酵,改革进展缓慢。国际投资争端解决机制改革在不同层面、不同地区持续进行。在多边层面,发展中国家积极参与由UNCITRAL WGⅢ组织的关于投资争端解决机制改革的探讨,各国所提交的方案既有共识也存在分歧。部分国家和地区已经通过缔结谈判新的投资协定输出各自的改革理念。ICSID相继发布了三份关于解决国际投资争端程序规则的修改建议,涉及关于仲裁、调解、调停和事实认定的最新草案规则,旨在精简规则并使之现代化,减少程序时间和费用,以及保持国家和投资者利益之间的平衡。在贸易领域,WTO上诉机制停摆后的发展前景还在讨论之中。此外,国际调解和外国民商事判决的承认和执行合作略有进展,而通过国内法院和仲裁机构供给国际争端解决服务的改革仍在努力进行中。

自20世纪90年代中期以来,投资仲裁[1]案件出现了爆炸式的增长,其系统性缺陷已经开始浮现。进入21世纪后,投资仲裁首当其冲,成为国际投资法正当性危机的最主要指控对象。在后金融危机时代,国际投资仲裁面临着越来越大的正当性危机的质疑和挑战,表现在:仲裁程序的透明度缺失,仲裁裁决的不一致性,仲裁员缺乏独立性和公正

---

* 本章执笔:闵婕、屈冠男。

[1] 除非另有说明,在本章中,投资仲裁、ISDS、投资条约仲裁(Investment Treaty Arbitration,ITA)、投资者—国家仲裁(Investor-State Arbitration,ISA)等概念可以互换使用,主要指投资者可以在仲裁庭或司法机构起诉东道国政府的情形;相比之下,投资争端解决机制在外延上要宽泛一些,除了仲裁外,还包括东道国当地救济程序、调解等机制。

性，仲裁漠视公共利益以及侵蚀东道国的规制主权。无论是UNCITRAL WGⅢ主持的关于ISDS机制改革方案的讨论，还是在世界银行ICSID项下进行的规则修改，都注重多方的参与，并将可持续发展目标等新议题纳入进来。本章将依次介绍国际经贸争端解决的规则实践、政策改革动向和智库研究成果。

一、规则实践

（一）多边层面

1. 国际投资争端解决中心

（1）推动机构间合作

2019年，ICSID以《ICSID公约》第63条为基础，分别与卢旺达基加利国际仲裁中心、西班牙马德里仲裁法院下属的马德里工商和服务协会以及卡塔尔国际法庭和争端解决中心就机构合作的总体安排达成协议。各项合作协议为ICSID在上述机构所在地区开展听证会提供了便利，加强了ICSID的全球影响力和服务能力。合作协议还鼓励ICSID和上述机构之间就仲裁、调解和其他争端解决方式进行信息共享。

（2）接纳新成员国[1]

吉布提经济和财政部长于2019年4月12日在华盛顿特区签署了《ICSID公约》，并表示，加入ICSID是吉布提政府为改变吉布提的商业和投资环境、为青年和女性创造就业机会以及促进该国经济增长而采取的一系列行动的一部分。ICSID秘书长表示，吉布提签署《ICSID公约》的举动表明了吉布提致力于创造一个私人投资促进增长、创造就业的环境。

一旦成为会员国，吉布提将通过其在主要理事机构行政理事会的代表参与ICSID的管理。每个ICSID成员在行政理事会都有一名代表并享有一个投票权。其职责包括通过ICSID案件的程序规则，以及选举ICSID秘书长和副秘书长。ICSID成员也有权为ICSID专家组指定仲裁员和调解员。

---

[1] The World Bank: *Djibouti Signs ICSID Convention to Encourage Investment*(Apr. 12, 2019), World Bank-Press Release: https://www.worldbank.org/en/news/press-release/2019/04/12/djibouti-signs-icsid-convention-to-encourage-investment.

2.《联合国关于调解所产生的国际和解协议公约》[1]

2019 年 8 月 7 日,《联合国关于调解所产生的国际和解协议公约》(以下简称《新加坡调解公约》)在新加坡开放签署。新加坡总理李显龙、联合国负责法律事务的助理秘书长史蒂芬·马蒂亚斯(Stephen D. Mathias)出席签署仪式并致辞。67 个国家和地区的代表团参加了签署仪式,包括中国、美国、韩国、印度、新加坡、哈萨克斯坦、伊朗、马来西亚、以色列等在内的 46 个国家签署了公约。

《新加坡调解公约》的诞生将大大提升国际商事调解协议的法律执行力,推动调解制度成为继司法和仲裁制度之后又一重要的国际商事争端解决机制。中国政府全程参与了《新加坡调解公约》的缔约过程,推动公约文本的出台和通过。《新加坡调解公约》的签署有助于进一步改善我国的营商环境,为"一带一路"建设营造更加有利的法治氛围,为我国涉外法律制度的完善及国际商事争端解决中心的建设提供巨大的推动力量。

3.《承认与执行外国民商事判决公约》

2019 年 7 月 2 日,海牙国际私法会议(The Hague Conference on Private International Law,HCCH)通过了 2019 年《承认与执行外国民商事判决公约》(2019 Convention on the Recognition and Enforcement of Foreign Judgements in Civil or Commercial Matters)。

《承认与执行外国民商事判决公约》为民事或商事外国判决的承认和执行建立一套统一的国际规则,促进外国判决的"全球流通"(global circulation),增进可预测性和确定性。但《承认与执行外国民商事判决公约》尚未生效,截至 2019 年 11 月,仅乌拉圭签署了该公约。而要使其生效,至少还需要一个国家批准、接受、同意或加入该公约。

《承认与执行外国民商事判决公约》与《承认和执行外国仲裁裁决公约》(以下简称《纽约公约》)的主要体例类似,分为适用范围和基本定义、外国法院判决的承认和执行、一般条款(General Clauses)、补充条款(Final Clauses)等四章。第一章(第 1~3 条)涉及实质性范围和相关

---

[1] 新华社:《中国签署〈新加坡调解公约〉》,载新华网:http://www.xinhuanet.com/2019-08/07/c_1124849699.htm,2020 年 3 月 5 日最后访问。

术语定义。《承认与执行外国民商事判决公约》仅适用于民商事事项，不适用于有关税收、关税及其他行政事项。此外，《承认与执行外国民商事判决公约》列举了公约调整范围外的 17 项事项，包括与知识产权、特权与豁免、隐私、执法活动以及仲裁和相关程序有关的事项。第二章（第 4～15 条）着重强调了承认和执行的基础、拒绝承认和执行的理由以及与承认和执行相关的其他程序问题。第 7 条系《承认与执行外国民商事判决公约》最重要的组成部分，其规定了可以拒绝承认和执行外国判决的情形，包括判决通过欺诈获得、违反被请求国的公共政策、被请求国就相同主体的争议存在冲突的判决等。第 5 条规定了承认与执行外国判决必须具备的条件，申请执行的案件只要具备 13 项条件中的任何一项，相关的判决就可以获得承认与执行。该条款实际上是从判决作出国法院对原始案件的管辖权角度来确定执行依据的。

《承认与执行外国民商事判决公约》第 6 条规定，涉及不动产物权的判决执行的前提是有关财产必须位于判决所在地。此外，第 10 条规定，若外国法院判决所确定的损害赔偿并非赔偿一方当事人所受之实际损失或损害，则被请求国法院在此范围内可以对该判决拒绝承认和执行。第三章（第 16～23 条）规定各国可就相关特殊主体和特殊事项作出保留，如环境损害、劳动合同和消费者合同等。第四章（第 24～32 条）规定了在多元法律制度的国家、地区和经济组织中适用《承认与执行外国民商事判决公约》的方法。

同时，《承认与执行外国民商事判决公约》也具有一定的局限性。例如，相比《纽约公约》相对简单和简短的程序，该公约项下的程序更加冗长，此外，还存在与国内司法系统审查范围的冲突，以及“未决案件”（lis pendens）等问题。

《承认与执行外国民商事判决公约》能否像《纽约公约》对仲裁裁决的规制那样，在法院判决中发挥相同的作用？理论上，《承认与执行外国民商事判决公约》构建了一个能够执行外国判决的框架，这与《纽约公约》相似，并列出了可能拒绝承认和执行的完全清单。实践中，《承认与执行外国民商事判决公约》能否改变现有国际民商事争端解决规则仍取决于两个因素：第一，该公约是否会被许多国家广泛接受和批准；第二，当事方是否更倾向于通过诉讼的方式来解决国际商事纠纷。

可以看出,目前这两个因素都面临挑战——相比承认和执行外国仲裁裁决,国家在接受外国法院判决时会更加谨慎;目前解决国际商事纠纷的首选方法是仲裁,仲裁在保密性、终局性、意思自治、灵活性等方面都具有一定的优势。

为满足解决国际商事纠纷的需要,许多国家和地区都设立了专门的司法机构(例如,中国国际商事法庭和荷兰商事法庭)。但它们面临的主要问题之一是判决的承认和执行。《承认与执行外国民商事判决公约》的出现将会改善国家法院系统以吸引更多的国际商事诉讼,但是该公约是否将促进国际商事争端解决从仲裁转向诉讼,仍有待时间的检验。

4. WTO

晚近,全球性、地区性贸易摩擦持续升级,双边方式被部分当事方视为解决贸易摩擦的主要途径之一。[1] 但更多的争端当事方仍希望在 WTO 框架下解决争端。总体来看,美国、中国、欧盟仍旧是 WTO 争端解决机制最活跃的用户。

(1)反倾销、反补贴

① 中美工业产品争端

近年来,由于美国认为中国企业出口产品存在政府补贴行为,常常对中国输往美国的产品加征反补贴关税,严重阻碍了中国产品出口。2012 年中国将美国反补贴措施诉至 WTO。[2] 2019 年 7 月,WTO 公布了中国诉美国反补贴措施(DS437)执行之诉上诉机构报告,裁定美方案涉 11 起反补贴措施违反 WTO 规则。本案原审专家组和上诉机构均认定美国涉案的反补贴措施违反了 WTO 规则,但美方并未执行裁

[1] 2019 年 8 月,美国发布"301 调查"报告,对价值 3000 亿美元的中国输美商品加征关税。加征后的关税税率违反了美国承诺税率,中国依此提起 WTO 争端解决程序,反对美国对中国进口商品征收额外关税。

[2] 涉案产品主要包括管道、钢铝制品、太阳能板、风塔等工业产品。2019 年 4 月,墨西哥经济部也宣布对原产中国的风塔启动反倾销调查。参见商务部贸易救济调查局:《墨西哥启动对华风塔反倾销调查》,载商务部网:http://www.mofcom.gov.cn/article/ztxx/gwyxx/201904/20190402853987.shtml,2019 年 4 月 18 日最后访问。

决,因此中国再次就执行提起诉讼。[1] WTO 上诉报告表明,美国证明了中国国有企业存在补贴行为,但报告对于美国商务部将中国国有企业认定为公共机构和其反补贴数额的计算方法不予认可。事实上,虽然美国在 WTO 的案件中赢多输少,但在涉及钢铁产品的反倾销、反补贴的 28 起案件中(截至 2019 年年底),美国只取得了 6 项有利裁决。[2]

也应看到,美方对此次裁决表示不满的同时,也对 WTO 上诉机构的运作发起了挑战。USTR 发表声明称,中国国有企业的补贴行为损害了美国工人和企业的利益,同时扭曲了世界市场,而 WTO 规则无法对此作出有效回应。为此,美方担忧 WTO 上诉机构增加了成员的义务而减少了其权利,并表示将采取一切必要措施,确保公平竞争。[3]

② 美欧飞机争议

2019 年 3 月,WTO 上诉机构维持了对美国补贴波音公司的裁决。此前,美国未能执行 2012 年的命令,停止对波音公司的税收减免措施和相关优惠政策。虽然欧盟方面表示此案已经得到了最终的解决,并于 2019 年 4 月发布了对美约 200 亿美元商品采取反制措施的清单,但波音公司及美国政府则认为,由于减税措施每年为 1 亿美元,远小于欧盟所称的 10 亿美元补贴,因此此裁决实际有利于美方,是“美国的重大胜利”。[4]

而在 2019 年 10 月,WTO 又授权美国对来自欧盟的价值 75 亿美元

---

[1] 商务部投资促进事务局:《商务部新闻发言人就世贸组织发布中国诉美国反补贴措施案执行之诉上诉机构报告发表谈话》,载商务部网:http://www.mofcom.gov.cn/article/ae/ag/201907/2019070288225/.shtml,2019 年 7 月 17 日最后访问。

[2] 此处并不能理解为 WTO 规则不认可“归零法”的使用,在 2019 年 4 月涉及美国对加拿大出口软木产品进行反倾销调查的案件中,WTO 专家组作出了与上诉机构意见相左的裁决,认为“归零法”的运用并不违反 WTO 规则,裁决美国胜诉。See Jeffrey J. Schott, Euijin Jung: *The WTO's Existential Crisis: How to Salvage Its Ability to Settle Trade Disputes* (Dec. 20, 2019), Peterson Institute for International Economics: https://www.piie.com/publications/policy-briefs/wtos-existential-crisis-how-salvage-its-ability-settle-trade-disputes.

[3] USTR: *Statement on WTO Appellate Report on China Countervailing Duties* (Jul. 16, 2019), Office of the U.S. Trade Representative: https://ustr.gov/index.php/about-us/policy-offices/press-office/press-releases/2019/july/statement-wto-appellate-report-china.

[4] 英国《金融时报》:《世界贸易组织裁定美国补贴波音》,载 FT 中文网: www.ftchinese.com/story/001082100,2019 年 3 月 29 日最后访问;European Commission: *EU issues preliminary list of U.S. products considered for countermeasures* (Apr. 17, 2019), European Commission: https://ec.europa.eu/commission/presscorner/detail/en/IP_19_2162.

的货物征收新关税，以补偿欧盟对空客公司提供的不公平补贴。有专家预测，欧盟极有可能向美国对波音的补贴行为采取报复措施。因此，WTO 此次关税裁决也引发了广泛担忧，特朗普政府可能借此机会开辟贸易战新战线，加剧跨大西洋两大经济体间的贸易摩擦。[1]

（2）国家安全条款

乌克兰与俄罗斯贸易争端：2019 年 4 月，WTO 公布了其首个关于国家安全问题的裁决（DS512）。该案涉及乌克兰与俄罗斯之间的货物运输限制。申请人乌克兰认为，俄罗斯对通过俄罗斯领土过境到哈萨克斯坦和吉尔吉斯斯坦的乌克兰货物施加贸易限制的行为违反了 WTO 规则。俄罗斯则援引 GATT 第 XXI（b）（iii）条抗辩称，此举是基于维护俄罗斯国家安全利益的考量。俄罗斯认为，WTO 争端解决机构在涉及国家安全的问题上（GATT XXI 条）并无管辖权，因此并不能审查乌克兰的实体请求。但裁决称，WTO 专家组对这一问题具有管辖权，有权审查成员国援引 GATT 第 XXI（b）（iii）条，并支持俄罗斯援引国家安全条款，认为贸易限制和禁运符合 WTO 规则。但 WTO 专家组就国家安全问题作出的这一历史性裁决也引发了各方争议，比如 WTO 总干事罗伯特·阿泽维多（Robert Azevedo）就表达了担忧，称 WTO 开始调解地区安全冲突是“非常危险的做法”，并认为不应由 WTO 解决这些问题。[2]

事实上，各方的主要争议在于国际司法机构可否裁决涉及国家安全的问题。虽然这是 WTO 首次就国家安全问题作出裁决，但在以往的司法实践中，国际法院、国际投资仲裁庭曾就相关问题作出了裁决。例如，在国际投资仲裁中，BIT 中常常会包含根本安全利益条款（Essential Security Interest Clause，ESI），类似于 GATT 第 XXI 条的国家安全例外

---

[1] David A. Wemer：*WTO Tariff Ruling Could Deepen Transatlantic Trade Fight*（Oct. 2，2019），Atlantic Council：https://www.atlanticcouncil.org/blogs/new-atlanticist/wto-tariff-ruling-could-deepen-transatlantic-trade-fight/.

[2] 驻尼日利亚使馆经商处：《世贸组织就国家安全问题作出历史性裁决》，载商务部：http://www.mofcom.gov.cn/article/i/jyjl/k/201904/20190402851097.shtml，2019 年 4 月 6 日最后访问。

条款。在实践中，仲裁庭对 ESI 条款仅有非常有限的审查权。[1] UNCITRAL 曾发布报告，审查秘鲁与新加坡 BIT 中涉及根本安全利益的条款，表示“虽然这一条款列出了几项客观条件，但这一条款的实践效果基本接近于‘自裁决’（self-judging）”。[2] 然而，联合国国际法院和某些投资仲裁庭则表示，根本安全利益条款并不能由国家自我判断，[3]除非条约中包含明确的措词赋予国家充分的自由裁量权，以决定什么是保护其安全利益所必需的，否则根本安全利益条款不属于自裁决条款。[4] 可见，国际司法机构在这一问题上的认识并不统一。作为本案的第三方，美国认为 WTO 专家组对本案缺乏管辖权。这也是美国一贯的立场，因为在美国宪法判例中，规定了“政治问题”不审查原则（political question doctrine）。[5] 如果这一历史性裁决结果被视为先例，各方可能会依此调整国内的贸易策略。各方对此案的后续反应值得跟踪。

---

[1] *Only in Extreme Cases will an Arbitral Tribunal Conclude that the Host Country Measure has no Relation Whatsoever to the National Security Interests of a Party*. See CC/Devas (Mauritius) Ltd., Devas Employees Mauritius Private Limited, and Telecom Devas Mauritius Limited. v. the Republic of India (Mar. 2, 2020), italaw: https://www.italaw.com/sites/default/files/case-documents/italaw9750.pdf.

[2] UNCTAD: *The Protection of National Security in IIAs* (Mar. 2, 2020), UNCTAD: https://unctad.org/en/pages/PublicationArchive.aspx? publicationid=430.

[3] ICJ: Military and Paramilitary Activities in and against Nicaragua (Nicaragua v. United States of America), 载 International Court of Justice: https://www.icj-cij.org/en/case/70; 类似的案件还包括: Oil Platforms (Islamic Republic of Iran v. United States of America), 载 International Court of Justice: https://www.icj-cij.org/en/case/90, 2020 年 3 月 2 日最后访问。

[4] ICJ: *Gabčíkovo-Nagymaros Project (Hungary v. Slovakia)* (Mar. 2, 2020), International Court of Justice: https://www.icj-cij.org/files/case-related/92/092-19970925-JUD-01-00-EN.pdf; *CMS Gas Transmission Co. v. Argentina*, italaw: https://www.italaw.com/cases/288; *Enron Corp. and Ponderosa Assets, L. P. v. Argentina*, italaw: https://www.italaw.com/cases/401; *El Paso Energy International Co. v. Argentina*, italaw: https://www.italaw.com/cases/382, 2020 年 3 月 2 日最后访问。

[5] 这一原则由美国最高法院就马伯里诉麦迪逊案作出的判决而为人所知，但同时也遭到许多学者的批评。比如路易斯·亨金（Louis Henkin）就在《是否存在政治问题原则?》（“Is There a ‘Political Question’ Doctrine?”）一文中提出，“政治问题”原则是不必要的，它通过欺骗性的包装误导了律师和法院，它的应用范围远超其本身内涵。See Louis Henkin: *Is There a “Political Question” Doctrine?*, The Yale Law Journal, Vol. 85 (1976).

(3)其他贸易争端

① 中加油菜籽争议

2019 年 9 月,加拿大致函 WTO 争端解决机构,依据 GATT 1944、《实施卫生与植物卫生措施协议》(Agreement on the Application of Sanitary and Phytosanitary Measclres,SPS 协议)以及 TFA 相关条款,针对中国所采取的油菜籽进口限制措施,提出磋商请求。加方认为,中国暂停从两家加拿大公司进口油菜籽,并加强对加拿大其他公司出口到中国的油菜籽的检验检疫措施,限制了加拿大的油菜籽出口,加方认为中方采取的限制举措不符合相关国际标准,且中国并未对此作出合理解释。[1]

② 欧盟将印度、土耳其诉至 WTO

2019 年 4 月,欧盟委员会分别就信息通信技术产品和药品问题将印度和土耳其诉至 WTO 争端解决机构。在针对印度的案件中,欧盟方面认为,印度虽然曾作出对信息通信技术产品的免税承诺,但仍旧对此类产品加征了 7.5%至 20%不等的关税。在针对土耳其的案件中,欧盟方面认为,土耳其强制欧盟药企转移到土耳其境内生产,构成了对欧盟制药企业的歧视。欧盟认为,此举不但会减少药企在欧盟内部的大量就业岗位,而且侵犯了企业的知识产权,阻碍其技术创新和发展。根据相关数据统计,每年受到这两项措施影响的欧盟出口产品超过 10 亿欧元。[2]

(二)双边层面

1. 中国与越南的引渡条约

2015 年 4 月 7 日,中越双方代表在北京签署《中华人民共和国和越南社会主义共和国引渡条约》。2019 年 8 月 26 日,中国十三届全国人大常委会第十二次会议决定批准《中华人民共和国和越南社会主义共

[1] WTO:*Canada Files WTO Dispute Complaint Against Chinese Import Restrictions on Canola Seed*(Sep. 12,2019),World Trade Organization:https://www. wto. org/english/news_e/news19_e/ds589rfc_12sep19_e. htm.

[2] European Commission: *European Union launches WTO cases on ICT and pharmaceuticals*(Apr. 2,2019),European Commission:https://trade. ec. europa. eu/doclib/press/index. cfm? id=2001.

和国引渡条约》。[1] 该条约的批准和生效,有利于加强中越两国在司法领域的合作,促进两国关系的进一步发展。

中越引渡条约除序言和附则外共22条,主要内容包括:引渡义务,可引渡的犯罪,应当拒绝引渡的理由,可以拒绝引渡的理由,在被请求国提起刑事诉讼的义务,联系途径,引渡请求及所需文件,补充材料,临时羁押,对引渡请求作出决定,移交被引渡人,重新引渡,暂缓引渡和临时引渡,数国提出的引渡请求,特定规则,移交财物,过境,通报结果,费用,与其他条约的关系,争议和解决,生效、修订和终止等。

2. 中国与斯里兰卡的引渡条约

2019年8月26日,十三届全国人大常委会第十二次会议决定批准《中华人民共和国和斯里兰卡民主社会主义共和国引渡条约》,[2]该条约的内容与中越引渡条约基本一致。

（三）各国国内层面

1. 中国

（1）《关于内地与香港特别行政区法院就仲裁程序相互协助保全的安排》

2019年4月2日,最高人民法院与香港特别行政区政府签署了《关于内地与香港特别行政区法院就仲裁程序相互协助保全的安排》(以下简称《仲裁保全安排》),《仲裁保全安排》于2019年10月1日生效。[3] 该安排的核心在于香港仲裁的当事人可直接向内地中级人民法院申请财产或行为保全,内地仲裁的当事人亦可直接向香港高等法院申请禁令或其他临时措施。

尽管根据《仲裁条例》第45条的规定,不论仲裁是否在香港进行,香港法院都可以就仲裁颁发临时措施,并且在仲裁程序启动前也可以

---

[1] 全国人大:《中华人民共和国和越南社会主义共和国引渡条约》,载中国人大网:http://www.npc.gov.cn/npc/c30834/201908/419dfe68eee44e4b96723348f8f65cc2.shtml,2020年3月5日最后访问。

[2] 全国人大:《中华人民共和国和斯里兰卡民主社会主义共和国引渡条约》,载中国人大网:http://www.npc.gov.cn/npc/c30834/201908/a64c4e13d1f04e10aa23d74e2cb17387.shtml,2020年3月5日最后访问。

[3] 最高人民法院:《关于内地与香港特别行政区法院就仲裁程序相互协助保全的安排》,载中国法院网:https://www.chinacourt.org/law/detail/2019/09/id/149974.shtml,2019年4月5日最后访问。

颁发临时措施,《仲裁保全安排》对香港仍具有重要意义。因为《仲裁保全安排》使香港成为唯一让仲裁程序当事人直接向内地法院申请临时措施相关机制的司法管辖区。寻求最终在内地执行仲裁裁决的当事人,可能会担心仲裁程序进行期间、程序结束前资产面临减少甚至灭失的风险,但这种情况将会随着《仲裁保全安排》的生效而得到改善。

(2)《北京仲裁委员会/北京国际仲裁中心国际投资仲裁规则》

北京仲裁委员会/北京国际仲裁中心于2019年7月4日召开了第七届委员会第四次会议,讨论并通过了《北京仲裁委员会/北京国际仲裁中心国际投资仲裁规则》,并于2019年10月1日正式施行。[1] 该投资仲裁规则包括正文和六个附录。正文包含6章,共54条。六个附录分别是收费表、建议时间表、快速程序、紧急仲裁员程序、上诉程序规则及适用《联合国国际贸易法委员会仲裁规则》程序指引。

《北京仲裁委员会/北京国际仲裁中心国际投资仲裁规则》在以下几个方面具有特色并有所创新:其一,兼容机构仲裁和临时仲裁;其二,引入上诉等纠错机制,增强裁决的正确性和一致性;其三,提高仲裁效率,降低仲裁费用;其四,适当增强投资仲裁的透明度,要求披露第三方资助;其五,对仲裁员的资质和行为准则提出了更高的要求。

2. 科特迪瓦

为了解决非洲参与国际投资争端解决的问题,科特迪瓦发布了修订后的《投资法》(Investment Code)(2018-646)。[2] 2018年《投资法》通过鼓励区域发展和改善当地条件,同时提高当地企业的竞争力,来促进对社会负责的投资和就业。企业社会责任承担和法律合规是获得《投资法》项下福利的前提。为了鼓励投资者依靠当地企业来获取新制度带来的福利,该法还规定设立专门的投资促进机构(Investment

---

[1] 章曦:《〈北京仲裁委员会/北京国际仲裁中心国际投资仲裁规则〉制定说明》,载北京仲裁委员会/北京国际仲裁中心网:http://www.bjac.org.cn/news/view?id=3543,2020年3月22日最后访问。

[2] Jonathan Ripley-Evans, Jenalee Harrison, Marie Terrien: *The New Ivorian Investment Code: Tinkering with an Imperfect System or Pioneering a Path?* (Nov. 30, 2019), Kluwer Arbitration Blog: http://arbitrationblog.kluwerarbitration.com/2019/11/30/the-new-ivorian-investment-code-tinkering-with-an-imperfect-system-or-pioneering-a-path/.

Promotion Agency)，以简化投资程序。科特迪瓦政府认为，这项改革将在为投资者提供回报与通过合作共享机制保护国家利益之间取得适当的平衡。

为了全面评估 2018 年《投资法》赋予投资者的保护程度，需要首先考察 2012 年《投资法》中投资者的地位。根据 2012 年《投资法》第 20 条，关于自然人或法人之间(无论外国人还是科特迪瓦人)适用 2012 年投资法的任何争议，除非和解，否则均应提交科特迪瓦法院或仲裁庭。而且 2012 年《投资法》承认与保护投资有关的协定和条约具有约束力，科特迪瓦同意通过第 20 条所述机制向 ICSID 提交投资争端。而在 2018 年《投资法》中，第 20 条已经被完全改写，其中争端解决条款规定在第 50 条，要求当事方“应努力通过友好谈判解决其争端”。如果双方在 12 个月内未达成协议，则应适用 UNCITRAL 的《调解规则》。

显然，2018 年《投资法》撤销了对 ICSID 仲裁的明示同意。尽管科特迪瓦仍然是《华盛顿公约》的签署国，但新法不能再作为东道国同意提交 ICSID 仲裁的依据。作为将争端提交 ICSID 的替代方式，2018 年《投资法》规定将投资纠纷提交 OHADA 下的 CCJA。然而，将案件提交 CCJA 要求各方之间达成进一步协议，这有可能在未来面临挑战。此外，2018 年《投资法》还规定了“岔路口”条款，即争端当事方一旦选择一种解决纠纷的方法，就意味着放弃了诉诸其他任何替代性纠纷解决方法的权利。尽管存在争议，但 2018 年《投资法》似乎提出了 ICSID 仲裁的区域性替代方案。

二、政策动向

(一)投资仲裁机制改革

随着 ICSID 现代化、ECT 现代化、UNCITRAL WGⅢ等多边场合的讨论日渐深入，多种改革方案在各方合纵连横中相互碰撞，ISDS 改革的演进方向更加扑朔迷离。

1. UNCITRAL WGⅢ

(1)法庭、特设和常设多边机制

建立常设机制的建议包括：建立多边的投资咨询中心；建立独立的监督审查或上诉机制；建立配有专职法官的多边投资法院。

第一，建立多边的投资中心，以帮助低收入国家和中小型企业预防和应对投资纠纷。[1]

尽管建立国际投资法咨询中心的提议被纳入改革议程的时间较晚,但其反响非常大,得到了与会者的支持。[2] 与 WTO 案件相比,ISDS 案件更为复杂和冗长;然而 WTO 有咨询中心,ISDS 却没有。此外,发展中国家的案件在 ISDS 项下频频败诉,数量远超发达国家的案件,实证研究表明,原因之一是发展中国家缺乏高质量的法律援助。各国在如何建构咨询中心方面存在分歧,主要问题包括:谁会受益?咨询中心将提供什么服务?咨询中心如何设置?明确的共识是,主要受益者应该是低收入国家。但是,一些国家和观察员建议,该中心还可以在一定条件下(如通过有限或部分报酬的支持)为中小企业和中等收入国家提供帮助。该中心的可用资源取决于将提供哪些服务。各国肯定争端发生前的技术援助和能力提升的重要性,但一些国家坚持认为该中心也应提供代理服务。该咨询中心被设想为一个政府间机构,但具有足够的独立性以确保合法性,并可通过成员国的捐款和收取适当费用来维持运行。

第二,建立独立的监督审查或上诉机制,回应对仲裁裁决的不一致性和不可预测性的相关关切。[3]

在现有的投资条约中,缺乏监督机制处理仲裁裁决不一致和错误的问题。对此,欧盟主张的二级投资法庭系统包含上诉审查机制;而包括中国在内的数个国家主张设置独立的审查监督机制。[4] 然而,上诉机制与《ICSID 公约》之间的关系值得认真考虑,该公约除第 53 条规定以外,不包括任何上诉或其他补救办法。此外,也应重视相关常设机制

---

[1] UNCITRAL Working Group Ⅲ:*Possible Reform of Investor-State Dispute Settlement* (*Advisory Centre*) (Jul. 26, 2019), UNCITRAL Working Group Ⅲ: https://undocs. org/en/A/CN. 9/WG. Ⅲ/WP. 168.

[2] UNCITRAL Working Group Ⅲ: *Submission from Governments* (*EU*, *Morocco*, *Thailand*, *Costa Rica*, *Turkey*, *South Korea*) (Jul. 26, 2019), UNCITRAL Working Group Ⅲ: https://uncitral. un. org/en/working_groups/3/investor-state.

[3] UNCITRAL Working Group Ⅲ:*Submission from the European Union and its Member States*(Jul. 26, 2019), UNCITRAL Working Group Ⅲ: https://undocs. org/en/A/CN. 9/WG. Ⅲ/WP. 159/Add. 1.

[4] UNCITRAL Working Group Ⅲ: *Submission from Governments* (*Morocco*, *Chile*, *Japan*, *Israel*, *Ecuador*, *China*) (Jul. 26, 2019), UNCITRAL Working Group Ⅲ: https://uncitral. un. org/en/working_groups/3/investor-state.

与《纽约公约》的关系。

第三，欧盟提出的建立配有专职法官的多边投资法院。[1]

与设立复审或上诉机制相比，设立投资法院并任命专职法官的方案则改革得更加彻底。这种方案不仅对裁决不一致错误问题做出了回应，还同时涉及仲裁员相关的关切以及仲裁费用和时间问题。欧盟已经开始在一些区域自贸协定和投资协定中推广这一方案。然而，该方案与现行投资争端解决机制以及与区域投资法院的共存关系仍然值得思考。

(2)规制第三方资助[2]

第三方资助问题是 UNCITRAL WGⅢ在纽约回合讨论的难题，而维也纳回合对这一问题继续讨论。第一个问题是界定第三方资助的范围。第三方资助是否包括律师事务所的胜诉费用安排？它是否涵盖非营利形式的支持，包括对国家的支持？第二个问题是对第三方出资的使用或监管问题。

各方对第三方资助范围持有不同主张。最严厉者呼吁“禁止”第三方资助，但对于无力负担司法援助的申请人则有例外。有些主张获得第三方资助是有条件的，即赔偿请求不是轻率的或投机性的，并且出资者无意针对特定国家进行间接投资。大多数国家都以合同自由和诉诸司法救济权（特别是对中小型企业而言）为由，赞成“监管”。对于这些国家来说，第三方资助的关键在于信息披露，但是对于披露范围，尤其是资金协议的条款，国家间还存在分歧。实际上，目前第三方资助缺乏透明度，在规则设计上没有对费用担保和分配作出规定。因此 UNCITRAL WGⅢ呼吁所有相关者应向秘书处或 ISDS 学术论坛分享更多有关使用频率、资金数额、资金来源以及多久可使中小型企业受益的信息。秘书处计划对第三方资助进行广泛而灵活的定义，为监管制定一套备选方案，并考虑针对资助者制定单独的行为准则。

---

[1] UNCITRAL Working Group Ⅲ: *Submission from Governments* (*EU*, *South Africa*, *South Korea*, *Bahrain*) (Jul. 26, 2019), UNCITRAL Working Group Ⅲ: https://uncitral.un.org/en/working_groups/3/investor-state.

[2] UNCITRAL Working Group Ⅲ: *Possible reform of investor-State dispute settlement* (*Third-Party Funding*) (Feb. 26, 2019)", UNCITRAL Working Group Ⅲ: https://undocs.org/en/A/CN.9/WG.Ⅲ/WP.172.

(3)缔约方参与和管理

欧盟、南非、巴西、哥斯达黎加等在递交给 UNCITRAL WGⅢ的建议文件中,都提到希望增强缔约国政府对投资争议的参与,缓解政府面临的风险。[1] 建议的改革方案包括建立条约解释的机制,建立或者加强缔约方政府对投资争议的初步审查框架。这一改革方案也可以与争端预防机制相结合。例如,在条约缔约方之间成立联合监督委员会,在双边层面对条约的适用问题进行解释,并且寻求在冷却期化解矛盾,以缓解将纠纷直接递交给仲裁庭对政府造成的压力。

(4)争端预防和化解

巴西、韩国、中国、南非等国在提交的意见书中强调了预防争端的重要性。[2] 与仲裁这种事后救济方式相比,争端预防机制是吸引和留住投资以及迅速解决投资人诉讼的潜在工具。越来越多的国家在这一点上达成了共识。在智利、以色列、日本、墨西哥和秘鲁联合提交的意见书中提到,虽然不一定遵循巴西的合作与便利化协定模式,但鼓励工作组适当考虑能够有效和高效避免国际投资仲裁数量激增的机制类型,比如泰国提出的"预防而非诉讼"原则、韩国提出的注重"争端预防而非事后监管"、南非提及的争端预防政策和替代性争端解决办法,以及中国主张的使用替代性争端解决措施和仲裁前磋商程序,从而避免争端升级至仲裁程序。[3]

争端预防和缓解的具体措施包括:第一,加强仲裁以外的争端解决机制建设,如建立单边、双边和多边的调解和监察员机制,促进双方在冷静期达成调解协议,并利用这些机制推广现有的调解规则(《投资争端解决中心调解规则》《贸易法委员会调解规则》《新加坡调解公约》)。第二,用尽当地救济方法。针对投资者绕开东道国国内法院进行投资

---

[1] UNCITRAL Working Group Ⅲ: *Submission from Governments* (*EU*, *South Africa*, *Costa Rica*, *Brazil*) (Jul. 26, 2019), UNCITRAL Working Group Ⅲ: https://uncitral.un.org/en/working_groups/3/investor-state.

[2] UNCITRAL Working Group Ⅲ: *Submission from Governments* (*Brazil*, *South Africa*, *China*, *South Korea*) (Jul. 26, 2019), UNCITRAL Working Group Ⅲ: https://uncitral.un.org/en/working_groups/3/investor-state.

[3] UNCITRAL Working Group Ⅲ: *Submission from Governments* (*Thailand*, *South Korea*, *South Africa*, *China*) (Jul. 26, 2019), UNCITRAL Working Group Ⅲ: https://uncitral.un.org/en/working_groups/3/investor-state.

仲裁,印度尼西亚和摩洛哥政府在提交的文件中希望通过制定关于用尽当地补救办法的示范条文,加强国家对外商投资纠纷的监管。[1] 第三,制定早期驳回无意义索赔的程序或机制,包括制定相关规则、仲裁员准则、示范条款、常设或半常设初审法院的具体程序等。第四,建立处理多重程序的框架,向仲裁庭提供关于多重程序的指导。这些措施既可以单独实施,也可以与其他措施相整合。

(5)统一赔偿计算方法

尼日利亚和巴基斯坦等国家指出,投资仲裁庭曾作出数十亿美元巨额赔偿裁决,不同赔偿数额计算方法的一致性和合理性值得反思。赔偿计算方法问题于 2020 年 4 月再次提出,工作组极有可能考虑程序改革,以确保赔偿金计算方面保持一致性。

2. ICSID 规则修订

ICSID 正在对其仲裁、调解、调停和事实认定规则进行修订,目标是对该规则进行精简并使之现代化,减少程序时间和费用,并扩大向各国和投资者提供的争端解决机制的范围(见表 5-1)。[2] 修订的规则包括减少仲裁程序的时间、成本以及利用新技术减少案件对环境的影响。此外,ICSID 现代化还涉及透明度、仲裁员的任命和撤销、费用担保、费用分配、并案处理以及第三方资助等议题。减少仲裁的时间和费用在 ICSID 收到的修改意见中被多次提及,例如,将默认使用电子文档,并且加强仲裁庭对案件的管理。根据这些提案,当事人还可以选择速裁程序,将时间缩短一半。下一步,ICSID 秘书处将编写第四份工作文件,以书面形式说明磋商会议期间收到的意见。

表 5-1　ICSID 规则修改的进程

时间	动态
2016 年 10 月	ICSID 开始就修订规则中应考虑的议题征求意见

[1] UNCITRAL Working Group Ⅲ:*Submission from Governments*(*Indonesia*,*Morocco*)(Jul. 26,2019),UNCITRAL Working Group Ⅲ:https://uncitral.un.org/en/working_groups/3/investor-state.

[2] ICSID:*ICSID Amendment Project*(Aug. 7,2019),ICSID:https://icsid.worldbank.org/en/amendments.

续表

时间	动态
2018 年 8 月	ICSID 在工作文件一（Working Paper #1：Proposals for Amendment of the ICSID Rules）中公布了对规则的第一套完整的规则修订建议
2018 年 9 月	ICSID 成员国于华盛顿召开会议，讨论有关规则修订的各项建议
2018 年 10 月	ICSID 启动一系列线上与当面协商会议，以寻求对工作文件的意见
2019 年 1 月	ICSID 发布了基于工作文件一收到的意见纲要
2019 年 3 月	ICSID 在工作文件二中发布了第二次修订建议
2019 年 4 月	ICSID 成员国代表召开了第二次磋商会议
2019 年 11 月	ICSID 成员国代表召开了第三次磋商会议。会议重点讨论了工作文件三中公布的仲裁、磋商、调解和事实查明规则草案
2020 年 2 月 28 日	ICSID 发布了第四次修订建议
2020 年 9 月 17 日	ICSID 发布了基于工作文件回收到的意见纲要

3. ECT 现代化[1]

2019 年 10 月，能源宪章秘书处将各成员方对 ECT 现代化的政策反馈汇集成册并予以公布，以下择要梳理各国（地区）对 ECT 现代化的总体立场。

（1）阿塞拜疆

阿塞拜疆政府意识到第 5 条不是 ECT 现代化改革的一部分，并指出阿塞拜疆共和国没有签署 1994 年 GATT。虽然第 21 条没有列入为 ECT 现代化选定的议题清单，但需要指出的是，阿塞拜疆的税收立法对国内生产和进口产品采用了不同的税收方法。

[1] Energy Charter Secretariat：*Adoption by Conesponde nce-Policy Options for Modernisation of the ECT*（Oct. 6，2019），International Energg Charter：https://www.energycharter.org/fileadmin/DocumentsMedia/CCDECS/2019/CCDEC201908.pdf.

(2)欧盟

2019 年 7 月 15 日,欧盟理事会通过 ECT 现代化谈判指令,授权欧盟委员会进行谈判,对可持续发展和气候目标、现代投资保护标准、投资者与东道国争端解决机制等条约条款进行补充和修订。欧盟及其成员国愿重申,目前在 UNCTRAL WGⅢ和 ISDS 的多边平台,正在探讨 ISDS 改革的若干倡议;ECT 的几个成员方积极参与了上述进程,并与欧盟就当前 ISDS 改革的各个方面有共同的关注。上述改革包含的大多数议题,已被各成员国列入 ECT 现代化的争端解决改革议题当中。

欧盟及其成员国正在 UNCTRAL WGⅢ项下推动建立常设投资争端解决机制,即多边投资法院(Multilateral Investment Court)。欧盟及其成员国还与各贸易伙伴建立(双边)投资法庭制度,以解决在欧盟双边贸易或投资保护协定下产生的投资争端。欧盟及其成员国将秉持其在 UNCTRAL WGⅢ以及 ICSID 规则修订中所持的立场,参与 ECT 争端解决现代化改革进程当中。值得注意的是,欧盟及其成员国将确保 UNCTRAL WGⅢ和 ICSID 规则修订的改革成果适用于 ECT,未来的多边投资法庭制度也适用于 ECT。

(3)格鲁吉亚

根据 ECT 现代化工作组所作的决定,格鲁吉亚在本文件中就 ECT 现代化所确定的各种议题提出了初步意见和政策考虑。本文件中提供的意见、评论和建议应不影响格鲁吉亚在第二阶段 ECT 现代化改革进程中的立场,在第二阶段现代化改革进程的具体工作将通过缔约方商定的文书形式进行讨论和执行。

受国际投资活动以及投资仲裁实践的影响,ECT 框架下对各种投资保护法律概念的解释,自 ECT 条约缔结以来有了很大的改变。因此,对 ECT 的现代化改革是必要和及时的。

基于上述背景,格鲁吉亚认为,应适当注意在上述领域中有待进行的讨论和改革,特别是考虑到 UNCITRAL 和 ICSID 的工作,其改革结果可能对 ECT 争端解决程序的适用产生直接影响。

(4)日本

日本政府认为没有必要修改目前的 ECT 条款,日本希望通过保留既有的条款,来实现 ECT 的现代化改革。

(5)卢森堡

卢森堡政府敦促 ECT 各成员方以及秘书处对 ECT 条约中提出的任何和所有重大变化进行合理的影响评估。

(6)瑞士

ECT 现代化工作小组在 2019 年 2 月 21 日的会议上决定,将于 2019 年 3 月 15 日的会议上讨论政策选项。ECT 成员方被要求在 3 月 14 日前提交可能的政策选项。在适当的情况下,瑞士将提交一种政策选项和理由(如能源宪章秘书处第 1493/19 号文件所建议的)。在 ECT 现代化的背景下,提交的政策选项、评论和建议不能损害瑞士的立场。

(7)土耳其

土耳其政府认为,根据该国过去在实施 ECT 方面的经验以及目前在能源部门和投资条约法方面的发展,现在有必要审查当前 ECT 的条款。当前,各国和地区间投资协定正在进行改革,以防止仲裁庭作出更广义的解释,为缔约国提供更多的政策空间。此外,在国际组织层面,如 UNCITRAL、OECD 和 ICSID,已经开始着手对现有的 ISDS 机制进行改革,以此回应外界对现行投资争端解决机制的可靠性和投资协定结构不平衡的批评。

在此背景下,土耳其一直密切关注所有上述事态发展,并采取一切必要措施,如重新谈判其在 20 世纪八九十年代签署的双边投资协定,以平衡投资者和国家的权利和责任。

(二)WTO 上诉机构危机

2019 年 5 月,WTO 上诉机构发布了 2018 年年度报告。报告指出,上诉机构在面临人员减少、受理的案件量却有增无减的情况。这一方面反映出上诉机构目前的超负荷运转,但也从侧面说明了上诉机构强有力的争端解决机制得到了 WTO 成员方的普遍认可。上诉机构主席巴提亚(Ujal Singh Bhatia)表示,改革是必要的,但正确认识问题更为重要。成员方应该仔细考虑自身所需的贸易体制及其作用、范围和运作的核心原则,只有这样,成员方才能长期参与改革的进程。[1]

由于受美国的影响,WTO 未能启动上诉机构成员的遴选程序,进

---

[1] WTO:*Annual Report* 2018 (May. 28, 2019), World Trade Organization: https://www.wto.org/english/res_e/publications_e/anrep18_e.htm.

而导致 2019 年 12 月上诉机构的瘫痪。中国商务部表示，中国将同其他成员方一道努力打破上诉机构成员遴选僵局，维护多边贸易体制。[1] 欧盟和加拿大则提议建立仅适用于双方的 WTO 临时上诉机制。这一机制将以 WTO 规则为基础，一旦 WTO 上诉机制停止运转，上诉案件将提交上诉机构的退休法官审理，这些法官将由 WTO 总干事遴选。[2]

由于无法受理任何新的上诉，WTO 上诉机构在 2019 年 12 月 11 日之后基本停止运作。欧盟贸易专员菲尔・霍根(Phil Hogan)就此发表声明称，一个有效的争端解决体系对确保开放和公平贸易必不可少。欧盟仍旧是多边贸易体系的坚定支持者，但 WTO 也应与时俱进、因时而变，对制定贸易规则、监督各方贸易政策及实践、争端解决等职能进行一揽子改革。[3]

三、智库研究

(一)投资仲裁改革动向

投资仲裁改革正在迈入多边化和超区域化阶段。投资争端解决方案的设计必须能够反映关键社会价值，一些新议题的出现，例如，可持续发展目标，联合国关于商业和人权指导原则，以及联合国关于商业和人权指导原则中具有法律约束力的"零排放草案"，或许可以为传统投资政策的平衡提供某些借鉴。

1. ISDS 改革的不同立场

目前，ISDS 机制改革正在不同发展水平的国家以及不同地域进行。同时，部分国家/地区(例如，巴西、印度和欧盟)也在积极推动各自的改革方案。2018 年，世界主要国家签署的投资协定提出了五种主要改革方案：(1)建立常设投资法庭；(2)取消 ISDS；(3)设立附条件的 ISDS；(4)改进 ISDS；(5)维持现有的 ISDS。

---

[1] 中华人民共和国商务部：《商务部召开例行新闻发布会(2019 年 5 月 30 日)》，载商务部网：http://www.mofcom.gov.cn/xwfbh/20190530.shtml，2019 年 5 月 30 日最后访问。

[2] 英国《金融时报》：《欧盟和加拿大拟建立 WTO 临时上诉机制》，载 FT 中文网：www.ftchinese.com/story/001083779，2019 年 7 月 26 日最后访问。

[3] European Commission: *Statement by Commissioner for Trade Phil Hogan on the suspension of the functioning of the WTO's Appellate Body* (Dec. 10, 2019), European Commission: https://trade.ec.europa.eu/doclib/press/index.cfm? id=2089.

(1)欧盟:建立常设投资法庭

欧盟已在其近期的贸易和投资协定中纳入了ICS,以取代先前使用的ISDS。欧盟还通过UNCITRAL WGⅢ推广多边投资法庭方案。

(2)巴西:取消ISDS

巴西推出CFIA,建议在加强合作的基础上对投资争端解决机制进行制度改革。多方对话与合作是CFIA争端预防和解决机制设计的核心内容。CFIA提供了减轻投资风险和争议预防的制度框架,包括联合委员会和协调中心(或直接投资监察员)两个层级。

在国内层面,根据CFIA的规定,缔约每一方必须在其管辖范围内设立或指定一个现有政府机构作为国家投资协调中心。巴西将该协调中心设立在经济部的外贸委员会(Camex)项下。外贸委员会是部长间机构,下设面对投资者的单一窗口——直接投资监察员。直接投资监察员不仅为巴西的外国直接投资者提供支持,也为巴西对外投资者提供政府支持,争取将投资争议扼杀在国内层面。必要时,直接投资监察员可以建议相关政府部门修改监管政策,促成多方达成调解协议。

在双边层面,联合委员会在双边投资协定的框架下运作,除了监督和讨论协定的执行情况外,还可促进各方之间的投资争议的解决。在双方进行国家间仲裁之前,将争议问题书面递交联合委员会是一项强制性步骤。巴西在其缔结的投资便利化协定中没有规定投资者与国家仲裁条款。值得一提的是,在巴西和印度缔结的CFIA中,仲裁范围被限缩在对条约文本的解释,不允许对赔偿进行仲裁,争端解决方式基本回归国内法院。

2. ISDS改革的条约实践

(1)USMCA:美国与墨西哥之间适用ISDS

USMCA的第14章拟定了新的ISDS,对此前NAFTA项下的争端解决机制进行了重大改革:第一,受保护的投资范围。USMCA将“投资”定义为投资者拥有或控制的具有投资特征的资产,如资本或其他资源的投入、收益或利润的预期和风险的承担。这一定义比NAFTA中的定义更具描述性,范围更广。第二,ISDS的适用方。USMCA下的ISDS仅限于美国和墨西哥适用,加拿大退出了原NAFTA项下设置的争端解决机制。相较于NAFTA,USMCA为投资者提起诉讼设置了更严格的门槛。第三,ISDS特别制度。USMCA通过了一项特别制度和强化的 ISDS 保护措施,适用于在政府合同中的“覆盖部门”中的投资。覆盖部门包括石油和天然气、发电、电信、运输和基础设施。因政府合同产生的争议不要求在仲裁开始前等待 30 个月。第四,透明度问题。USMCA 更新了关于公开听证和公开查阅文件的仲裁程序透明度的规定。仲裁员必须遵守国际律师协会关于国际仲裁利益冲突的准则,包括关于直接或间接利益冲突的准则,或美国和墨西哥之间达成的任何补充指导方针或规则。此外,不允许仲裁员在本协议项下的任何未决仲裁中担任律师或当事方指定的专家或证人。

USMCA 签订后,美国国会是否批准该协定再次受到关注。美国民主党人士已经表示了对该协定的担忧,并要求在 USMCA 中加强劳工、环境保护和执法等内容的规定。加拿大推迟正式投票到美国国会批准该协议之后。USMCA 第 14 章提出的限制性 ISDS 是否能够减少索赔还有待观察。

(2)CETA:国际投资法庭[1]

欧盟与加拿大之间签订的 CETA 已建立了投资法庭制度的基础。欧盟和加拿大于 2016 年 10 月达成的关于《综合性经济与贸易协定》的联合解释性文件,要求双方在协定生效后尽快运行投资法庭制度。这些规则完善了《综合性经济与贸易协定》中有关投资争端解决的改革方案,并将欧盟投资争端解决机制改革确立的创新性道路延续下去。这是上诉机制第一次被纳入国际投资协定。

在投资法庭与欧盟法律的兼容性的问题上,2017 年 9 月,比利时政府在批准 CETA 的投资者—国家间争端解决条款时,要求欧盟法院澄清该条款与欧盟法律的兼容性问题。2019 年 4 月 30 日,欧盟法院确认了 CETA 中的投资者—国家间争端解决条款符合欧盟法律,因为多边投资法庭无权适用或解释欧盟法律(与 CETA 相关的规定除外),从而影响欧盟法律的自主权。法院还指出条约对成员国立法权的保障,这将阻止法庭受理“对环境保护或基本权利等公共利益的保护程度提出的质疑”。即便 CETA 投资法庭的裁决可能会使欧盟竞争管理机构的

---

[1] EUR-Lex:*Comprehensive Economic and Trade Agreement (CETA) between Canada, of the one Part, and the European Union and its Member States, of the other Part*(Apr. 30, 2019), EUR-Lex: https://eur-lex.europa.eu/legal-content/EN/TXT/? uri = CELEX: 22017A0114(01).

决定无效,欧盟法律的有效性原则也不会受到损害,因为欧盟法律规定,在任何情况下,欧盟竞争管理机构作出的决定都不可豁免。

2019 年 10 月 11 日,欧盟委员会向欧盟理事会提交四项建议提案,以落实 CETA 中投资法庭制度条款的具体规定。这四项提案包括上诉法庭的运行规则、裁判员的行为准则、调解规则以及 CETA 联合委员会具有约束力的解释规则。在理事会讨论通过之后,这些提案还需欧盟成员国批准。在所有成员国议会批准 CETA 之后,提案将正式生效。[1]

(3)EUVIPA:国际投资法庭[2]

2019 年 6 月 30 日,欧盟和越南签署 EUVIPA,在争端解决条款中纳入了 ICS。EUVIPA 下的 ICS 将完全透明,并允许第三方提交陈情。EUVIPA 的第 3.46(1)条规定,《UNCITRAL 透明度规则》适用于 ISDS 程序。这种参照适用(incorporation-by-reference)的方法与 EUSIPA 的附件 8(《关于公众查阅文件、听证和第三人提交意见的可能性的规则》)形成对比,该协定采用《UNCITRAL 透明度规则》与 EUSIPA 关于 ISDS 程序条款相一致的部分。EUSIPA 仅要求外国投资者披露第三方出资人的身份,而 EUVIPA 则进一步要求披露"资助安排的性质",即 EUVIPA 对第三方资助人的方式的规定彰显了更大透明度的要求。当然,从东道国的角度来看,ISDS 机制的透明度可能是一把"双刃剑",如果东道国由于被披露出对外国投资者适用歧视待遇而在仲裁中败诉,可能会导致国家声誉的损害。

(二)投资仲裁焦点问题

在近年来签署的国际投资协定中,大多数改革措施与 UNCTAD 自 2013 年以来确定的改革方案相呼应。

---

[1] 中国驻欧盟使团经济商务参赞处:《欧委会提出 CETA 投资法庭制度的程序建议》,载商务部网:http://eu.mofcom.gov.cn/article/jmxw/201910/20191002907302.shtml,2019 年 10 月 24 日最后访问。

[2] Ba Duong (Donny) Trinh:*From Trinh Vinh Binh to EUVIPA-Vietnam's Meritorious Step towards Transparency in ISDS* (Mar. 4, 2019), Kluwer Arbitration Blog: http://arbitrationblog.kluwerarbitration.com/2019/10/28/from-trinh-vinh-binh-to-euvipa-vietnams-meritorious-step-towards-transparency-in-isds/?doing_wp_cron=1598667580.1664319038391113281250.

1. 第三方资助

晚近以来,国际投资仲裁中的第三方资助呈现出快速增长的态势。作为承担仲裁相关费用的对价,第三方资助者不仅能够获得东道国政府的巨额补偿份额,而且在整个仲裁过程中还能享有极高的参与度和话语权。资助者通过要求进度报告、监管费用、批准支出,寻求与客户的律师直接接触,同时影响仲裁员的任命和仲裁裁决结果。然后,鉴于投资仲裁与商事仲裁之间的差异,有研究者认为,第三方资助会加剧投资仲裁的合法性危机,并没有在仲裁过程中发挥建设性作用,即使不彻底禁止第三方资助,也应对此进行监管和规制。[1]

第三方资助的负面影响主要体现在三个方面:第一,金融风险不平衡。在现有 ISDS 机制下,东道国政府通常不能够就赔偿问题提出反诉。此外,在多数仲裁案件中,赔偿责任都是由东道国承担的。在程序上,原告在仲裁员选择方面有直接的话语权,并且仲裁没有上诉机制。种种因素使得资助者能够获得可观的回报,除了仲裁费用以外没有其他的风险成本。第二,资助机会不平衡。因为国家在仲裁中不能获得任何赔偿款,所以第三方资助通常更愿意资助原告。第三方资助可能促进了投资仲裁案件的增长,使得投资者更愿意通过 ISDS 机制起诉东道国。因此,第三方资助在扩大外国直接投资投资者资源的同时也增加了东道国的预算压力,从而扭曲了投资仲裁制度。第三,赔偿款的来源。与商事仲裁不同,东道国的纳税人是投资仲裁风险的真正承担者。从公平的角度来讲,第三方资助可以被视为通过 ISDS,将来自公众的财富——通常是发展中国家的——转移给有投机意向的投资者。

基于上述原因,即使不禁止第三方资助,至少也应该对其进行一定程度上的限制。对第三方资助进行规制的可能措施包括:(1)强制披露第三方资助协议及其条款,以便各方知道谁在控制案件并分享收益,同时为更全面的监管计划提供经验证据。(2)在第三方资助案件中要求提供担保费用,以减少资助者追逐毫无价值的案件。

[1] Frank J. Garcia, Kirrin Hough: *The Case Against Third-party Funding in Investment Arbitration*(Jun. 3,2019), Columbia FDI Perspectives: http://ccsi.columbia.edu/files/2019/06/No-253-Garcia-and-Hough-FINAL.pdf.

2. 透明度

公开公正原则之所以能够适用于投资仲裁,最初是因为仲裁员在实践中“造法”的情况时有发生。[1] 无论是措辞本身还是对《ICSID 仲裁规则》第 64 条修改建议的评论,都表明 ICSID 尚未接受公开公正的原则。ICSID 工作文件三甚至表示,对《ICSID 仲裁规则》第 64 条的修改建议只会允许仲裁庭讨论听证会决定是否应该向公众开放。新的仲裁规则的修改建议并没有规定“默认原则”,而留给仲裁庭以不受约束的自由裁量权,使其自行决定是否举行秘密听证会。《ICSID 仲裁规则》第 64(2)条的修改建议也没有解决这一问题,第 64(2)条只是要求仲裁庭制定听证程序,防止向旁听者披露机密或受保护的信息。如果仲裁庭决定不允许公众旁听,就不会有人旁听听证会。值得注意的是,对《ICSID 仲裁规则》的修改建议仅对公众无法获取的机密或受保护的信息进行界定,但没有就听证会何时向公众开放提供任何指导。

工作文件三中提出的仲裁规则背离了公开公正的原则,这一点从对《ICSID 仲裁规则》第 65 条提出的修改建议的措辞中也可以明显地看出来,该措辞将机密或受保护的信息定义为,除其他方面外,受双方协议保护的信息。工作文件三中建议的仲裁规则试图平衡透明度和当事人意思自治。这一定义将允许争议双方就与争议有关的任何信息的保密性达成一致,使仲裁听证在审理过程中处于保密状态。

3. 临时措施

随着投资者—国家间争端数量的增加,临时措施的申请数量也随之增加。各方要求采取临时措施(provisional measures),也称为暂时措施(interim measures)、暂时救济(interim relief),中止平行程序或采取其他措施来确保投资和投资者国家程序的排他性,以免放大争议。根据一项实证研究[2]表明,投资者的请求被允许的可能性是被申请国的

[1] Sonja Heppner: *ICSID and Open Justice: Two Steps Forward, One Step Back* (Nov. 29, 2019), Kluwer Arbitration Blog: http://arbitrationblog.kluwerarbitration.com/2019/11/29/icsid-and-open-justice-two-steps-forward-one-step-back/?doing_wp_cron=1598667885.2077949047088623046875.

[2] Yarik Kryvoi: *Why State Requests for Provisional Measures Fail in Investor-State Disputes?* (Dec. 9, 2019), Kluwer Arbitration Blog: http://arbitrationblog.kluwerarbitration.com/2019/12/09/why-state-requests-for-provisional-measures-fail-in-investor-state-disputes/?doing_wp_cron=1598668957.7272050380706787109375.

两倍多,被申请国所在地理区域与结果密切相关。

第一,不同仲裁规则下的不同结果。仲裁规则的选择会影响国家和投资者的程序性权利以及仲裁庭的权力。例如,UNCITRAL 仲裁庭批准临时措施请求的可能性几乎是 ICSID 仲裁庭的两倍;根据 ICSID 附加便利规则进行的仲裁庭批准了过半数的投资者请求,而未批准被申请国的任何请求;UNCITRAL 仲裁庭在超过 70%的案件中批准或部分批准了投资者关于临时措施的请求,而在所有案件中批准被请求国相应请求的数量仅占 1/3。

第二,被申请国在请求临时措施方面的成功率较低。无论适用的仲裁规则如何,投资者最终在临时措施申请方面的成功率都比国家高出两倍。被申请国的申请总数远低于投资者。在所有请求中,将近 70%是由投资者提出的,因为国家通常拥有所有必要的工具来实现其目标,而无需借助仲裁庭的帮助(如法院、执行机构、查阅文件)。绝大多数申请都要求对费用进行担保,仲裁庭对此持高度怀疑,下文将详细讨论。

第三,投资者的成功与被申请国所在地区有关。针对北美国家提出临时措施的请求全部宣告失败;对独联体地区和拉丁美洲提出临时措施的请求成功率为 40%;超过 80%的申请人来自北美和欧洲,仅有 20%左右的临时措施请求是针对这些地区的国家提出的。

第四,大多数对费用担保的请求均告失败。几乎 1/5 的临时措施申请都要求提供费用担保。但是实证研究表明,仲裁庭只有在最极端的情况下才愿意要求为费用提供担保。直到 2014 年,没有一个投资仲裁庭愿意为成本费用提供担保。在之后将近 90%的案件中,仲裁庭均驳回了被请求国要求提供费用担保的请求。只有一个仲裁庭在没有被告国明确要求的情况下,主动要求费用担保(Chevron Corporation and Texaco Petroleum Corporation v. The Republic of Ecuador)。仲裁庭拒绝临时措施费用担保的理由可能不同。在 Victor Pey Casado and President Allende Foundation v. Republic of Chile 一案中,仲裁庭认为被请求国未能说明投资者可能有不付款的风险。在 Emilio Agustín Maffezini v. Kingdom of Spain 一案中,仲裁庭裁定不能授予费用担保,因为它与争端涉及的主题事项无关。

（三）WTO 改革

各成员方已经认识到 WTO 有许多问题亟待解决，比如决策困难、效率低下等。但由于各个成员方的利益、诉求不同，WTO 改革前路漫漫。成员方能否就某些重点议题达成共识，是 WTO 改革能否成功的关键。

1. 整体方向：构建便捷有效的争端解决机制[1]

作为晚近以来历史上最便捷有效的国际争端解决机制之一，WTO 争端解决机制被誉为“希望的灯塔”，然而相比其成立之初，现今其办案速度已大大放缓。[2] 虽然国际法的总体运作并不迅速，时间上的大幅延迟还是损害了 WTO 解决贸易争端的有效性，因为各方政府可以在漫长的诉讼期内施行非法的贸易保护措施。争端解决程序的及时性对于法治能否发挥作用至关重要，因此加快贸易纠纷解决进程虽然不能根本性地解决 WTO 目前面临的诸多问题，但无疑可以向此方向迈出积极的一步。

从程序来看，根据 WTO 之 DSU 的规定，争端解决需要经历以下程序：磋商、申请、成立专家组、发布中期报告、发布专家组报告、提出上诉等。理想情况下，如果以每个环节的最长用时进行计算，在不上诉的情况下需要用时 1 年，如果当事方选择上诉，时间则为 1 年零 3 个月。[3] 但现实中面临着许多困难，案件的复杂性、当事人的日程安排、专家组成员的工作量等其他因素会极大地拖延案件审理进程。审理的时间跨度延长可以有很多解释，如当事人提出更多的诉讼请求、日臻完善的诉讼制度和增加的判例，使 WTO 争端解决机制趋于法制化的同时也提高了审判、应诉的技术难度。

纵然现实中面临的许多困难无法避免，但适当精简争端解决程序不失为改革的一条思路。理论上应鼓励当事方以磋商谈判的方式解决

---

[1] James Bacchus, Simon Lester: *Trade Justice Delayed is Trade Justice Denied: How to Make WTO Dispute Settlement Faster and More Effective*(Nov. 20, 2019), Cato Institute: https://www.cato.org/publications/free-trade-bulletin/trade-justice-delayed-trade-justice-denied.

[2] WTO 前十个案件的专家组成立和发布专家组报告的时间为 226 天至 455 天，而从 2019 年 11 月向前追溯的十个案件的时间跨度为 365 天至 1117 天，几乎是之前的两倍，上诉机构也同样如此。最近的一个案件（DS464），即美国对韩国大型家用洗衣机的反倾销和反补贴措施案共耗时超过四年。

[3] WTO: *Understanding the WTO: Settling Disputes* (Mar. 4, 2020), World Trade Organization: http://www.wto.org/english/thewto_e/whatis_e/tif_e/disp1_e.htm.

争端,但实践中鲜有磋商能最终达成共识,所以,可以适当考虑取消磋商的要求。鉴于WTO审理的案件愈加复杂,WTO也可效仿其他国际性司法机构,设立主审法官和常设专家组主席,以提高案件审理的水平和效率。此外,取消第二次专家组会议、中期审查,缩短执行期限等也能够有效地加快争端解决的进程。

2. 美国诉求:重塑上诉机构[1]

WTO虽然被边缘化但并未过时。中国和欧盟都明确表示,支持以规则为基础的多边贸易体系,但美国政府奉行的一些单边主义做法,如签订双边自贸协定等,却在逐渐远离多边体系。

美国政府认为,WTO现有决策机制不但未能解决发达成员与发展中成员间的不平等问题,而且极大地损害了美国的利益,[2]这对一直秉持"美国优先"战略的特朗普政府来说显然难以接受。在WTO运作的20多年时间里,美国发现WTO规则设计产生的结果逐渐与自身利益产生了偏差。虽然目前美国对WTO上诉机构存在诸多不满,如司法越权、[3]遵循先例等做法,但可以肯定的是,作为WTO的总设计师和最活跃的用户[4](或许也是最常获益者),美国并不想就此颠覆这一体制。[5] 事实上,美国的不满并非主要来源于WTO规则本身,而是来自美国所面临的内外的压力,如外国竞争者给美国国内带来的压力、西方经济发展放缓等现实状况。停摆上诉机构、依据"301条款"加征关税等侵略性单边主义的做法,实际也是美国借机重塑上诉机构的手段而

[1] Chad P. Bown: *Can we save the WTO Appellate Body*? (Dec. 3, 2019), Peterson Institute for International Economics: https://www.piie.com/commentary/testimonies/can-we-save-wto-appellate-body.

[2] 路透社:《WTO被边缘化但并未过时 重塑多边主义信心是前提条件》,载路透中文网:https://cn.reuters.com/article/global-trade-rule-wto-reform-0328-idCNKCS1R906C?from=singlemessage&isappinstalled=0,2019年3月28日最后访问。

[3] 美国认为,上诉机构对WTO条款作扩大解释,同时审查WTO专家组作出的裁决是滥用职权的行为。

[4] 自1995年以来,美国共提起124起诉讼,被提起155起诉讼。See: *WTO Dispute Settlement: One-Page Case Summaries* (1995-2018) (Mar. 2, 2020), WTO Dispute Settlement Gateway: https://www.wto.org/english/res_e/publications_e/dispu_settlement_e.htm.

[5] 首先特朗普政府在对待WTO案件结果的立场上就表现得相当"双标",在美国"获胜"后也欣然赞同WTO争端解决方案。其次,据估计,美国仅对2%~5%的进口商品运用了贸易防御工具,美国专家认为,没有必要因为只影响美国2%~5%进口的东西而放弃上诉机构,上诉机构仍旧对美国利益具有系统重要性。

非目的，以修正 WTO 规则中不利于美国的制度。

目前，美国对 WTO 改革最重要的关切来自反倾销、反补贴案件，尤其是美国采用的“归零法”。反倾销、反补贴的案件几乎占美国被诉案件总数的一半(73/155)。其中，反倾销案件的核心在于反倾销数额的计算，这一问题直接影响征收反倾销税的幅度，美国通常采取的“归零法”遭到了来自其他国家的挑战。总体而言，虽然在此类案件中美国经常被诉，但胜诉率基本达到了 50%，有利于申诉人的案件约占 36%。从行业来看，38%的被诉案件涉及钢铁行业，而在这些案件中美国的胜诉率较低(6/28)。大约 32%的钢铁案涉及适用“归零法”计算倾销差额的争议，部分案件进入上诉机构，并最终裁定“归零法”与 WTO 规则不符，推翻了专家组的裁决。

(四)贸易摩擦

1. 中美贸易摩擦

整体来看，近年来爆发的中美贸易摩擦与 20 世纪 80 年代的日美贸易摩擦发展进程相似。了解日美贸易摩擦从发生到冲突化解的过程，或许能够为理解中美贸易摩擦产生的缘由和探索其解决方式提供某些启示。[1]

表面看来，中美贸易摩擦始于特朗普政府声称的美国对华巨大的贸易逆差，这与日美贸易失衡引起的日美贸易摩擦高度相似。贸易失衡仅是诱因，真正根源是中美之间逐渐从无到有的产业竞争，尤其是在中高技术制造业的竞争。钢铁、通信等涉及国家安全领域的产业竞争，更加激发了美国对贸易摩擦的敏感度。日美也曾从互补关系过渡到竞争关系，在半导体、超级计算机等方面产生过激烈的矛盾。相比于日本，美国在国家安全领域对中国产生的不信任感更强。

单纯的经贸摩擦已经由制度上升为经济和政治的混合冲突，情况更加复杂。中美贸易摩擦从单纯的贸易逆差扩大到制度竞争，主要表现在两个方面：第一，美国不承认中国的发展中国家地位和市场经济地位，希望通过 WTO 改革，促进中国参与“公平”的市场竞争；第二，美国

[1] 东艳：《基于中美贸易摩擦与日美贸易摩擦的比较研究》，载中国社科院世界经济与政治研究所：http://www.iwep.org.cn/xscg/xscg_lwybg/201905/W020190505637060874957.pdf；英国《金融时报》：《美中贸易争端应回到 WTO 框架下解决》，载 FT 中文网：www.ftchinese.com/story/001082589，2019 年 5 月 5 日最后访问。

通过改革企业竞争、知识产权等领域的国际经贸规则来限制中国发挥其竞争优势。

中美双方进入全面竞争状态，这是日美贸易摩擦没有达到的阶段。相比日本，中国具有更强的生产能力、持续发展的科技水平和更大的消费市场，在全球价值链、供应链中占有极为重要的地位，对于缓解美国金融危机、欧债危机发挥了很大作用。并且从长远发展来看，日本限于自身的市场规模和经济下滑趋势，难以对美国造成持久的威胁，而中国的经济趋势长期向好，未来很长的一段时间内都会是美国有力的竞争对手，因此中美贸易摩擦更受关注。

2. 日韩贸易摩擦[1]

2019 年，日韩发生严重贸易摩擦，导火索是韩国最高法院裁定，日本应向部分第二次世界大战时被迫充当日本公司劳工的韩国公民提供赔偿。作为回应，日本政府采取了类似“出口禁令”的行动，首次宣布加强对出口韩国用于制造半导体和平板显示器的三种主要材料进行出口管制，并且宣布将韩国移出有资格获得日本“一揽子”出口批准的国家“白名单”。[2] 日本政府认为，韩国执法不力致使敏感技术向朝鲜等不受信赖的国家泄露。在日韩贸易摩擦中，美国并没有发挥较大作用来调停盟友之间的贸易纠纷。虽然日韩两国在朝核试验等地区问题有共同的战略利益，但由于近年来经济下行压力增大、地缘政治环境复杂，两国如何化解贸易摩擦值得后续持续关注。

四、小结

2019 年，国际经贸争端解决机制的危机持续发酵，改革进展缓慢。为解决 ISDS 机制裁决缺乏公正性、独立性、一致性的问题，UNCITRAL 的改革议程中涵盖了投资法庭、临时解决机制、常设多边解决机制、仲裁员的任命方法和职责、缔约方对条约解释的参与和管控机制、争端预防、费用管理和第三方资助等议题。除了美国和日本外，其余大部分国

---

[1] Matthew P. Goodman: *Japan and Korea: Rising above the Fray* (Aug. 6, 2019), Center for Strategic and International Studies: https://www.csis.org/analysis/japan-and-korea-rising-above-fray.

[2] 日本政府认为日本经济产业省的举动只是恢复了对受控物品的出口许可证逐案审批，不等于出口禁令，韩国政府的反应过度。

家和地区似乎更希望以促进可持续的投资为目标,对 ISDS 进行结构性改革。制度建设是投资争端解决机制进行结构性改革的主要着力点,其与实体改革相结合,呈现出国内法与国际法、国内制度与国际制度互动性逐渐加强的趋势。

新近签署的国际投资协定包括的改革方案有:一是欧盟提出的建立常设投资法庭;二是取消 ISDS,回归国内程序和国家间仲裁,以及更多使用调解机制;三是要求用尽当地救济后才能寻求投资仲裁,并对仲裁的范围加以限制;四是改进 ISDS 程序,包括中国提出的建立常设上诉机制。一方面,各方经济发展水平的差异,投资仲裁改革逐渐呈现碎片化的趋势;另一方面,各方也逐渐达成合作共识,增强能力建设,对最不发达国家提供技术支持,推动实现可持续发展的目标。总体而言,在 UNCITRAL 的讨论中,构建从国内到双边、从双边到多边、更加重视争端预防的多元争端解决机制,已经受到越来越多的成员方认可。相比之下,ICSID 内部的改革则更专注于精简程序,降低成本,缩短仲裁时间。

在贸易领域,WTO 上诉机制停摆后的发展前景仍在讨论之中。欧盟和中国等大部分 WTO 成员方认为,不能否认上诉机构对确保开放和公平贸易所作出的贡献。国际调解和外国民商事判决的承认和执行合作略有进展,而通过国内法院和仲裁机构供给国际争端解决服务的努力仍在进行中。

第六章 “一带一路”法治建设新发展[*]

导读 “一带一路”国际合作在2019年深入推进。为了拓宽多种形式的国际合作,推动“一带一路”建设的灵活开展,中国已经与100多个国家签订了“一带一路”合作协议,集中于亚洲、非洲、东欧国家,“一带一路”建设沿着欧亚大陆进行区域整合的态势明显。中国还通过“第三方市场合作协议”的方式积极与发达经济体推进国际合作,与日本、加拿大、澳大利亚、英国等国建立了机制性的沟通合作机制。“一带一路”建设,不仅重视经济上的互惠,还试图推进理念上的认同,不仅进行产能和技术合作,也在发展理念、政策、制度、标准等方面推进合作。

自2013年以来,中国通过“一带一路”合作协议、第三方市场合作协议等方式积极与相关国家推动“一带一路”建设,已有较多国际和国内法律与政策实践,在支点国家、合作原则、合作领域、合作机制等方面,呈现出灵活性、回应性、渐进性等特点。“一带一路”倡议进入成熟期,逐渐从项目制合作转向制度建构,从去中心化合作转向某种科层结构,这在某种程度上反映了“一带一路”建设的模式。本章依次介绍“一带一路”合作的国际和国内规则实践、政策动向和智库研究成果。

一、规则实践

在国际和国内层面,中国大力创新合作模式,积极推动“一带一路”建设。

---

* 本章执笔:王鹏。

(一)国际实践

1.“一带一路”合作协议

截至2020年1月底,中国已与138个国家(见表6-1)和30个国际组织签署了200份共建“一带一路”合作文件。[1]

表6-1 与我国签订“一带一路”合作协议的国家分布区域及数量

区域	国家数量(个)
非洲	44
亚洲	37
欧洲	27
大洋洲	11
南美洲	8
北美洲	11

2019年4月25日至27日,第二届“一带一路”国际合作高峰论坛在中国举行,共有38个国家领导人(总统或总理)和联合国秘书长古特雷斯(Guterres)、IMF总裁拉加德(Christine Lagarde)与会。[2]

(1)从主体范围来看,亚洲和非洲国家是我国签订“一带一路”合作协议的主要对象,也契合我国陆上丝绸之路和海上丝绸之路的双线定位。陆上丝绸之路,即丝绸之路经济带,主要沿欧亚大陆展开,除了亚洲国家,也涉及西欧和东欧国家。目前,我国与东欧国家都签订了合作协议,但与西欧国家,尤其是德国、法国、英国等欧洲核心国家,尚未签订正式的“一带一路”合作协议。

总体而言,亚洲、非洲、东欧国家比较多,沿着欧亚大陆进行区域整合的态势明显,西欧和北美国家基本没有参与。

在西欧国家中,意大利和卢森堡是明确支持“一带一路”倡议、签署相关合作协议的国家。意大利明确支持“一带一路”倡议,超出了某些

[1] 中国一带一路网:《已同中国签订共建“一带一路”合作文件的国家一览》,载中国一带一路网:https://www.yidaiyilu.gov.cn/xwzx/roll/77298.htm,2020年1月27日最后访问。

[2] 新华社:《第二届“一带一路”国际合作高峰论坛举行圆桌峰会 习近平主持会议并致辞》,载新华网:http://www.xinhuanet.com/politics/leaders/2019-04/27/c_1124425120.htm,2020年1月27日最后访问。

国家的预期。[1] 卢森堡既是第二个加入“一带一路”倡议的欧盟创始成员国，也是第一个申请加入亚洲基础设施投资银行的欧洲国家，目前已经成为中国在欧盟的第一大投资目的地，也是中资企业对第三国投资的中转地和资金调配中心。[2]

在中东欧，中国通过“中国—中东欧国家合作”（“16+1 合作”）框架，与所有 16 个中东欧国家签订了“一带一路”合作协议。[3] “双方将继续推动‘一带一路’倡议同欧盟的欧亚互联互通战略、欧洲投资计划、‘泛欧运输网络’等发展规划对接。”[4]此外，俄罗斯和乌克兰也与中国签订了合作协议。

在亚洲，中国与韩国、新加坡、阿联酋、伊朗等国签订了合作协议，然而，日本和印度暂时还没有参与。在非洲，包括南非、埃及等 44 个非洲国家已经与中国签订了合作协议。在大洋洲，中国与新西兰和众多太平洋岛国签订了合作协议，但是澳大利亚还没有与中国签订相关合作协议。在南美洲，中国与智利、秘鲁等国家签订了协议，巴西暂时没有与中国签订相关协议。在北美洲，美国、墨西哥、加拿大等区域大国都没有与中国签订相关协议。

(2)“一带一路”合作协议公开文本不多，根据已有的几个协议，[5]以下几个合作原则较为典型：

第一，坚持共商、共建、共享的原则，“尊重彼此利益和重大关切，深

[1] 英国《金融时报》：《意大利成为首个支持“一带一路”的 G7 国家》，载 FT 中文网：http://www.ftchinese.com/story/001082010，2020 年 1 月 28 日最后访问。

[2] “凭借稳定的经济环境、健全的监管框架以及丰富的金融服务和人民币业务专业知识，中国农行、中国银行、交通银行、建设银行、招商银行、工商银行、光大银行近年来纷纷入驻，卢森堡已经成为中国在欧盟第一大投资目的地，也是中资企业对第三国投资的中转地和资金调配中心。”环球网：《卢森堡与中国签署共建“一带一路”谅解备忘录》，载商务部网：http://be.mofcom.gov.cn/article/tzwl/zwshoudu/201905/20190502862418.shtml，2019 年 5 月 13 日最后访问。

[3] 中国一带一路网：《李克强匈牙利之行成果清单出炉：“一带一路”倡议对中东欧全覆盖》，载中国一带一路网：https://www.yidaiyilu.gov.cn/xwzx/xgcdt/37453.htm，2020 年 1 月 28 日最后访问。

[4] 中国政府网：《中华人民共和国政府和克罗地亚共和国政府联合声明》，载中国政府网：http://www.gov.cn/xinwen/2019-04/11/content_5381450.htm，2019 年 4 月 11 日最后访问。

[5] 参见中国商务部 Global Law 全球法律数据库：http://policy.mofcom.gov.cn/law/index.shtml#；中华人民共和国条约数据库：http://treaty.mfa.gov.cn/Treaty/web/index.jsp 。

化彼此互信”。[1]

第二,充分尊重和对接既有的双边、区域和多边合作机制。“借助既有的、行之有效的区域合作平台”,[2]“维护和促进既有的双边合作机制及双方共同参与的多边机制,加强对接、相互支持、取长补短、各尽所能、相得益彰”[3]。值得注意的是,在第二届“一带一路”国际合作高峰论坛圆桌峰会联合公报中,中国强调“促进贸易投资自由化和便利化,期待进一步开放市场,反对保护主义、单边主义和其他不符合世界贸易组织规则的措施。我们强调世贸组织协定中‘特殊与差别待遇’的重要性”。[4]

第三,遵守相关法律,包括合作国的国内法律和各自承担的国际义务和承诺。“在两国各自法律法规框架内进行合作,并遵守各自承担的国际义务和承诺”。[5]

第四,市场导向,专业合作,互利共赢。“遵循成熟的国际惯例、市场导向、专业原则,推动双方在共同关注的重点领域开展务实合作。”[6]

第五,强调灵活性,强调回应性,强调渐进性。以“一带一路”合作协议为先导,推进具体项目和计划的后续对接。“双方将在本安排备忘

[1] 中国一带一路网:《中华人民共和国政府和新西兰政府关于加强“一带一路”倡议合作的安排备忘录》第2条,载中国一带一路网:https://www.yidaiyilu.gov.cn/wcm.files/upload/CMSydylgw/201703/201703301124050.pdf,2020年1月28日最后访问。

[2] 中国一带一路网:《中华人民共和国政府与波兰共和国政府关于共同推进“一带一路”建设的谅解备忘录》第2条,载中国一带一路网:https://www.yidaiyilu.gov.cn/wcm.files/upload/CMSydylgw/201901/201901031052033.pdf,2020年1月28日最后访问。

[3] 中国一带一路网:《中华人民共和国政府和新西兰政府关于加强“一带一路”倡议合作的安排备忘录》第2条,载中国一带一路网:https://www.yidaiyilu.gov.cn/wcm.files/upload/CMSydylgw/201703/201703301124050.pdf,2020年1月28日最后访问。

[4] 新华社:《第二届“一带一路”国际合作高峰论坛圆桌峰会联合公报》第10段,载新华网:http://www.xinhuanet.com/world/2019-04/27/c_1124425237.htm,2020年1月28日。

[5] 中国一带一路网:《中华人民共和国政府与波兰共和国政府关于共同推进“一带一路”建设的谅解备忘录》第2条,载中国一带一路网:https://www.yidaiyilu.gov.cn/wcm.files/upload/CMSydylgw/201901/201901031052033.pdf,2020年1月28日最后访问。

[6] 中国一带一路网:《中华人民共和国政府和新西兰政府关于加强“一带一路”倡议合作的安排备忘录》第2条,载中国一带一路网:https://www.yidaiyilu.gov.cn/wcm.files/upload/CMSydylgw/201703/201703301124050.pdf,2020年1月28日最后访问。

录生效后的18个月内尽快形成具体的双边合作规划。”[1]“对某一特定领域的合作,双方可通过缔结条约或其他合作文件予以实施。”[2]

(3)“一带一路”的合作领域主要包括以下几个方面:

第一,政策沟通。“双方希望就各自重大发展战略、规划和政策定期开展高级别对话与交流,就各自重大宏观政策调整加强沟通合作,推动双方重大发展战略、规划及政策的对接和融合,探讨如何利用双方比较优势最大限度地支持‘一带一路’倡议。”[3]

第二,民心相通。“深化人文交流。推进双方教育、旅游、地方、青年等领域的友好合作,利用双方签订电影电视联合制作协议的独特优势,开展广播影视领域的交流与合作,促进两国文化的交流与互鉴,开创人文交流新局面。”[4]

第三,在比较优势领域加强经贸合作,包括设施联通、贸易畅通、资金融通等。“加大相互投资力度,探讨推动实质性互利合作的途径和方法,积极开展包括基础设施、制造业、农业技术、信息技术、清洁能源、监管协调、公共财政管理、贸易便利化等领域互利合作,共同保障双方重大合作项目平稳顺利推进。”

第四,提升多边合作。对于在全球有影响力的国家,强调多边机制的协调和合作。例如,关于新西兰,“加强在联合国、亚太经济合作组织、东亚峰会、亚洲基础设施投资银行、太平洋岛国论坛等国际和地区机制中的合作,促进双方共同利益、深化区域经济合作,实现优势互补,

---

[1] 中国一带一路网:《中华人民共和国政府和新西兰政府关于加强“一带一路”倡议合作的安排备忘录》第3条,载中国一带一路网:https://www.yidaiyilu.gov.cn/wcm.files/upload/CMSydylgw/201703/201703301124050.pdf,2020年1月28日最后访问。类似的条款参见《中华人民共和国政府与波兰共和国政府关于共同推进“一带一路”建设的谅解备忘录》第三条(六)。

[2] 中国一带一路网:《中华人民共和国政府与波兰共和国政府关于共同推进“一带一路”建设的谅解备忘录》第3条(2),载中国一带一路网:https://www.yidaiyilu.gov.cn/wcm.files/upload/CMSydylgw/201901/201901031052033.pdf,2020年1月28日最后访问。

[3] 中国一带一路网:《中华人民共和国政府和新西兰政府关于加强“一带一路”倡议合作的安排备忘录》第3条(1),载中国一带一路网:https://www.yidaiyilu.gov.cn/wcm.files/upload/CMSydylgw/201703/201703301124050.pdf,2020年1月28日最后访问。

[4] 中国一带一路网:《中华人民共和国政府和新西兰政府关于加强“一带一路”倡议合作的安排备忘录》第3条(3),载中国一带一路网:https://www.yidaiyilu.gov.cn/wcm.files/upload/CMSydylgw/201703/201703301124050.pdf,2020年1月28日最后访问。

共同发展”。[1] 对于区域国家,多强调区域合作机制的协调。例如,关于匈牙利,“与地区其他国家加强协作,共同推动中欧及中国—中东欧国家合作,促进和深化“一带一路”沿线的经济活动,实现优势互补,共同发展”。[2]

目前为止,中国通过“一带一路”与相关国家/地区对接的倡议或合作框架包括:“三河流域经济合作战略总体规划(2019—2023)、非盟及非洲基础设施发展规划、亚太经合组织互联互通蓝图、阿拉伯国家联盟、东盟及东盟互联互通总体规划2025、东盟智慧城市网络、东盟‘链接互联互通’倡议、亚欧会议互联互通工作组、东盟东部增长区、中亚互联互通倡议、拉美和加勒比国家共同体、迪拜丝绸之路战略、欧盟欧亚互联互通战略、中欧互联互通平台、欧盟东部伙伴关系、欧亚经济联盟、欧亚伙伴关系、中非合作论坛、大湄公河次区域经济合作、全球基础设施互联互通联盟、‘全球集团倡议’、澜沧江—湄公河合作、美洲国家组织、太平洋联盟、太平洋岛国论坛、地中海联盟”[3]。

(4)“一带一路”协议在法律拘束力方面较为灵活。

第一,国际拘束力:关于“一带一路”合作协议的国际法律效力,有的协议明确规定不构成国际条约。例如,与波兰的合作协议规定,“本谅解备忘录不具有法律约束力,不影响中华人民共和国和波兰共和国在其他条约项下或作为有关国际组织成员所承担的权利和义务”[4]。类似的,与匈牙利的合作协议规定,“本谅解备忘录不构成双方间的一

[1] 中国一带一路网:《中华人民共和国政府和新西兰政府关于加强“一带一路”倡议合作的安排备忘录》第3条(4),载中国一带一路网:https://www.yidaiyilu.gov.cn/wcm.files/upload/CMSydylgw/201703/201703301124050.pdf,2020年1月28日最后访问。

[2] 中国外交部:《中华人民共和国政府和匈牙利政府关于共同推进丝绸之路经济带和21世纪海上丝绸之路建设的谅解备忘录》第2条(5),载中国一带一路网:https://www.yidaiyilu.gov.cn/wcm.files/upload/CMSydylgw/201901/201901031056045.pdf,2020年1月30日最后访问。

[3] 新华社:《第二届“一带一路”国际合作高峰论坛圆桌峰会联合公报》第9段,载新华网:http://www.xinhuanet.com/world/2019-04/27/c_1124425237.htm,2020年1月30日最后访问。

[4] 中国一带一路网:《中华人民共和国政府与波兰共和国政府关于共同推进“一带一路”建设的谅解备忘录》第4条,载中国一带一路网:https://www.yidaiyilu.gov.cn/wcm.files/upload/CMSydylgw/201901/201901031052033.pdf,2020年1月28日最后访问。

项国际性条约，仅表达双方在推动‘一带一路’倡议方面的共同意愿”。[1] 与哈萨克斯坦的对接协议规定“本规划并非国际条约，对双方不产生受国际法管辖的权利和义务。本规划的签署不影响双方其他合作规划”。[2]

有的协议没有明确规定，仅表达相关方的合作意愿。例如，与新西兰的合作协议规定，“本安排备忘录仅代表双方共同加强合作与交流，以支持‘一带一路’倡议的共同意愿”。[3]

第二，生效期限：虽然合作协议的国际法拘束力存在疑问，但相关协议一般都规定了生效日期，多数规定“协定自签署之日起生效”，有效期多为 5 年或 3 年。比较有意思的是，相关协议一般有自动延期规定，例如，“如任何一方未在有效期满前 3 个月以书面形式通知对方终止，则本安排备忘录有效期自动顺延 5 年”。[4] 终止合作协议不对“已实施”的[5]或“正在执行”的项目造成影响。[6]

---

[1] 中国外交部：《中华人民共和国政府和匈牙利政府关于共同推进丝绸之路经济带和21世纪海上丝绸之路建设的谅解备忘录》第 7 条，载中国一带一路网：https://www.yidaiyilu.gov.cn/wcm.files/upload/CMSydylgw/201901/201901031056045.pdf，2020 年 1 月 30 日最后访问。

[2] 国家发展改革委：《中华人民共和国政府和哈萨克斯坦共和国政府关于“丝绸之路经济带”建设与“光明之路”新经济政策对接合作规划》第 6 条，载中国一带一路网：https://www.yidaiyilu.gov.cn/wcm.files/upload/CMSydylgw/201702/201702160515014.pdf，2019 年 4 月 27 日最后访问。

[3] 中国一带一路网：《中华人民共和国政府和新西兰政府关于加强“一带一路”倡议合作的安排备忘录》第 7 条，载中国一带一路网：https://www.yidaiyilu.gov.cn/wcm.files/upload/CMSydylgw/201703/201703301124050.pdf，2020 年 1 月 28 日最后访问。

[4] 中国一带一路网：《中华人民共和国政府和新西兰政府关于加强“一带一路”倡议合作的安排备忘录》第 6 条，载中国一带一路网：https://www.yidaiyilu.gov.cn/wcm.files/upload/CMSydylgw/201703/201703301124050.pdf，2020 年 1 月 28 日最后访问。

[5] 国家发展改革委：《中华人民共和国政府和哈萨克斯坦共和国政府关于“丝绸之路经济带”建设与“光明之路”新经济政策对接合作规划》第 6 条，载中国一带一路网：https://www.yidaiyilu.gov.cn/wcm.files/upload/CMSydylgw/201702/201702160515014.pdf，2019 年 4 月 27 日最后访问。

[6] 中国外交部：《中华人民共和国政府与波兰共和国政府关于共同推进“一带一路”建设的谅解备忘录》第 7 条，载中国一带一路网：https://www.yidaiyilu.gov.cn/wcm.files/upload/CMSydylgw/201901/201901031052033.pdf，2020 年 1 月 28 日最后访问。

第三，具体项目的合规性要求：

在反腐败合作、[1]公共采购、[2]第三方市场合作、三方合作及政府和社会资本合作[3]等问题上，相关合作要在遵守各国国内法律的基础上展开。

在促进外国投资和建立合资企业、[4]多式联运合作[5]等方面，相关合作要在符合各自国内法律和国际承诺的前提下进行。

在金融市场互联互通方面，相关合作的合规性研究更高，不仅要求遵守相关国家的国内法律和各自国际承诺，还要求遵守各国的监管制度，[6]尊重各国国内优先事项，[7]以及遵守“联合国大会在债务可持

[1] “我们支持在遵守各国法律法规的基础上开展国际反腐败合作，对腐败问题采取零容忍态度。我们呼吁各国根据自身在《联合国反腐败公约》等国际公约和相关双边条约下的义务，加强相关国际合作。我们期待在交流有益经验和开展务实合作方面加强合作。”参见新华社：《第二届“一带一路”国际合作高峰论坛圆桌峰会联合公报》第25段，载新华网：http://www.xinhuanet.com/world/2019-04/27/c_1124425237.htm，2019年4月27日最后访问。

[2] “我们强调在遵守各国法律法规的基础上，采取开放、透明和非歧视的公共采购程序的重要性，并欢迎交流有益经验。”参见新华社：《第二届“一带一路”国际合作高峰论坛圆桌峰会联合公报》第26段，载新华网：http://www.xinhuanet.com/world/2019-04/27/c_1124425237.htm，2019年4月27日最后访问。

[3] 新华社：《第二届“一带一路”国际合作高峰论坛圆桌峰会联合公报》第29段，载新华网：http://www.xinhuanet.com/world/2019-04/27/c_1124425237.htm，2019年4月27日最后访问。

[4] “我们呼吁各国在符合各自国内法律和国际承诺的前提下，加强在促进外国直接投资和建立合资企业方面的合作。我们鼓励各方为促进投资和创造新商业机会营造有利和可预测的环境。”参见新华社：《第二届“一带一路”国际合作高峰论坛圆桌峰会联合公报》第12段，载新华网：http://www.xinhuanet.com/world/2019-04/27/c_1124425237.htm，2019年4月27日最后访问。

[5] “我们将在遵守国际法和各国法律的前提下，继续加强多式联运，包括运用内陆国的内河水道、公路和铁路网络、陆海空港口及管道。”参见新华社：《第二届“一带一路”国际合作高峰论坛圆桌峰会联合公报》第28段，载新华网：http://www.xinhuanet.com/world/2019-04/27/c_1124425237.htm，2019年4月27日最后访问。

[6] “在遵守各国法律、监管制度以及各自国际承诺的前提下，我们期待加强金融市场互联互通，同时重视普惠金融。”参见新华社：《第二届“一带一路”国际合作高峰论坛圆桌峰会联合公报》第21段，载新华网：http://www.xinhuanet.com/world/2019-04/27/c_1124425237.htm，2019年4月27日最后访问。

[7] 新华社：《第二届“一带一路”国际合作高峰论坛圆桌峰会联合公报》第30段，载新华网：http://www.xinhuanet.com/world/2019-04/27/c_1124425237.htm，2019年4月27日最后访问。

续性方面通过的有关原则”[1]等国际软法。

(5)争端解决的主要方法包括：

法务合作是“一带一路”合作的重要领域，包括“为工商界提供争端解决服务和法律援助”[2]。

在与新西兰、波兰、匈牙利的合作协议中，双方约定协商作为争端解决机制。例如，“双方在本安排备忘录解释或执行过程中出现的任何分歧将通过友好协商解决”[3]。

除了协商之外，有些协议规定了较为详细的沟通和协调机制。例如，在与俄罗斯的对接协议中，“双方将成立由两国外交部牵头、相关部门代表组成的工作组，协调上述领域的合作。双方将通过中俄总理定期会晤机制及其他双边合作机制，监督上述共识的落实进程”[4]。

合作协议强调对接性，不仅对接相关国家的国内机制，也对接相关国际机制，因此，不排除国内诉讼或相关国际仲裁程序的适用。例如，在与波兰的合作协议中，双方约定“将充分依托和发挥双方政府各部门现有双边机制以及中国—中东欧国家合作机制的作用，共同推进‘一带一路’建设，探讨挖掘双方合作的新机遇，并指导和协调解决双方合作的重大问题”[5]。

2.“一带一路”第三方市场合作协议

“一带一路”合作协议集中于亚洲、非洲等发展中国家和东欧国家等转型经济体，除少数国家外，发达经济体尚未与中国签订“一带一路”

---

[1] 新华社：《第二届“一带一路”国际合作高峰论坛圆桌峰会联合公报》第30段，载新华网：http://www.xinhuanet.com/world/2019-04/27/c_1124425237.htm，2019年4月27日最后访问。

[2] 新华社：《第二届“一带一路”国际合作高峰论坛圆桌峰会联合公报》第29段，载新华网：http://www.xinhuanet.com/world/2019-04/27/c_1124425237.htm，2019年4月27日最后访问。

[3] 中国一带一路网：《中华人民共和国政府和新西兰政府关于加强“一带一路”倡议合作的安排备忘录》第4条，载中国一带一路网：https://www.yidaiyilu.gov.cn/wcm.files/upload/CMSydylgw/201703/201703301124050.pdf，2019年4月27日最后访问。

[4] 中国外交部：《中华人民共和国和俄罗斯联邦关于丝绸之路经济带建设和欧亚经济联盟建设对接合作的联合声明》第3条，载中国一带一路网：https://www.yidaiyilu.gov.cn/zchj/sbwj/2427.htm，2019年4月27日最后访问。

[5] 中国外交部：《中华人民共和国政府与波兰共和国政府关于共同推进“一带一路”建设的谅解备忘录》第5条，载中国一带一路网：https://www.yidaiyilu.gov.cn/zchj/sbwj/76375.htm，2019年4月27日最后访问。

合作协议,体现了部分国家对中国“一带一路”倡议的犹疑态度。

在推进“一带一路”建设的过程中,专门性的合作协议并不是中国扩大“朋友圈”的唯一工具。为了尽可能拓宽多种形式的国际合作,推动“一带一路”建设的灵活开展,特别是吸引发达经济体国家积极融入,中国还通过“第三方市场合作协议”的方式积极与发达经济体国家推进灵活的国际合作。截至 2019 年 6 月,中国已经与澳大利亚、奥地利、比利时、加拿大、法国、意大利、日本、荷兰、葡萄牙、韩国、新加坡、西班牙、瑞士、英国等 14 个国家签订了第三方市场合作协议,建立了机制性的合作平台和沟通机制。[1]

(1)互利合作

第三方市场合作,“是指中国企业(含金融企业)与有关国家企业共同在第三方市场开展经济合作”[2]。“作为开放包容的国际合作模式,第三方市场合作有助于中国企业和各国企业优势互补,共同推动第三国产业发展、基础设施水平提升和民生改善,实现‘1+1+1>3’的效果”,“取得了各施所长、各得其所、多方共赢的良好效果,各方对此有实实在在的获得感”[3]。

第三方市场合作协议是充分回应中国与发达经济体各自需求,基于政治现实和比较优势的友好互利型合作形式。[4] 对中国而言,第三方市场合作,可以促进较为犹豫的发达经济体参与“一带一路”建设,做大“一带一路”建设的朋友圈;与此同时,发达经济体国家参与,在某种

[1] 国家发展改革委:《中国—法国关于开展第三方市场合作的联合声明》《中法第三方市场合作示范项目清单》《中国—意大利关于开展第三方市场合作的谅解备忘录》,载国家发展改革委网:http://zfxxgk. ndrc. gov. cn/web/iteminfo. jsp? id=16270,2019 年 8 月 20 日最后访问。

[2] 国家发展改革委:《中国—奥地利关于开展第三方市场合作的谅解备忘录》,载国家发展改革委网:http://zfxxgk. ndrc. gov. cn/web/iteminfo. jsp? id=16270,2019 年 8 月 20 日最后访问。

[3] 国家发展改革委:《中国—奥地利关于开展第三方市场合作的谅解备忘录》,载国家发展改革委网:http://zfxxgk. ndrc. gov. cn/web/iteminfo. jsp? id=16270,2019 年 8 月 20 日最后访问。

[4] “第三方市场合作是中国与有关国家携手、发挥各自企业优势、实现互利多赢的务实举措,也是推动经济全球化、构建开放型世界经济的共同努力。目前,我国与有关国家开展的第三方市场合作正在稳妥有序推进。”参见中华人民共和国商务部:《商务部召开例行新闻发布会(2019 年 1 月 24 日)》,载商务部网: http://www. mofcom. gov. cn/xwfbh//20190124. shtml,2019 年 1 月 24 日最后访问。

程度上提高了其所参与的“一带一路”具体项目的国际声誉，有利于相关项目的国际融资和形象推广；发达经济体的企业运营和资金安排相对较为规范，可以将国际通行的项目运作经验引入“一带一路”项目建设中，在某种意义上是“国际版的市场换技术”，有助于提高“一带一路”项目建设的国际性、专业性、效率性。对发达经济体而言，以第三方市场合作的方式参与“一带一路”可以降低国际合作的敏感性，可以拓宽与中国的合作方式和途径，同时也避免“选边站”式的“两难选择”；与此同时，“一带一路”建设存在不少市场前景可观的项目，与中国合作开发可以降低投资的风险，同时尽可能多地增加投资回报。

（2）合作原则

第三方市场合作协议一般包括如下原则：遵循三方共商、共建、共享，第三方受益原则；坚持企业主体、市场导向、商业原则、国际惯例；坚持质量优先、因地制宜；坚持开放包容、合作共赢。[1]

第一，中日韩第三方合作模式。2019 年中日韩三国共同发布“中日韩+X”概念文件，明确三方之间合作与三方对第三方共同合作的目标、原则、领域和机制等问题，其中，合作的目标是“凝聚三国共识，提升合作水平；发挥互补优势，推动区域内外共同与可持续发展”[2]。

“中日韩+X”合作遵循的原则包括：“（一）自愿。以需求为导向开展合作，在充分沟通基础上推进项目。（二）平等。三国与对象国共商合作方式，共享合作成果。（三）开放。对三国以外的地区和国家开放，合作领域、合作方式开放。（四）共赢。共同参与、共同受益、共同发展、互利共赢。（五）透明。对三国及其他公众保持透明。（六）可持续。开展可持续性合作项目，兼顾环境和经济效益。”[3]

第二，中法第三方合作模式：中法两国在开展第三方市场合作时，

---

[1] 国家发展改革委：《中国—比利时关于在第三方市场发展伙伴关系与合作的谅解备忘录》，载国家发展改革委网：http://zfxxgk.ndrc.gov.cn/web/iteminfo.jsp? id = 16270，2019 年 8 月 20 日最后访问。

[2] 新华社：《“中日韩 + X”合作概念文件》，载中国一带一路网：https://www.yidaiyilu.gov.cn/zchj/sbwj/100754.htm，2019 年 8 月 22 日最后访问。

[3] 新华社：《“中日韩 + X”合作概念文件》，载中国一带一路网：https://www.yidaiyilu.gov.cn/zchj/sbwj/100754.htm，2019 年 8 月 22 日最后访问。

应遵循以下原则:[1]“(一)企业主导,政府推动。企业是在第三国开展贸易和工业合作的主体,应遵循有关国际法、国际惯例、商业原则及中法两国和第三国法律法规。政府可向两国企业提供支持,发挥引导协调作用,为企业合作创造良好环境和有利条件。(二)平等协商,互利共赢。中法希望帮助建设对地方经济具有支柱性作用的项目,促进互联互通,支持区域一体化。重点推动能够发挥专业能力和保障融资、对当事国或地区有重大影响的大规模项目。双方将充分尊重有关国家和地区自身特点、发展需要和经济发展战略及目标。中法合作项目应符合第三国确定的优先事项。坚持‘三国共同选择,第三国同意,第三国参与,第三国受益’,提高本地化程度。重点推动涉及当事国和地区重要民生需求、支持就业和经济增长的项目。还将鼓励有助于全球应对气候变化的项目。(三)互补、互利、开放、包容。中法将充分利用各自在生产、技术和(或)资金等方面的优势互补开展合作,鼓励双方企业以组建联合体投标、联合生产以及联合投资等新型合作代替传统分包的模式。除了私营部门外,参与方还可包括官方和半官方融资机构、公共经营者。对其他国家、国际和地区组织参与持开放态度,可在世界各地寻找合作机遇,重点放在亚洲和非洲。”“此外,中法希望两国企业在第三方市场的合作能符合两国对双边关系的高期待。在落实本联合声明的过程中,双方将高度重视企业实施符合社会和环境要求的项目,促进经济社会发展,保护生态系统和自然资源。中法将在尊重对象国主权的基础上关注其金融可持续性,加强其公共管理和治理能力建设。”

(3)合作机制

第三方合作协议可能采取不同的名称,但总体的命名形式类似,如“谅解备忘录”“联合声明”,合作的方式在标题里可能体现为“开展第三方市场合作”“加强第三方市场合作”“在第三方市场发展伙伴关系”等(见表6-2)。

---

[1] 新华社:《中华人民共和国政府和法兰西共和国政府关于第三方市场合作的联合声明》第3条,载新华网:http://www.xinhuanet.com/world/2015-07/01/c_1115787201.htm,2019年8月22日最后访问。

表 6-2　与我国签订第三方合作协议的国家

协议名称	国家
关于开展第三方市场合作的谅解备忘录	澳大利亚、奥地利、意大利、韩国、新加坡、瑞士、英国
关于加强第三方市场合作的谅解备忘录	荷兰、葡萄牙、西班牙
关于在第三方市场发展伙伴关系与合作的谅解备忘录	比利时
关于开展第三方市场合作的联合声明	加拿大、法国
关于中国与某国企业开展第三方市场合作的备忘录	日本

第三方合作协议中确立多种合作机制供相关国家组合，常见的合作机制包括战略经济对话、合作工作组、合作论坛、合作指导委员会、合作基金等（见表 6-3）。

表 6-3　第三方合作协议中确定的合作机制

第三方市场合作中确立的合作机制	国家
战略经济对话	澳大利亚
第三方市场合作工作组	奥地利、意大利、葡萄牙、韩国、新加坡、西班牙、瑞士、英国
第三方市场合作论坛	奥地利、法国、意大利、日本
第三方市场合作指导委员会	法国
第三方市场合作基金	法国
第三方市场合作工作机制	日本

在众多第三方市场合作机制中，中日韩、新加坡和瑞士的合作机制安排比较特别。在“中日韩+X”合作模式中，中日韩合作秘书处可在未来探讨和实施“中日韩+X”合作项目中发挥适当作用。[1] 与新加坡的

[1] 新华社：《“中日韩+X”合作概念文件》，载中国一带一路网：https://www.yidaiyilu.gov.cn/zchj/sbwj/100754.htm，2019 年 8 月 22 日最后访问。

合作中,中新两国明确建立了一个中新“一带一路”投资合作论坛。类似地,在与瑞士的合作中,中国与瑞士也建立了一个明确含有“一带一路”字样的“一带一路”能力建设中心。

(4)重点领域

第三方市场合作主要在产品设备服务、工程合作、投资合作、战略合作、融资合作等领域开展。

产品服务类案例:在设备采购(中国中铁与意大利CMC公司—黎巴嫩大贝鲁特供水隧道项目,中国通用技术集团与美日企业合作提供印度尼西亚电厂装备)、认证许可(中国铁建与韩国Dohwa公司—秘鲁地铁监理合同)、法律商务咨询等领域开展合作。

工程合作类案例:总分包(上海电气与沙特、美国企业合作—迪拜太阳能发电项目)、总包—设计—融资合作(中国铁建与英国、澳大利亚企业—卡塔尔卢塞尔体育场项目)、总包—技术—承建合作(中国机械工业集团与意大利公司—阿塞拜疆钢铁生产综合体项目)、经营联合体(中国电建与西班牙Grupo Puentes—厄瓜多尔医院项目)、联合体合作建设(东方电气与意大利企业—埃塞俄比亚吉布三水电站)、承建—融资合作(中国化工与美国IPP公司—孟加拉国烧碱项目)等合作形式。

投资合作类案例:中外企业以并购(招商局集团与法国TL码头公司—股权合作运营公共码头)、合资(中国电建、卡塔尔AMC、巴基斯坦—巴基斯坦燃煤电站)、参股(国家电网与新加坡能源公司—澳大利亚能源网项目)、联合投资建设(中石油、中海油、丝路基金与日本、法国油气企业—俄罗斯亚马尔LNG项目)等形式,在第三方市场进行合作投资,形成风险共担、利益共享的合作格局。

产融结合类案例:银团贷款(中国进出口银行与日本国际协力银行—越南海防火电站二期项目、巴布亚新几内亚液化天然气上中下游一体化项目;中国银行与国际金融公司IFC—加纳特马港)、联合融资(中国信保、中国银行与意大利国家电力公司、西班牙银行—拉美电力市场)、转贷款、股权参与等形式进行合作,促进金融机构与生产性企业的共同发展。

战略合作类案例:在研发、制造、建设、物流、融资、运营(中远海运与法国达飞轮船—海洋联盟;中国机械工程公司与美国通用电气公司—工程总承包、联合体、共同投资、共同融资战略合作协议;山东魏桥与新加坡韦力集团—几内亚铝土矿开采、陆运、港口、海运综合项目)等流程,开展战略合作。

第三方合作需要发挥相关国家的比较优势,因此,合作重点可能因国而异。例如,在中日韩第三方合作模式中,“三国可发挥各自经济优势,探讨以适当方式促进域内外共同发展”[1]。重点合作领域包括:可持续经济;生态环保;减灾;卫生;减贫;人文交流。[2] 在中法第三方合作模式,双方对外重点合作领域包括:基础设施和能源领域;民用航空器;交通领域;粮食安全、食品安全和农业培训;共同应对新发传染病和重大疫情;应对气候变化;专业技能开展联合项目;金融和保险行业合作。[3]

3.“一带一路”关键节点建设

经过6年多的建设,“一带一路”合作的节点国家逐渐浮出水面。在欧洲、亚洲等核心区域逐渐形成了中国海外投融资和产能合作的几个“中转站”。

(1)欧洲:卢森堡

欧洲是“一带一路”建设的重点区域。无论是陆上丝绸之路,还是海上丝绸之路,欧洲都是重要的目的地。目前,意大利和卢森堡是明确支持“一带一路”建设的国家。两者之中,卢森堡在更大程度上充当着中国赴欧洲投资的“中转站”(见表6-4和表6-5)。

表6-4 2009~2017年中国对欧盟直接投资流量情况表

单位:万美元

国家	2009年	2010年	2011年	2012年	2013年	2014年	2015年	2016年	2017年
爱尔兰	-95	3288	1693	4888	11,702	3711	1430	33,193	24,134
奥地利	—	46	2022	5343	15	4371	10,432	19,172	41,219
保加利亚	-243	1629	5390	5417	2069	2042	5916	-1503	8887

[1] 新华社:《“中日韩+X”合作概念文件》,载中国一带一路网:https://www.yidaiyilu.gov.cn/zchj/sbwj/100754.htm,2019年8月22日最后访问。

[2] 新华社:《“中日韩+X”合作概念文件》,载中国一带一路网:https://www.yidaiyilu.gov.cn/zchj/sbwj/100754.htm,2019年8月22日最后访问。

[3] 新华社:《中华人民共和国政府和法兰西共和国政府关于第三方市场合作的联合声明》第4条,载新华网:http://www.xinhuanet.com/world/2015-07/01/c_1115787201.htm,2019年8月22日最后访问。

续表

国家	2009年	2010年	2011年	2012年	2013年	2014年	2015年	2016年	2017年
比利时	2362	4533	3590	9840	2578	15,328	2346	2835	3034
波兰	1037	1674	4866	750	1834	4417	2510	-2411	-433
丹麦	264	161	589	514	2739	5723	-2416	12,573	1521
德国	17,921	41,235	51,238	79,933	91,081	143,892	40,963	238,058	271,585
法国	4519	2641	348,232	15,393	26,044	40,554	32,788	149,957	95,215
芬兰	111	1804	156	136	852	1042	3868	3667	2347
荷兰	10,145	6453	16,786	44,245	23,842	102,997	1,346,284	116,972	-22,312
捷克	1560	211	884	1802	1784	246	-1741	185	7295
克罗地亚	26	3	5	5	—	355	—	22	3184
拉脱维亚	-3	—	—	—	—	—	45	—	8
立陶宛	—	—	—	100	551	—	—	225	—
卢森堡	227,049	320,719	126,500	113,301	127,521	457,837	-1,145,317	160,188	135,340
罗马尼亚	529	1084	30	2541	217	4225	6332	1588	1586
马耳他	22	-237	27	—	12	193	503	15,480	167
葡萄牙	—	—	—	515	1494	387	1072	1137	104
瑞典	810	136,723	4901	28,522	17,082	13,001	31,719	12,768	129,026
塞浦路斯	—	—	8954	348	7634	—	176	525	60,341
斯洛伐克	26	46	594	219	33	4566	—	—	68
斯洛文尼亚	—	—	—	—	—	—	—	2186	39
西班牙	5986	2926	13,974	4624	-14,575	9235	14,967	12,541	5879
希腊	—	—	43	88	190	—	-137	2939	2857
匈牙利	821	37,010	1161	4140	2567	3402	2320	5746	6559
意大利	4605	1327	22,483	11,858	3126	11,302	9101	63,344	42,454
英国	19,217	33,033	141,970	277,473	141,958	149,890	184,816	148,039	206,630

资料来源:商务部、国家统计局、国家外汇管理局:《2017 年度中国对外直接投资统计公报》,载商务部网:http://www. mofcom. gov. cn/article/tongjiziliao/dgzz/201809/201809027914 92. shtml,2019 年 8 月 22 日最后访问。

表 6-5　2009~2017 各年末中国对欧盟直接投资存量情况表

单位:万美元

国家	2009 年	2010 年	2011 年	2012 年	2013 年	2014 年	2015 年	2016 年	2017 年
爱尔兰	10,682	13,991	15,683	19,377	32,325	24,972	24,832	57,377	88,263
爱沙尼亚	750	750	750	350	350	350	350	350	362
奥地利	155	201	2454	7946	7666	20,170	32,799	53,051	85,149
保加利亚	231	1860	7256	12,674	14,985	17,027	23,597	16,607	25,046
比利时	5691	10,101	14,050	23,069	31,501	49,347	51,953	54,403	47,923
波兰	12,030	14,031	20,126	20,811	25,704	32,935	35,211	32,132	40,552
丹麦	4079	4247	4913	5324	8437	20,815	8217	22,611	22,883
德国	108,224	150,229	240,144	310,435	397,938	578,550	588,176	784,175	1,216,320
法国	22,103	24,362	372,389	395,077	444,794	844,488	572,355	511,617	570,271
芬兰	904	2725	3100	3403	4255	5899	9507	21,170	21,307
荷兰	33,587	48,671	66,468	110,792	319,309	419,408	2,006,713	2,058,774	1,852,900
捷克	4934	5233	6683	20,245	20,468	24,269	22,431	22,777	16,490
克罗地亚	810	813	818	863	831	1187	1182	1199	3908
拉脱维亚	54	54	54	54	54	54	94	94	102
立陶宛	393	393	393	697	1248	1248	1248	1529	1713
卢森堡	248,438	578,675	708,197	897,789	1,042,376	1,566,677	773,988	877,660	1,393,615
罗马尼亚	9334	12,495	12,583	16,109	14,513	19,137	36,480	39,150	31,007
马耳他	503	20	337	337	349	542	1045	16,364	16,498
葡萄牙	502	2137	3313	4038	5532	6069	7142	8774	11,023
瑞典	11,189	147,912	153,122	240,817	273,771	301,292	338,196	355,368	730,742
塞浦路斯	136	136	9090	9495	17,126	10,717	10,915	11,005	71,869
斯洛伐克	936	982	2578	8601	8277	12,779	12,779	8277	8345
斯洛文尼亚	500	500	500	500	500	500	500	2686	2725
西班牙	20,523	24,776	38,931	43,725	31,571	42,453	60,801	73,647	69,263
希腊	168	423	463	598	11,979	12,085	11,948	4808	18,222

续表

国家	2009年	2010年	2011年	2012年	2013年	2014年	2015年	2016年	2017年
匈牙利	9741	46,570	47,535	50,741	53,235	55,635	57,111	31,370	32,786
意大利	19,168	22,380	44,909	57,393	60,775	71,969	93,197	155,484	190,379
英国	102,828	135,835	253,058	893,427	1,179,792	1,280,465	1,663,246	1,761,210	2,031,817

资料来源:商务部、国家统计局、国家外汇管理局:《2017年度中国对外直接投资统计公报》,载商务部网:http://www.mofcom.gov.cn/article/tongjiziliao/dgzz/201809/20180902791492.shtml,2019年8月22日最后访问。

2019年3月27日,卢森堡和中国签署《中华人民共和国政府与卢森堡大公国政府关于共同推进丝绸之路经济带和21世纪海上丝绸之路建设的谅解备忘录》,成为继意大利之后第二个加入“一带一路”倡议的欧盟创始成员国。卢森堡和中国在金融领域合作良好,卢森堡是第一个申请加入亚洲基础设施投资银行的欧洲国家。目前,中国工商银行、中国银行、建设银行、交通银行、农业银行、招商银行、光大银行已经在卢森堡设立分支机构。依托发达的金融服务业、良好的区位和稳定的经济、健全的监管框架,卢森堡已经成为中国在欧盟的第一大投资目的地,也是中国海外投资的重要中转地和资金调配中心。

在2015年,我国RQFII试点地区扩大到卢森堡。2017年6月14日,习近平主席提出与卢森堡建设“空中丝绸之路”,河南省人民政府随后出台了《郑州—卢森堡“空中丝绸之路”建设专项规划(2017—2025)》,以航空网络为依托,深化金融和产能等合作。[1]

(2)中东:阿联酋

在阿拉伯地区,基于中国与阿联酋的合作,阿联酋可以充当辐射西亚和北非的“中转站”。2019年7月22日,中国国家发展改革委主任何立峰与阿联酋国务部长兼阿布扎比国际金融中心主席沙耶赫(Sayegh)签署《中华人民共和国国家发展和改革委员会与阿拉伯联合酋长国阿布扎比国际金融中心关于推动中阿双边及共同在中东北非地区开展“一带一路”产能与投融资合作的谅解备忘录》。据此,中国与阿联酋将深化产能和投融资合作,“鼓励两国企业携手共同拓展中东北非市场,

[1] 中华人民共和国商务部:《卢森堡与中国签署共建“一带一路”谅解备忘录》,载商务部网:http://be.mofcom.gov.cn/article/tzwl/zwshoudu/201905/20190502862418.shtml,2019年5月13日最后访问。

为有关国家提供优质产品和服务”[1]。

阿联酋是亚洲基础设施投资银行的创始成员国,已连续多年成为中国在阿拉伯国家中第二大贸易伙伴和第一大出口市场,中国是阿联酋最大贸易伙伴。双方在哈利法港集装箱码头、中阿产能合作示范园、阿布扎比陆海石油区块特许经营权项目等项目合作进展良好。[2]

(3)中亚:欧亚经济联盟

作为亚欧大陆的核心地点,中亚地区是丝绸之路经济带建设的核心区。甚至可以说,中国与俄罗斯及中亚国家的合作是整个“一带一路”建设的关键。目前,中国与俄罗斯和中亚国家的合作以欧亚经济联盟为抓手,在区域和双边层面有序展开。

欧亚经济联盟是俄罗斯主导的区域经济合作组织,由俄罗斯、白俄罗斯、哈萨克斯坦在 2014 年签署《欧亚经济联盟条约》发起,在 2015 年正式生效运作。亚美尼亚、吉尔吉斯斯坦等国随后加入。欧亚经济联盟的中期建设目标是协调经济政策,建设货物、服务、资本和劳工自由流动的区域统一市场,长期目标则是推动类似于欧盟的区域经济一体化。[3]

2015 年 5 月,中国与俄罗斯发表《中华人民共和国与俄罗斯联邦关于丝绸之路经济带建设和欧亚经济联盟建设对接合作的联合声明》。中俄双方“将共同协商,努力将丝绸之路经济带建设和欧亚经济联盟建设相对接,确保地区经济持续稳定增长,加强区域经济一体化,维护地区和平与发展。双方将秉持透明、相互尊重、平等、各种一体化机制相互补充、向亚洲和欧洲各有关方开放等原则,通过双边和多边机制,特别是上海合作组织平台开展合作”[4]。

---

[1] 中国一带一路网:《中国与阿联酋签署〈关于推动中阿双边及共同在中东北非地区开展“一带一路”产能与投融资合作的谅解备忘录〉》,载中国一带一路网:https://www.yidaiyilu.gov.cn/xwzx/gnxw/97640.htm,2020 年 1 月 30 日最后访问。

[2] 中国一带一路网:《中国与阿联酋签署〈关于推动中阿双边及共同在中东北非地区开展“一带一路”产能与投融资合作的谅解备忘录〉》,载中国一带一路网:https://www.yidaiyilu.gov.cn/xwzx/gnxw/97640.htm,2020 年 1 月 30 日最后访问。

[3] 陈新光:《中国是欧亚经济联盟的战略伙伴》,载中国与全球化智库:http://www.ccg.org.cn/Research/view.aspx?Id=11066,2019 年 6 月 7 日最后访问。

[4] 外交部网:《中华人民共和国和俄罗斯联邦关于丝绸之路经济带建设和欧亚经济联盟建设对接合作的联合声明》第一条,载中国一带一路网:https://www.yidaiyilu.gov.cn/zchj/sbwj/2427.htm,2019 年 4 月 27 日最后访问。

2018年5月17日,中国与欧亚经济联盟各成员国签署《中华人民共和国与欧亚经济联盟经贸合作协定》,该协定现已生效。中国将与亚美尼亚、白俄罗斯、哈萨克斯坦、吉尔吉斯斯坦和俄罗斯等国,在非歧视原则基础上,推进包容性、参与的、开放的、连续的、可预见的贸易政策,实现“一带一路”倡议与欧亚经济联盟对接。[1] 2019年6月,中国与欧亚经济联盟成员国签署《欧亚经济联盟与中国国际运输货物和交通工具信息交换协定》,拟简化国际运输程序,加强海关合作,增强运输效率。[2]

在双边层面,中国和哈萨克斯坦在2019年签署《关于落实“丝绸之路经济带”建设与“光明之路”新经济政策对接合作规划的谅解备忘录》,以路线图的形式明确对接的重点任务和主要举措。[3] 同年,中国与哈萨克斯坦决定建设永久全面战略伙伴关系。[4]

2019年6月,中国分别与吉尔吉斯斯坦、塔吉克斯坦签署《中华人民共和国商务部与吉尔吉斯共和国工业、电力和矿产资源利用委员会和投资促进保护署关于建立投资和工业合作工作组的谅解备忘录》《中华人民共和国商务部和塔吉克斯坦共和国投资和国有资产管理委员会关于建立投资合作工作组的谅解备忘录》,建立投资合作新平台。[5]

(4)亚太:中日韩为主,区域全面合作

在亚太区域的合作,中国以中日韩三方合作为抓手,全面推进与区域内国家的合作。

---

[1] 新华社:《关于2018年5月17日签署的〈中华人民共和国与欧亚经济联盟经贸合作协定〉生效的联合声明》,载中国政府网:http://www.gov.cn/xinwen/2019-10/25/content_5445095.htm,2019年10月25日最后访问。

[2] 驻哈萨克经商参处:《欧亚经济联盟将与中国签署海关信息交换协定》,载商务部网:http://www.mofcom.gov.cn/article/i/jyjl/e/201906/20190602871049.shtml,2019年6月6日最后访问。

[3] 驻哈萨克经商参处:《中哈签署〈关于落实“丝绸之路经济带”建设与“光明之路”新经济政策对接合作规划的谅解备忘录〉》,载商务部网:http://www.mofcom.gov.cn/article/i/jyjl/e/201909/20190902898865.shtml,2019年9月12日最后访问。

[4] 新华社“新华观点”微博:《中哈宣布发展永久全面战略伙伴关系》,载新华网:http://www.xinhuanet.com/politics/2019-09/11/c_1124987741.htm,2019年9月11日最后访问。

[5] 商务部新闻办公室:《中国与吉尔吉斯斯坦、塔吉克斯坦建立投资合作新平台》,载商务部网:http://www.mofcom.gov.cn/article/ae/ai/201906/20190602873058.shtml,2019年6月16日最后访问。

2019 年 6 月，中韩两国举行中韩经贸联委会第 23 次会议、中韩产业园合作协调机制第 3 次会议，回顾了双方在中韩产业园合作的经验，审议了共同编制的中韩产业园联合研究报告。[1]

2019 年 7 月 4 日，中国与孟加拉国签署《中华人民共和国商务部和孟加拉人民共和国财政部关于建立投资合作工作组的谅解备忘录》，建立投资合作新机制，着重磋商投资环境改善和企业合法权益保障问题。[2]

2019 年 10 月 16 日，《中华人民共和国政府与新加坡共和国政府关于升级〈自由贸易协定〉的议定书》生效，对原产地规则、海关程序与贸易便利化、贸易救济、服务贸易、投资、经济合作等 6 个领域规则进行了升级，并新增电子商务、竞争政策和环境等 3 个领域。

2019 年 10 月，中国与所罗门群岛、萨摩亚、汤加、瓦努阿图、密克罗尼西亚和斐济等国签署共建“一带一路”谅解备忘录，重点加强公路、港口和机场等基础设施领域深化合作。

（二）各国国内实践

1. 合作机制

2019 年 3 月，欧洲议会成立“一带一路政策沟通委员会”，由欧洲议会内支持“一带一路”倡议的议员发起设立，旨在推动欧洲议会与中国在“一带一路”倡议下的相关合作，主要工作包括举办相关研讨会、起草相关合作方案递交欧盟委员会及欧盟各成员国政府。[3]

2. 合作基金

2019 年 3 月，澳大利亚联邦外交部宣布将设立澳中关系国家基金

[1] 商务部亚洲司：《中韩经贸联委会第 23 次会议、中韩产业园合作协调机制第三次会议举行》，载商务部网：http://www.mofcom.gov.cn/article/jiguanzx/201906/20190602874347.shtml，2019 年 6 月 19 日最后访问。

[2] 中华人民共和国商务部：《中国与孟加拉国建立投资合作新机制》，载商务部网：http://www.mofcom.gov.cn/article/ae/ai/201907/20190702879065.shtml，2019 年 7 月 5 日最后访问。

[3] 新华社：《欧洲议会成立“‘一带一路’政策沟通委员会”》，载新华网：http://www.xinhuanet.com/world/2019-03/27/c_1124292325.htm，2019 年 3 月 30 日最后访问。

会，促进中国和澳大利亚两国在商业、文化、运动和教育产业方面的合作。[1]

3. 制度供给

2018 年 1 月 23 日，中央全面深化改革领导小组会议审议通过《关于建立“一带一路”国际商事争端解决机制和机构的意见》，中国在深圳和西安建立国际商事法庭，组建国际商事专家委员会，为“一带一路”商事纠纷解决（暂不包括国际投资和贸易争端）提供诉讼、仲裁、调解有机衔接的多元化争端解决机制。[2] 国际商事法庭通过专业化规则、制度和人员设置，为国际商事纠纷提供一种低成本争端解决机制，并可吸纳“一带一路”建设参与国专家，促进国际商事法律的融合、对接和执行，增进政治互信和制度合作。

4. 发展规划

作为我国主动发起的合作倡议，“一带一路”建设与中国国内的经济建设密切相关。无论是中央政府部门，还是地方政府，都出台了相关规划，配合“一带一路”建设。2019 年，国家发展改革委印发《西部陆海新通道总体规划》，规划 2019 年至 2025 年并展望 2035 年的西部地区交通基础设施建设规划，规划建设自重庆和成都到北部湾的三条通道，建设“连接‘一带’和‘一路’的陆海联动通道”，“支撑西部地区参与国际经济合作的陆海贸易通道”，“促进交通物流经济深度融合的综合运输通道”。[3]

2019 年 8 月，重庆、河南、湖北、浙江、湖南等省（直辖市）的中欧班列运营平台发布《中欧班列高质量发展倡议书》，计划优化运输组织及货物集结分拨等流程，降低成本，提升效率，保障运输安全；杜绝违背市

---

[1] Australian Minister for Foreign Affairs: *National Foundation for Australia - China Relations Sydney headquarters* (Dec. 18, 2019), Mimster for Toreign Affairs: https://www.foreignminister.gov.au/minister/marise-payne/media-release/national-foundation-australia-china-relations-sydney-headquarters.

[2] 新华社：《最高人民法院负责人就〈关于建立“一带一路”国际商事争端解决机制和机构的意见〉答记者问》，载新华网：https://www.xinhuanet.com/2018-06/28/c_1123046444.htm，2019 年 3 月 30 日最后访问。

[3] 国家发展改革委：《西部陆海新通道总体规划》，载国家发展改革委网：http://www.ndrc.gov.cn/xxgk/zcfb/ghwb/201908/w020190905497175888.pdf，2019 年 8 月 15 日最后访问。

场规律的低价揽货现象；在线路、口岸、运营商等保持多样化，并合作开行大公共班列和阶梯班列；加大铁路运单提单化（物权化）、统一化、信息化建设。[1]

在省级层面，不少地方也引发参与“一带一路”建设的规划。2019年6月，河南省印发《河南省参与“一带一路”建设三年工作要点（2019—2021年）》，明确了加快“空中丝绸之路”建设，统筹推进陆上、网上、海上“丝绸之路”，加快完善开放载体平台，加强国际产能和经贸合作，密切中外人文交流合作。[2]

二、政策动向

在投资、金融、能源等重点领域，中国积极开展国际合作，推动包容、绿色、可持续的“一带一路”项目建设。

（一）投资

根据商务部数据，2019年全年，我国企业在“一带一路”沿线对56个国家非金融类直接投资150.4亿美元，同比下降3.8%，占同期总额的13.6%，主要投向新加坡、越南、老挝、印度尼西亚、巴基斯坦、泰国、马来西亚、阿联酋、柬埔寨和哈萨克斯坦等国家。对外承包工程方面，我国企业在“一带一路”沿线的62个国家新签对外承包工程项目合同6944份，新签合同额1548.9亿美元，占同期我国对外承包工程新签合同额的59.5%，同比增长23.1%；完成营业额979.8亿美元，占同期总额的56.7%，同比增长9.7%。[3] 2013~2018年，中国企业对沿线国家直接投资超过900亿美元，在沿线国家完成对外承包工程营业额超过4000亿美元。2018年，中国企业对沿线国家实现非金融类直接投资156亿美元，同比增长8.9%，占同期总额的13.0%；沿线国家对外承包

---

[1] 新华社：《五省市中欧班列运营平台联合发布〈中欧班列高质量发展倡议书〉》，载中国政府网：http://www.gov.cn/xinwen/2019-08/24/content_5424169.htm，2019年8月25日最后访问。

[2] 河南日报：《〈河南省参与“一带一路”建设三年工作要点（2019—2021年）〉印发敞开厦门通达全球》，载河南省人民政府网：https://www.henan.gov.cn/2019/06-21/841080.html，2019年6月21日最后访问。

[3] 商务部对外投资和经济合作司：《2019年我对“一带一路”沿线国家投资合作情况》，载商务部网：http://www.mofcom.gov.cn/article/tongjiziliao/dgzz/202001/20200102932445.shtml，2020年1月22日最后访问。

工程完成营业额893亿美元,占同期总额的53.0%。[1]

根据“一带一路”能源合作网消息,截至2019年4月,中国中央企业在“一带一路”沿线共承担3120个项目,主要分布在基础设施建设、能源资源开发、国际产能合作,以及产业园区建设等各个领域。基础设施建设方面,目前在已开工和准备开工的基础设施项目中,中央企业承担的项目数占比超过60%,合同金额占比接近80%。[2]

总体来看,中国国有企业承担了“一带一路”的大部分投资和建设项目。由于“一带一路”沿线地区的政治和商业风险较高,私人投资的预算约束较严格。私人投资,无论是中国私人投资还是外国私人投资,在该地区的投入都比较低。相较于中国,美国也注重基础设施方面的投资,但有其独有的特点:鼓励私人部门参与对美国具有战略意义的区域的建设,且资金和技术投资项目多于实际建设项目。

在政治和商业风险中,“一带一路”沿线地区基础设施建设落后,商业配套不够完善,是重要的制约因素,这也是中国利用基础设施建设优势推动双方互惠合作的商业逻辑。当然,地区投资的政治和商业风险高,中国企业,尤其是国有企业因为政策或商业考虑(或者两者兼而有之)进入相关区域投资,面临的准入、运营和退出难度都较高,亟须采取严格的公司治理和市场竞争标准。这个意义上,在市场运作的基础上鼓励国内私人投资(对风险更加敏感)和外国投资(对项目运营更加规范)参与相关项目,有助于中国国有企业投资参与“一带一路”建设的效率和质量。因此,不难理解国家发展和改革委员会的相关政策:“欢迎跨国公司按照市场导向、商业原则、企业主体、国际惯例、政府引导的原则积极参与‘一带一路’建设,与中国本土企业共同开展第三方市场合作,推进共建‘一带一路’走深走实。”[3]在“一带一路”建设中引入外

[1] 推进“一带一路”建设工作领导小组办公室:《共建“一带一路”倡议:进展、贡献与展望》,载新华网:http://www.xinhuanet.com/world/2019-04/22/c_1124400071.htm,2019年4月22日最后访问。

[2] 人民日报:《央企在一带一路沿线承担3120个项目》,载国务院国有资产监督管理委员会网:http://www.sasac.gov.cn/n2588025/n2588139/c11099456/content.html,2019年4月26日最后访问。

[3] 国家发展改革委:《国家发展改革委负责同志出席跨国公司共建“一带一路”座谈会》,载中国一带一路网:https://www.yidaiyilu.gov.cn/xwzx/bwdt/115405.htm,2020年1月14日最后访问。

国资本，开展第三方市场合作，可以“加大与发达经济体的利益分享和捆绑”，缓解相关国家对“一带一路”倡议的顾虑。[1]

在投资便利化方面，在 2019 年中国对外承包工程行业发展论坛，中国推进“一带一路”建设工作领导小组办公室综合组组长肖渭明表示，“在做好铁路、公路、港口等基础设施‘硬联通’的同时，加大规划、政策、标准、执法监督等方面的合作，推进‘软联通’”[2]。在规范企业运营方面，正当竞争、合规经营和企业社会责任方面都是中国投资者需要重点加强的领域。肖渭明表示，“今后将规范中企海外经营行为，指导监督企业有序参加‘一带一路’建设，防止出现无序竞争、相互拆台。希望中国企业在‘一带一路’建设中守法诚信经营，在项目运营、采购、招投标等各个环节遵守国际通行规则，保证项目和产品质量。同时，中企要积极履行社会责任，注意当地主流民意和生态环保评估，让沿线国家和地区民众从‘一带一路’建设中切实受益”[3]。

重点案例分析：马来西亚东海岸铁路项目

马来西亚东海岸铁路项目（east coast rail link）是中国与东南亚国家合作推进“一带一路”建设的重点项目，自马来西亚首都吉隆坡到泰国南部，在马来西亚纳吉布（Najib Razak）总理任内谈成。马来西亚总理马哈蒂尔·穆罕默德（Mahathir Mohamad）赢得大选后，该项目于 2018 年 7 月被暂停。在竞选过程中，马哈蒂尔曾对该项目进行批评，“并称中国在这一地区日益增长的影响力是一种新殖民主义”[4]。

2019 年 4 月 12 日，中国交通建设股份公司与马来西亚铁路衔接公司（Malaysia Rail Link）在中马双方政府部门代表见证下，签署东海岸铁路项目有关补充协议，项目总价调减为 440 亿马币（约合 711 亿元人

[1] 中新社：《中国将与“一带一路”沿线经济体加大规划标准等合作》，载中国新闻网：http://www.chinanews.com/cj/2019/05-08/8831293.shtml，2019 年 5 月 9 日最后访问。

[2] 中新社：《中国将与“一带一路”沿线经济体加大规划标准等合作》，载中国新闻网：http://www.chinanews.com/cj/2019/05-08/8831293.shtml，2019 年 5 月 9 日最后访问。

[3] 中新社：《中国将与“一带一路”沿线经济体加大规划标准等合作》，载中国新闻网：http://www.chinanews.com/cj/2019/05-08/8831293.shtml，2019 年 5 月 9 日最后访问。

[4] 英国《金融时报》：《马哈蒂尔透露马东海岸铁路新协议的更多细节》，载 FT 中文网：www.ftchinese.com/story/001082311，2019 年 4 月 15 日最后访问。

民币)。[1] 国家发展和改革委员会网站消息称,“两国政府部门和企业一直就有关项目保持密切沟通,坚持友好协商,遵循相互尊重、平等互利原则,共同维护中马两国关系大局。中国政府乐见双方企业按照商业原则、通过进一步调整优化项目方案降低了东海岸铁路造价,达成互利共赢的结果”[2]。

依据原协议,中国进出口银行(Export-Import Bank of China)将向该项目提供85%的贷款,随着项目总额从650亿马币减至440亿马币,贷款额将减少。重新谈成协议使马方避免了支付一笔50亿美元的解约费。[3] 马哈蒂尔表示:“改进后的项目将提供货运和客运,为铁路沿线吸引投资,并创造大量就业机会。”项目运营和维护将交由马来西亚铁路衔接公司与中国交通建设股份公司组建的合资公司,项目范围将从马来西亚的之前的4个州扩大到5个州。[4]

(二)金融

2016年,中国首次在G20会议期间引入绿色金融议题,并发起成立绿色金融研究小组,由中国人民银行和英格兰银行共同主持。2017年,中国人民银行参与发起“绿色金融合作网络”,研究环境因素和气候变化的金融风险,并分享成功的绿色金融经验。截至2019年4月底,“绿色金融合作网络”成员已经扩展到36家,包括马来西亚、泰国、摩洛哥等国的金融监管机构。2018年,中国金融学会与伦敦金融城牵头发布《“一带一路”绿色投资原则》,从公司治理、战略制定、项目管理、对外沟通、绿色金融工具运用等角度提出自愿采纳性原则。[5]

重点案例分析:跨境电子注册

2019年3月,俄罗斯外贸银行集团与杭州尚尚签网络科技有限公

[1] 中新社:《中马双方企业签署协议继续实施马东海岸铁路》,载中新网:http://www.chinanews.com/gj/2019/04-14/8808727.shtml,2019年4月14日最后访问。

[2] 中新社:《中马双方企业签署协议继续实施马东海岸铁路》,载中新网:http://www.chinanews.com/gj/2019/04-14/8808727.shtml,2019年4月14日最后访问。

[3] 英国《金融时报》:《马哈蒂尔透露马东海岸铁路新协议的更多细节》,载FT中文网:www.ftchinese.com/story/001082311,2019年4月15日最后访问。

[4] 英国《金融时报》:《马哈蒂尔透露马东海岸铁路新协议的更多细节》,载FT中文网:www.ftchinese.com/story/001082311,2019年4月15日最后访问。

[5] 中国人民银行:《以绿色金融打造绿色“一带一路”》,载中国一带一路网:https://www.yidaiyilu.gov.cn/xwzx/roll/88167.htm,2019年4月26日最后访问。

司签署合作协议,俄罗斯外贸银行集团将使用“上上签电子签约云平台”为中俄企业提供快捷注册服务,同时在信贷、支付与结算等业务上使用杭州尚尚签网络科技有限公司技术,逐渐推广使用电子合同。俄罗斯外贸银行集团注册总监康斯坦丁·彼得罗夫指出:“希望通过此次合作来增加俄罗斯外贸银行的客户群,同时开拓电子服务市场的新方向。”杭州尚尚签网络科技有限公司创始人万敏表示:“俄罗斯外贸银行将成为我们在俄罗斯数字服务市场发展历程中非常有价值的战略合作伙伴。希望可以通过此次合作来增加中俄企业之间的信任,并进一步促进中俄贸易量的增长。我们会为中俄企业提供更好的电子签约服务,实现合法、安全、高效的电子合同签署与管理。”“上上签电子签约云平台”为企业提供实名认证、在线签署、意愿验证、合同管理、证据链保存、诉讼保障、保险赔付等覆盖电子合同全周期的专业服务。[1]

(三)能源

2019年4月,“一带一路”能源合作伙伴关系成立,成员国包括阿富汗、阿尔及利亚、阿塞拜疆、玻利维亚、柬埔寨、佛得角、乍得、中国、东帝汶、赤道几内亚、冈比亚、匈牙利、伊拉克、科威特、吉尔吉斯斯坦、老挝、马耳他、蒙古、缅甸、尼泊尔、尼日尔、巴基斯坦、刚果(布)、塞尔维亚、苏丹、苏里南、塔吉克斯坦、汤加、土耳其及委内瑞拉等30个国家,[2]合作宗旨是坚持共商、共建、共享,推动能源互利合作,促进各参与国在能源领域的共同发展、共同繁荣。[3] 相关方本着互惠互利、公平公正、透明公开、商业运作、利于推广、多方合作的原则,重点在可再生能源、智慧能源系统、化石燃料清洁化利用以及分布式能源等领域推动务实合作,并重视为各国创新型中小企业的发展创造更多机会。[4]

---

[1] 俄罗斯卫星通讯社:《俄外贸银行将采用中国电子签约平台为中俄企业提供注册服务》,载俄罗斯卫星通讯社网:http://sputniknews.cn/russia_china_relations/201903151027930138/,2019年3月15日最后访问。

[2] 国家能源局:《“一带一路”能源合作伙伴关系在京成立》,载国家能源局网:http://www.nea.gov.cn/2019-04/25/c_138008675.htm,2019年4月25日最后访问。

[3] 国家能源局:《“一带一路”能源合作伙伴关系合作原则与务实行动》前言,载国家能源局网:http://www.nea.gov.cn/2019-04/25/c_138008739.htm,2019年4月25日最后访问。

[4] 国家能源局:《“一带一路”能源合作伙伴关系合作原则与务实行动》,载国家能源局网:http://www.nea.gov.cn/2019-04/25/c_138008739.htm,2019年4月25日最后访问。

除了区域能源合作,中国与能源大国也保持双边能源对话。2019年4月9日,第八次中欧能源对话在比利时布鲁塞尔召开。欧盟气候行动和能源委员卡内特(Canete)表示,中欧开展能源领域合作,特别是清洁能源转型方面的合作,是双方履行巴黎气候协定的重要举措,符合双方共同利益。[1]

(四)域外管辖

我国与“一带一路”沿线国家的合作,既受沿线国家国内政策的影响,也可能受域外国家的政策影响。域外国家影响“一带一路”建设的最大挑战是美国法律的域外管辖,与中国最相关的案例属华为和中兴案。除此之外,美国针对“一带一路”沿线国家的域外管辖也可能影响这些国家与中国的合作。

例如,2019年3月,美国证券交易委员会表示,俄罗斯电信公司(Mobile TeleSystems,PJSC)同意支付8.5亿美元,了结美国对该公司在乌兹别克斯坦的贿赂指控,并同意在3年内保留1名独立的合规监督员。美国证券交易委员会指出,俄罗斯电信公司将贿赂款伪装成收购费用、期权付款、收购监管资产和慈善捐赠等财务支出,并将之用作纽约证交所上市材料,违反了美国《反海外腐败法》和美国证券法律。[2]

三、智库研究

“一带一路”倡议继续引发国际和国内学界的持续关注,在区域合作、项目合作、国际倡议与国内发展等方面出现许多基于实践调研、案例和数据的智库研究。

(一)“一带一路”区域合作

为打造全球治理的中国方案,“一带一路”倡议应至少克服以下挑战,或者说,要至少实现以下标准:第一,要树立中国信誉,有些问题必

---

[1] 国家能源局:《第八次中欧能源对话在布鲁塞尔召开》,载国家能源局网:http://www.nea.gov.cn/2019-04/10/c_137965469.htm,2019年4月10日最后访问。

[2] Kristin Broughton:《俄罗斯电信MTS违反美国〈反海外腐败法〉,同意支付8.5亿美元了结行贿指控》,载微信公众号“道琼斯风险合规”:https://mp.weixin.qq.com/s/ilCNao5Opnnlo0qBEc0h3g,2019年3月8日最后访问。

须由具有国际信誉的国际组织来实现。第二，要有包容性，既要尊重多样性又能实现互利发展（united in diversity）。具有动态的共同发展观，通过做大“蛋糕”、进行国际公共品供给的方式，实现长期的互利共赢。第三，要有可持续性，充分调动各方主体，尤其是各国地方政府和私人投资的积极性。

1. 合作模式

中国社会科学院“一带一路”研究中心、中信改革发展研究基金会、中国社会科学院大学欧亚高等研究院共同发布《“一带一路”建设发展报告（2019）》，阶段性总结 5 年来的“一带一路”建设。“一带一路”倡议开启了国际合作新模式，激发了多种新的合作理念和机制。第一，“一带一路”倡议为世界提供了新的发展观，对经济发展水平不高的国家具有独特的吸引力。第二，中国主张共商、共建、共享原则，按照市场原则推进项目合作。第三，人类命运共同体建设，不仅需要经济上的互惠，还需要理念上的认同；不仅要进行产能和技术合作，也需要发展理念、政策、制度、标准的合作。产能合作和基础设施互联，不仅涉及投资和管理协调，还涉及规则标准对接，这些都需要理念、文化和人心的“软联通”。[1]

“一带一路”倡议是全球治理的中国方案。中国主张均衡、普惠、健康的发展观，甚至允许发展中国家搭中国发展的快车，“推进了发展中国家的群体崛起，改变世界经济版图，也推动了特别是新兴经济体国家在全球经济发展进程中、在全球治理过程中的独特作用和影响”[2]。无论是亚洲基础设施投资银行，还是共商、共建、共享，都为全球化迈进新阶段提供了新的动力，为全球治理提供了一个新的可能道路。

《“一带一路”建设发展报告（2019）》提出如下建议：第一，坚持共商、共建、共享原则；第二，要充分发挥国际组织的协调作用，通过专业信誉，协调各方利益关切；第三，打造利益共同体，以能源合作为先导，

[1] 李永全、王晓泉：《“一带一路”建设发展报告（2019）》，载中国皮书网：https://www.pishu.com.cn/skwx_ps/bookdetail?SiteID=14&ID=10792227，2019 年 4 月 3 日最后访问。

[2] 李永全、王晓泉：《“一带一路”建设发展报告（2019）》，载中国皮书网：https://www.pishu.com.cn/skwx_ps/bookdetail?SiteID=14&ID=10792227，2019 年 4 月 3 日最后访问。

逐步拓展到其他经济领域;第四,国内做好整体规划,引导企业有序参与市场竞争;第五,按照国际标准建设一流企业。[1]

2. 第三方合作

2019 年 4 月 16 日,安永发布《引航》第三期报告《合作共赢无边界,共建“一带一路”》,以日本、法国、英国为例,讨论中国如何开展共赢的第三方市场合作:引导中国对外投资;促进发展中国家工业化;为发达国家增加新的增长点。[2]

(1)中日合作

中日合作的重点在双方优势的基础设施建设和金融领域。在基建领域,中国可以发挥资金雄厚、政府支持力度大优势,弥补日本企业劳动力短缺、建设周期长问题,日本可以发挥企业风险管控机制成熟、项目运营管理优势。在金融领域,中国金融机构与日本金融机构可以相互合作,在投资、贷款、保险领域拓展多元合作。

(2)中法合作

中法合作的重点在优势互补的核能和非洲的基础设施建设。在能源领域的合作符合双方的核能和交通等技术优势。在非洲的基础设施合作,法国的语言和文化传统、相对较高的技术水平,可以结合中国的产能优势、完备的制造业基础和雄厚的资金实力,联合开发非洲国家的基础设施,帮助中国企业进入非洲市场。

(3)中英合作

中英合作的“产业结构互补性强,共同倡导开放市场的理念相近,推进自由贸易、扩大双向投资的意愿相同”[3]。在基础设施领域,英国在设计、法律、咨询、管理、融资等方面具有优势,而中国在施工效率、工程技术创新、成本管控、供应链管理、性价比等方面是强项。

---

[1] 李永全、王晓泉:《“一带一路”建设发展报告(2019)》,载中国皮书网:https://www.pishu.com.cn/skwx_ps/bookdetail? SiteID=14&ID=10792227,2019 年 4 月 3 日最后访问。

[2] 安永:《合作共赢无边界 共建“一带一路”》,载安永 Ernst & Young Global Limited:https://www.ey.com/cn/zh/newsroom/news-releases/news-2019-ey-borderless-win-win-cooperation-in-building-the-belt-and-road,2019 年 4 月 16 日最后访问。

[3] 钟声:《让合作亮点竞相“刷屏”》,载人民网:http://opinion.people.com.cn/n/2015/1023/c1003-27731985.html,2019 年 3 月 23 日最后访问。

(二)"一带一路"项目合作

境外经贸合作区是"一带一路"基础设施建设与产能合作建设的关键领域。[1] 截至 2018 年 9 月,我国企业在 46 个国家在建初具规模的 113 家合作区累计投资 366.3 亿美元,入区企业 4663 家。

1. 工作机制

一般由中国政府和东道国政府共同成立工业园/产业园协调工作组,推进工业园/产业园建设。工业园/产业园具有集群投资等特点,工业园/产业园与东道国的议价能力相对较高,有利于提高园区内企业的物理和法律保护水平。部分工业园/产业园规模较小,取决于主导企业,而且容易受东道国法律和政策变化的影响,发展具有偶然性、初步性等特点,亟须制度保障。[2] 针对海外产业园建设,中共中央党校"一带一路"课题组提出如下建议:推进产业升级;建立多元主体开发模式,促进国企与民企、中资与外资企业合作开发;[3] 增强园区企业文化软实力,打造旗舰园区。[4]

2. 市场定位

一般以面向区域内或周边区域市场为目标,通常有配套的免关税、免进出口配额和其他法律安排。例如,中国江苏永元投资有限公司在埃塞俄比亚投资建设和运营的东方工业园推动了埃塞俄比亚工业园法(Industrial Park Proclamation)的落地。[5] 不同区域的产业园定位略有

---

[1] 中共中央党校(国家行政学院)"一带一路"课题组:《境外经贸合作区调研:仅少数良性运行亟待转型升级》,载中国一带一路网:https://www.yidaiyilu.gov.cn/xwzx/gnxw/84224.htm,2019 年 3 月 29 日最后访问。

[2] 中共中央党校(国家行政学院)"一带一路"课题组:《境外经贸合作区调研:仅少数良性运行亟待转型升级》,载中国一带一路网:https://www.yidaiyilu.gov.cn/xwzx/gnxw/84224.htm,2019 年 3 月 29 日最后访问。

[3] 李永全、王晓泉:《"一带一路"建设发展报告(2019)》,载中国皮书网:https://www.pishu.com.cn/skwx_ps/bookdetail?SiteID=14&ID=10792227,2019 年 4 月 3 日最后访问。

[4] 中共中央党校(国家行政学院)"一带一路"课题组:《境外经贸合作区调研:仅少数良性运行亟待转型升级》,载中国一带一路网:https://www.yidaiyilu.gov.cn/xwzx/gnxw/84224.htm,2019 年 3 月 29 日最后访问。

[5] 中共中央党校(国家行政学院)"一带一路"课题组:《境外经贸合作区调研:仅少数良性运行亟待转型升级》,载中国一带一路网:https://www.yidaiyilu.gov.cn/xwzx/gnxw/84224.htm,2019 年 3 月 29 日最后访问。

不同。例如,越南龙江工业园属于出口导向型,性质为出口加工区、保税区,入园企业多为“两头在外企业”的出口型企业,主要产品运用出口。埃塞俄比亚东方工业园属于市场寻求型,主要产品供给非洲本地市场。中白工业园属于高科技产业园,介于出口导向型和市场寻求型之间,主要聚集技术密集型行业,主要产品用于出口,少量用于本国市场。

3. 产业布局

产业布局通常要求较高,一般东道国倾向出口导向、进口替代或填补国内空白或发挥本国比较优势的产业,并往往以高端制造和仓储物流为抓手,带动上下游产业链。产业园选址注重市场、税收和区位因素,通常有配套的铁路和港口建设,如中白工业园每天大约有十多列中欧班列过境相关区域。[1]

4. 合作基金

针对重点产业园,中国和相关国家合作设立产业投资基金,如中国和白俄罗斯针对中白工业园设立的中白产业投资基金。该基金是由国资委倡议、招商局集团发起成立并由招商资本管理的一支国家级基金,主要投资中白工业园入园企业和优质项目。[2]

针对“一带一路”项目建设的融资问题,2019 年 4 月 25 日,中国财政部出台《“一带一路”债务可持续性分析框架》,借鉴 IMF 和世界银行低收入国家债务可持续性分析框架,建设非强制性、非排他性的融资标准,推动建设长期、稳定、可持续、风险可控的融资体系,在动员资金时兼顾债务可持续性。[3]

(三)“一带一路”与国内发展

1. 地区发展

“一带一路”倡议是统筹国内与国际两大格局的重大举措。各地结

---

[1] 中共中央党校(国家行政学院)“一带一路”课题组:《境外经贸合作区调研:仅少数良性运行亟待转型升级》,载中国一带一路网:https://www.yidaiyilu.gov.cn/xwzx/gnxw/84224.htm,2019 年 3 月 29 日最后访问。

[2] 中共中央党校(国家行政学院)“一带一路”课题组:《境外经贸合作区调研:仅少数良性运行亟待转型升级》,载中国一带一路网:https://www.yidaiyilu.gov.cn/xwzx/gnxw/84224.htm,2019 年 3 月 29 日最后访问。

[3] 中新社:《中国财政部发布〈“一带一路”债务可持续性分析框架〉》,载中国新闻网:http://www.chinanews.com/cj/2019/04-25/8820262.shtml,2019 年 5 月 1 日最后访问。

合自身优势,利用自贸区建设,[1]积极参与“一带一路”建设。例如,江苏着力交汇点建设,加强江海联动、陆海统筹;福建坚持经贸合作与人文交流并重;四川以交通网络为基础,辐射周边;陕西加大对中亚、欧洲开放;内蒙古发挥联通俄蒙的区位优势;广西加强与东南亚合作。[2]

2. 对外投资监管

根据美国企业研究所“中国全球投资追踪”(China Global Investment Tracker)项目数据,自2005年以来,中国对外的投资和建设已经超过2万亿美元,其中超过1/3在能源领域。但中国对外投资的服务和监管制度都尚待完善。国家发展和改革委员会、商务部、中国人民银行、财政部等部门分工管理,协调性有待提高;[3]中国强调中国投资者必须遵守东道国的法律,但目前仍未出台统一的对外投资法典。海外投资的中国法、东道国法、国际规则合规问题,国有企业的管理和业绩要求,环境保护,公司社会责任等问题都有待进一步规范。

四、小结

截至2020年1月底,中国已经同亚洲、非洲、东欧国家等138个国家和30个国际组织签署200份共建“一带一路”合作文件,沿着欧亚大陆、非洲大陆等进行区域整合的态势明显。在合作原则方面,强调回应性,坚持共商、共建、共享的原则;强调灵活性,发挥合作方的比较优势,对接既有合作机制;强调渐进性,利用市场机制,遵守合作国的国内法律和各自承担的国际义务和承诺。

在合作主体上,周边合作以中日韩为主,推动与周边国家的全面合作。中远区域合作形成卢森堡(欧洲)、阿联酋(中东)、欧亚经济联盟(中亚)等支点国家或支点组织,逐渐形成了中国海外投融资和产能合作的几个“中转站”。在合作形式上,“一带一路”合作协议主要与发展

---

[1] 刘雪莲:《自贸区观察1中国对外开放4.0版的标志:“一带一路”和自贸区建设》,载微信公众号“走出去智库CGGT”:http://www.cggthinktank.com/2019-04-16/100076725.html,2019年4月16日最后访问。

[2] 中新社:《〈“一带一路”建设发展报告(2019)〉蓝皮书在京发布》,载中国新闻网:http://www.chinanews.com/gn/2019/03-28/8793574.shtml,2019年3月28日最后访问。

[3] Lachlan Carey, Sarah Ladislaw: *Chinese Multilateralism and the Promise of a Green Belt and Road*(Nov. 5, 2019) Center for Strategic and International Studies: https://www.csis.org/analysis/chinese-multilateralism-and-promise-green-belt-and-road.

中国家签订,合作领域较广泛,协议的国际法拘束力不强,强调框架性和长期性。第三方市场合作协议主要与发达经济体签订,合作领域集中在产品设备服务、工程合作、投资合作、战略合作、融资合作等领域,合作重点可能因各国优势和项目具体情形而异,合作安排要求国际法和国内法合规性,并追求国际最佳实践和企业社会责任。

在投资、金融、能源等重点领域,中国积极开展国际合作,推动包容、绿色、可持续的“一带一路”项目建设。我国企业对“一带一路”沿线国家投资占同期中国对外投资总量的比重不高,只略高于10%,但对沿线国家的工程承包数量较大,占同期中国对外承包工程总额50%多。总体来看,中国国有企业承担了“一带一路”项目的大部分投资和建设,国内民企和国际企业的参与程度有待提高。中国对外投资大致可以分为两种类型,即政府推动的大额重点项目和中小规模的产业园集群投资,两者在政府协调、市场定位、产业布局、融资支持等方面略有不同。中国推动相关金融机构和企业开展绿色投资,制定《“一带一路”绿色投资原则》,供相关金融机构和企业自愿采纳和实施。在重点投资的能源领域,中国政府推动建设“一带一路”能源合作伙伴关系,促进相关国家、企业和组织的共同参与和发展。

“一带一路”建设,不仅重视经济上的互惠,还试图推进理念上的认同;不仅进行产能和技术合作,也在发展理念、政策、制度、标准等方面推进合作:第一,在金融、能源等领域建设或对接具有国际信誉的国际组织,以建设中国信誉;第二,推动动态的共同发展观,通过做大“蛋糕”、供给国际公共品的方式,实现长期的互利共赢,以促进尊重多样性的包容性发展;第三,调动沿线国家、国际企业和私人投资的积极性,促进“一带一路”建设的可持续发展。

第七章　自由贸易试验区建设新发展*

导读　加快实施自由贸易试验区战略是我国适应经济全球化新趋势的客观要求，是全面深化改革、构建开放型经济新体制的必然选择。完善相关配套制度，及时总结自由贸易试验区改革发展经验，是中国建设更高水平开放型经济新体制的关键。自由贸易试验区建设的核心是投资便利化和贸易自由化；具体措施涉及营商环境、产业聚集、金融创新、配套设施等方面，如信用共享激励机制、推进"放管服"改革、探索建立更高水平的国际贸易监管制度等。自由贸易试验区建设呈现出中央部署与地方探索相结合的协同改革开放模式，各自由贸易试验区在结合自身特色进行制度创新的同时，通过中央推广或主动学习和借鉴相关自由贸易试验区先进经验，在提高自身治理能力的同时，也着力带动全国各地区的均衡发展。

建设自由贸易试验区（以下称自贸试验区）是党中央在新时代推进改革开放的一项战略举措，在我国改革开放进程中具有里程碑意义。推进与完善自贸试验区建设，通过自贸试验区治理体系与治理能力的试验，提供可复制、可推广的治理经验与成功做法，无疑有助于推进国家治理体系和治理能力实现现代化。从 2013 年上海自贸试验区挂牌至今，我国自贸试验区已增至 18 个。自贸试验区建设历时 6 年，从沿海到内陆，跨东中西区域，分布于我国各地，形成全方位开放的新模式。本章从中央政策、地方探索、创新成果与复制推广和智库研究四个方面，梳理 2019 年我国自贸试验区建设的相关政策与实践成效，并在此

---

* 本章执笔：高雅婷、李佳依、张悦。

基础上展望我国自贸试验区未来发展的新趋势。

一、中央政策

（一）自贸试验区扩容

2019年8月26日，国务院分别印发《中国（山东）自由贸易试验区总体方案》《中国（江苏）自由贸易试验区总体方案》《中国（广西）自由贸易试验区总体方案》《中国（河北）自由贸易试验区总体方案》《中国（云南）自由贸易试验区总体方案》《中国（黑龙江）自由贸易试验区总体方案》，实现自贸试验区的"扩容"。除了改善营商环境和制度创新试点外，新增的6个自贸试验区分别承担着以下差别化改革试点的任务：

山东自贸试验区侧重培育贸易新业态与新模式，加快发展海洋特色产业和探索中日韩三国地方经济合作；江苏自贸试验区着力于提高境外投资合作水平，强化金融对实体经济的支撑和支持制造业创新发展；广西自贸试验区主要是畅通国际大通道，打造对东盟合作先行先试示范区和打造西部陆海联通门户港；河北自贸试验区则支持开展国际大宗商品贸易，支持生物医药与生命健康产业开放发展；云南自贸试验区侧重于创新沿边跨境经济合作模式和加大科技领域国际合作力度；黑龙江自贸试验区提出了加快实体经济转型升级和建设面向俄罗斯及东北亚的交通物流枢纽等方面的具体举措。

新设自贸试验区总体方案恰逢我国《外商投资法》实施前夕，因此新设自贸试验区在投资领域的主要任务和措施，也引发了外界的普遍关注。[1]

1. 投资便利化

（1）山东自贸试验区

全面落实外商投资准入前国民待遇加负面清单管理制度；探索建立外商投资信息报告制度；支持外商投资企业参与氢能源汽车标准制定；支持外商独资设立经营性教育培训和职业技能培训机构；支持外商投资设立航空运输销售代理企业；统一内外资人才中介机构投资者资

[1] 国务院：《关于印发6个新设自由贸易试验区总体方案的通知》，载中国政府网：http://www.gov.cn/zhengce/content/2019-08/26/content_5424522.htm，2019年8月26日最后访问。

质要求,由自贸试验区管理机构负责审批,报省级人力资源社会保障部门备案;允许注册在自贸试验区内的符合条件的外资旅行社从事除台湾地区以外的出境旅游业务。

(2)江苏自贸试验区

全面落实外商投资准入前国民待遇加负面清单管理制度;探索建立外商投资信息报告制度;深入实施公平竞争审查制度,实现各类市场主体依法平等准入;对符合条件的外资创业投资企业和股权投资企业开展境内投资项目,探索实施监管新模式;探索允许外商投资企业将资本项目收入划转或结汇并依法用于境内股权投资;支持外商独资设立经营性教育培训和职业技能培训机构;支持外商投资设立航空运输销售代理企业;统一内外资人才中介机构投资者资质要求,由自贸试验区管理机构负责审批,报省级人力资源社会保障部门备案。

(3)广西自贸试验区

全面落实外商投资准入前国民待遇加负面清单管理制度;探索建立外商投资信息报告制度;支持外商独资设立经营性教育培训和职业技能培训机构;统一内外资人才中介机构投资者资质要求,由自贸试验区管理机构负责审批,报省级人力资源社会保障部门备案;支持外商投资设立航空运输销售代理企业;支持将无船承运、外资经营国际船舶管理业务备案下放给广西;深化国际文化创意和体育赛事合作,依托现有交易场所开展演艺及文化创意知识产权交易。

(4)河北自贸试验区

全面落实外商投资准入前国民待遇加负面清单管理制度;探索建立外商投资信息报告制度;允许取得我国一级注册建筑师或一级注册结构工程师资格的境外专业人士作为合伙人,按相应资质标准要求设立建筑工程设计事务所;支持外商独资设立经营性教育培训和职业技能培训机构;支持外商投资设立航空运输销售代理企业;统一内外资人才中介机构投资者资质要求,由自贸试验区管理机构负责审批,报省级人力资源社会保障部门备案。

(5)云南自贸试验区

全面落实外商投资准入前国民待遇加负面清单管理制度;探索建立外商投资信息报告制度;支持外商独资设立经营性教育培训和职业技能培训机构;支持外商投资设立航空运输销售代理企业;统一内外资

人才中介机构投资者资质要求，由自贸试验区管理机构负责审批，报省级人力资源社会保障部门备案。

(6)黑龙江自贸试验区

全面落实外商投资准入前国民待遇加负面清单管理制度；探索建立外商投资信息报告制度；探索允许外商投资企业将资本项目收入划转或结汇依法用于境内股权投资；支持外商独资设立经营性教育培训和职业技能培训机构；支持外商投资设立航空运输销售代理企业；统一内外资人才中介机构投资者资质要求，由自贸试验区管理机构负责审批，报省级人力资源社会保障部门备案。

2. 投资促进和保护

(1)山东自贸试验区

建立健全外商投资服务体系，完善外商投资促进、项目跟踪服务和投诉工作机制；鼓励自贸试验区在法定权限内制定外商投资促进政策；试点建设面向中小企业的双向投资促进公共服务平台；完善企业“走出去”综合服务体系；支持“走出去”企业以境外资产和股权、采矿权等权益为抵押获得贷款。

(2)江苏自贸试验区

建立健全外商投资服务体系，完善外商投资促进、项目跟踪服务和投诉工作机制；鼓励自贸试验区在法定权限内制定外商投资促进政策；推广市场化招商模式，成立企业化招商机构；实施重大外资项目“直通车”制度；建立完善地方政府招商引资诚信制度。

(3)广西自贸试验区

建立健全外商投资服务体系，完善外商投资促进、项目跟踪服务和投诉工作机制；鼓励自贸试验区在法定权限内制定外商投资促进政策；推动准入前和准入后管理措施的有效衔接，实施公平竞争审查制度。

(4)河北自贸试验区

建立健全外商投资服务体系，完善外商投资促进、项目跟踪服务和投诉工作机制；鼓励自贸试验区在法定权限内制定外商投资促进政策；完善“走出去”综合服务和风险防控体系；支持“走出去”企业以境外资产和股权、采矿权等权益为抵押获得贷款。

(5)云南自贸试验区

建立健全外商投资服务体系，完善外商投资促进、项目跟踪服务和投诉工作机制;鼓励自贸试验区在法定权限内制定外商投资促进政策;加强外商投资合法权益保护;建立健全国际商事调解、仲裁机制;推动知识产权运营服务体系建设;实施公平竞争审查制度。

(6)黑龙江自贸试验区

建立健全外商投资服务体系,完善外商投资促进、项目跟踪服务和投诉工作机制;鼓励自贸试验区在法定权限内制定外商投资促进政策。

(二)调整实施部分法律法规

为了支持新设自贸试验区改革创新,按照"凡属重大改革都要于法有据"和"法治适度有序引领、推动、规范、保障改革开放"的原则,2019年10月26日,第十三届全国人民代表大会常务委员会第十四次会议决定授权国务院在自贸试验区内,暂时调整适用《对外贸易法》《道路交通安全法》《消防法》《食品安全法》《海关法》《种子法》的有关规定。[1] 具体包括以下四个方面的内容:

1. 按照直接取消审批的方式,暂时调整实施拖拉机驾驶培训学校、驾驶培训班资格认定、对外贸易经营者备案登记、消防技术服务机构(属中介服务机构)资质审批等经营许可事项。

2. 按照审批改为备案的方式,暂时调整实施食品经营许可(仅销售预包装食品)、报关企业注册登记两项经营许可事项,企业按要求进行备案即可从事预包装食品销售、开展报关业务。

3. 按照实行告知承诺的方式,暂时调整实施《消防法》关于公众聚集场所投入使用、营业前应当申请消防安全检查的规定。

4. 按照优化审批服务的方式,暂时调整实施《种子法》的有关规定,取消省级林草部门对林草种子(进出口)生产经营许可证核发的审核(初审)环节,申请人可直接向国家林业和草原局申请核发许可证。

(三)"证照分离"改革

自我国启动自贸试验区建设以来,部分涉企经营许可事项在上海等地试点开展"证照分离"改革,有效降低了企业制度性交易成本,优化了营商环境,激发了市场活力和社会创造力。为进一步克服"准入不准

---

[1] 新华社:《全国人民代表大会常务委员会关于授权国务院在自由贸易试验区暂时调整适用有关法律规定的决定》,载新华网:http://www.xinhuanet.com/politics/2019-10/26/c_1125156755.htm,2019年10月26日最后访问。

营”现象,使企业更便捷拿到营业执照并尽快正常运营,国务院决定,在全国各自贸试验区对所有涉企经营许可事项实行清单管理,率先开展“证照分离”改革全覆盖试点,[1]主要集中于以下内容:第一,持续深化“放管服”改革,进一步明晰政府和企业责任,全面清理涉企经营许可事项,分类推进审批制度改革,完善简约透明的行业准入规则,进一步扩大企业经营自主权,创新和加强事中事后监管,打造市场化、法治化、国际化的营商环境,激发微观主体活力,推动经济高质量发展。第二,实现涉企经营许可事项全覆盖,建立清单管理制度,分级实施清单管理。第三,分类推进审批制度改革。对所有涉企经营许可事项按照直接取消审批、审批改为备案、实行告知承诺、优化审批服务等四种方式分类推进改革。第四,完善改革配套政策措施,规范企业登记经营范围与申办经营许可的衔接,强化涉企经营信息归集共享,持续提升审批服务质量和效率,创新和加强事中事后监管。第五,切实抓好改革政策落实,商务部要指导各自贸试验区做好“证照分离”改革与对外开放政策的衔接,明确加强事中事后监管的具体办法,压实监管责任,健全激励约束机制和容错纠错机制,充分调动改革的积极性和主动性。

“证照分离”改革具体措施涉及中央层面设定的全部523项涉企经营许可事项,推动照后减证和简化审批:取消对外贸易经营者备案登记等13项审批;将报关企业注册登记等8项审批改为备案;对人力资源服务许可等60项审批实行告知承诺制;对其余442项审批采取压减材料和时限、延长或取消有效期、网上办理取消现场核验等优化服务措施;对上述涉企经营许可事项全部纳入清单管理,向社会公开并定期调整。[2]

二、地方探索

2019年,各自贸试验区基于党中央、国务院的部署,在法律授权的

---

[1] 国务院:《国务院关于在自由贸易试验区开展“证照分离”改革全覆盖试点的通知》,国发〔2019〕25号载中国政府网:https://www.govcn/zhengce/content/2019-11/15-content_5451900.htm,2019年11月20日最后访问。

[2] 国务院:《李克强主持召开国务院常务会议决定在自由贸易试验区开展“证照分离”改革全覆盖试点等》,载中国政府网:http://www.gov.cn/premier/2019-08/21/content_5423171.htm,2019年10月31日最后访问。

范围内在贸易、投资、金融、人才、产业、区域合作、政务、法治保障等方面进行了探索试验。

(一)贸易监管

贸易便利化集中于关税和边境措施。上海自贸试验区探索离岸转手买卖贸易发展。[1] 海南自贸试验区开展全国首家上海—海南自由贸易账户联动业务,并率先在中国实施境外游艇入关关税保障保险制度。[2] 福建自贸试验区对进境集装箱空箱采取超声波检测“全天候”快速通关模式,降低企业物流成本。对口岸供船食品实施“简化报备+优化监管”模式,允许诚信度高、记录良好的入出境船舶食品供应单位在运输工具查检合一管理系统提交申报时,免于提交纸质资料,海关采用事中云端监控、事后卫生监督的方式进行验证监管。

福建自贸试验区还依托港区信息化系统,实现进口海运集拼集装箱的分拨提箱无纸化系统自动审批;增开“丝路海运”集装箱班轮,制定“丝路海运”服务标准,与国内外港口加强资源互补、船期协调、仓位互租、信息共享,打造“丝路海运”的开放共享合作平台。陕西自贸试验区创新跨境直销进口分段监管模式,简化了跨境电子商务出口商品的分类;扩大了对除不诚信企业外的所有企业实行总额纳税范围,80%以上的纳税申报表采用“自报自缴”方式纳税后联网;试点金融公司、担保公司等非银行金融机构参与海关担保业务的多元化纳税担保模式,并在杨凌保税区实施首个国家关税担保保险。

(二)投资促进

上海自贸试验区鼓励跨国公司地区总部集聚力度;提高投资、资金使用、贸易和物流便利度,加强对跨国公司总部功能的配套保障,吸引外资入驻。福建自贸试验区构建(“海丝”)境内外双向投资综合服务平台,为企业提供中国和“海丝”沿线国家和地区有关政策、法务、税务

[1] 上海自贸区:《上海自贸区探索新举措支持离岸转手买卖贸易发展》,载中国(上海)自由贸易试验区网:http://www.china-shftz.gov.cn/NewsDetail.aspx?NID=6d6f4cf7-8e5c-4b81-b4da-965f8274b4bc&CID=16a79677-7b73-4570-a610-761ad7cf52c3&MenuType=[object%20Object]&navType=0,2019 年 11 月 2 日最后访问。

[2] 海南日报:《我省发布第二批 5 条自贸区制度创新案例》,载海南省人民政府网:http://www.hainan.gov.cn/hainan/5309/201904/ba2bbc4509194b44a99c967cbd072b31.shtml,2019 年 11 月 22 日最后访问。

及商务等信息,帮助企业更好地融入全球产业链体系;加大促进海峡两岸投资,支持我国台湾地区居民或企业以专利、专有技术作价入股等方式参与投资,探索专利质押融资及贴息、参加专利权质押贷款保险等政策;在自贸试验区内对台商独资或控股开发的建设项目,尽快出台"一区两标"配套管理办法。[1]

(三)金融开放

跨境融资、资本账户便利流动是自贸试验区金融创新的重点。上海自贸试验区进一步探索资本项目外汇收入支付便利化,包括继续提高贸易投融资便利化程度,建立健全宏观审慎的资金流动管理;继续优化跨境资金集中运营,服务总部经济发展和结算中心,降低区内企业适用《跨国公司跨境资金集中运营管理规定》开展跨境资金池业务的国际收支规模门槛;实现跨境金融联动,提高境外服务辐射水平。[2]

福建自贸试验区积极探索资本项目可兑换、人民币跨境使用、外汇体制改革等跨境金融业务先行先试。推动片区内银行业金融机构为境外机构办理人民币衍生品业务、远期结售汇业务;积极推动"区块链+跨境金融""区块链+普惠金融""区块链+对台金融"等实践。[3]

(四)人才服务

海南自贸试验区率先在全国建立"流动人口"人才工作站。[4] 福建自贸试验区实行了外籍人才聘雇单位信誉等级评定,还继续推进海

[1] 福建自贸区:《中国(福建)自由贸易试验区福州片区工作领导小组办公室印发关于进一步推动福州片区外向型经济高质量发展若干改革创新措施的通知》,载中国(福建)自由贸易试验区网:http://www.china-fjftz.gov.cn/article/index/aid/11054.html,2019年10月11日最后访问。

[2] 上海自贸区:《上海自贸区升级外汇管理试点资本项目外汇收入支付便利化》,载中国一带一路网:https://www.yidaiyilu.gov.cn/xwzx/roll/96835.htm,2019年7月15日最后访问。

[3] 福建自贸区:《中国(福建)自由贸易试验区福州片区工作领导小组办公室印发关于进一步推动福州片区外向型经济高质量发展若干改革创新措施的通知》,载福建自贸试验区网:http://www.china-fjftz.gov.cn/article/index/aid/11054.html,2019年10月11日最后访问。

[4] 海南日报:《我省发布第二批5条自贸区制度创新案例》,载海南省人民政府网:http://www.hainan.gov.cn/hainan/5309/201904/ba2bbc4509194b44a99c967cbd072b31.shtml,2019年11月22日最后访问。

峡两岸地区职业技能资格考试和职称的承认与对接。[1]

（五）产业升级

海南自贸试验区建设博鳌超级医院，探索共享医院新模式。[2] 福建自贸试验区建设物联网创新及应用示范区，加快应用场景开放力度，推动智能汽车、智能家居、智能医疗等新产业发展，探索搭建江阴港化工油品集散交易平台和保税燃料加注基地等产业升级举措。

（六）政务服务

福建自贸试验区进一步夯实和推进全国首个“双随机、一公开”地方标准监管工作，建设自贸区企业综合信息应用服务平台，实施“全生命周期”信息监测；探索运用互联网、大数据、云计算等“非接触”执法取证手段执法，减少过多进企进厂可能给企业生产经营带来影响，大幅减少行政执法成本。[3]

（七）法治保障

重庆自贸试验区建立诉讼、仲裁、调解“一站式”纠纷解决制度。重庆两江新区（自由贸易区）法院、中国国际经济贸易仲裁委员会西南分会和“一带一路”国际商事调解中心将加强诉讼调解对接和仲裁调解对接等多元化纠纷解决机制，建立联动机制。三方将加强培养人才队伍，打造具有国际视野、适应国际自由贸易团队的高层次涉外法律人才；搭建在线平台，为纠纷解决提供信息化、智能化的在线对接服务；拓展合作空间，并根据实施情况不断扩大相互衔接的范围，以达到更好的合作

---

[1] 福建自贸区：《中国（福建）自由贸易试验区福州片区工作领导小组办公室印发关于进一步推动福州片区外向型经济高质量发展若干改革创新措施的通知》，载福建自贸试验区网：http://www.china-fjftz.gov.cn/article/index/aid/11054.html，2019 年 10 月 11 日最后访问。

[2] 海南日报：《我省发布第二批 5 条自贸区制度创新案例》，载海南省人民政府网：http://www.hainan.gov.cn/hainan/5309/201904/ba2bbc4509194b44a99c967cbd072b31.shtml，2019 年 11 月 22 日最后访问。

[3] 福建自贸区：《中国（福建）自由贸易试验区福州片区工作领导小组办公室印发关于进一步推动福州片区外向型经济高质量发展若干改革创新措施的通知》，载福建自贸试验区网：http://www.china-fjftz.gov.cn/article/index/aid/11054.html，2019 年 10 月 11 日最后访问。

效果。[1]

上海自贸试验区临港新片区制定了《境外仲裁机构在中国(上海)自由贸易试验区临港新片区设立业务机构管理办法》,[2]明确了在上海自贸区设立业务机构的境外仲裁机构的主体资质、申报要求和事后监管措施。业务机构可就国际商事、海事、投资等领域发生的民商事争议开展下列涉外仲裁业务:(1)案件受理、庭审、听证、裁决;(2)案件管理和服务;(3)业务咨询、指引、培训、研讨(第14条)。业务机构不得开展不具有涉外因素争议案件的仲裁业务,业务机构不得再设立分支机构或者派出机构(第18条)。业务机构应当于每年3月31日前向市司法局报送上一年度工作报告,内容包括:(1)开展业务活动的情况;(2)仲裁员名册或推荐名册、工作人员、办公场所发生变动的情况;(3)发生裁决被法院裁定撤销或者不予执行、不予承认和执行的情况;(4)财务审计报告;(5)应当报告的其他情况(第19条)。

三、创新推广

(一)深化制度创新

2019年11月,商务部等18部门联合印发《关于在中国(海南)自由贸易试验区试点其他自贸试验区施行政策的通知》,[3]在如下方面进行试验:第一,提升投资贸易便利化水平方面,对标"国际最高水平",在海关特殊监管区域实施更高标准的货物贸易监管制度等;第二,扩大金融领域开放方面,主要包括推动与大宗商品出口国、"一带一路"国家和地区在油品等大宗商品贸易中使用人民币计价、结算,加强与境外人民币离岸市场战略合作等;第三,加快航运领域发展方面,发展以"一单制"为核心的便捷多式联运,积极探索与"一带一路"沿线国家相关机构

---

[1] 《重庆自贸实验区建立诉讼、仲裁与调解一站式纠纷解决机制》,载中国国际贸易促进委员会网:http://www.ccpit.org/Contents/Channel_4132/2019/0719/1188629/content_1188629.htm,2019年7月19日最后访问。

[2] 上海自贸区临港片区:《境外仲裁机构在中国(上海)自由贸易试验区临港新片区设立业务机构管理办法》,载中国(上海)自由贸易试验区临港新片区网:http://www.lgxc.gov.cn/contents/108/23654.html,2019年11月9日最后访问。

[3] 中国商务部:《商务部等18部门联合印发〈关于在中国(海南)自由贸易试验区试点其他自贸试验区施行政策的通知〉》,载商务部网:http://www.mofcom.gov.cn/article/ae/ai/201911/20191102914491.shtml,2019年11月19日最后访问。

在运输安全、环境保护、通关查验等方面建立合作机制；第四，探索建立公共信用信息和金融信用信息互补机制，探索建立土地节约集约利用新模式等。

（二）福建自贸试验区创新成果

福建省自由贸易办公室于 2019 年 7 月对福建省第十四批自由贸易试验区 39 项创新措施的创新性、实施效果和可复制性进行了评估。根据平潭片区探索培育平台业务发展新动力；建设两岸一体化示范区等。[1] 厦门片区参照中国欧盟商会"透明、效率、合作、威慑、公平"标准，探索建设"知识产权友好自贸区"[2]，建立起了专利、商标、版权"三合一"的知识产权综合保护和管理机制。

在纠纷解决方面，厦门片区成立全国首家自贸试验区知识产权审判巡回法庭，赋予知识产权民事、刑事、行政诉讼的一审、二审权限。此外，厦门片区还成立了全国首家设在自贸试验区的国家级知识产权快速维权中心——中国厦门知识产权快速维权中心。截至 2019 年 8 月，快速维权中心已备案企业 86 家，累计受理专利预审 624 件，预审通过 545 件（535 件获得一次授权），协助处理电商侵权案件 223 件，为区内知识产权案件审理和就近预防提供了便捷通道。

（三）陕西自贸试验区创新成果

陕西自贸试验区设立 3 年来，在投资、贸易等方面进行了大胆的实践探索。截至 2019 年年底，陕西自贸试验区的 165 项试点工作基本完成，16 项制度创新成果在全国范围内被复制和推广。[3] 西安推行商务秘书和"集群注册"服务，登记办结时限缩短至 3 个工作日以内。推广"24 小时自助信包箱"服务模式、"人脸识别"微警认证，实现"零跑路"

[1] 福建自贸试验区办公室：《福建自贸试验区平潭片区出台改革创新实施方案》，载中国（福建）自由贸易试验区网：http://www.china-fjftz.gov.cn/article/index/aid/12457.html，2019 年 7 月 10 日最后访问。

[2] 福建自贸试验区办公室：《福建自贸试验区厦门片区参照国际标准 探索建设"知识产权友好自贸区"》，载福建自贸区网：http://www.china-fjftz.gov.cn/article/index/aid/12961.html，2019 年 9 月 12 日最后访问。

[3] 陕西自贸区：《陕西自贸区建设三周年改革创新成果系列发布（一）》，载中国（陕西）自由贸易试验区网：http://ftz.shaanxi.gov.cn/wzxw/vQfQRf.htm，2020 年 4 月 4 日最后访问。

线上服务。陕西试点保税区设立专门的行政审批机构和市场监管机构,建立了"一个公章管理审批,一个行政执法小组"的政府管理新模式;完善国家信用信息共享平台(陕西),推行"网上办""容缺办""邮寄办"等业务办理方式。[1]

四、小结

2019年,各地自贸试验区结合自己区位优势,在对外开放方面多有独特探索。沿海地区自贸试验区面向全球,着力提升贸易和投资自由化与便利化水平。东北部沿边地区自贸试验区着力与日韩、俄罗斯建立更密切经济合作。西南部自贸试验区着力加强与东盟友国的合作关系。自贸试验区建设呈现中央部署与地方探索相结合的协同改革开放模式,各个自贸试验区在结合自身特色进行制度创新的同时,能够通过中央推广或主动借鉴学习兄弟自贸试验区建设中的先进经验,促进治理能力的快速提高,推动全国各个地区均衡发展。

[1] 陕西自贸区:《陕西自贸区建设三周年改革创新成果系列发布(一)》,载中国(陕西)自由贸易试验区网:http://ftz.shaanxi.gov.cn/wzxw/vQfQRf.htm,2020年4月4日最后访问。

第八章　国际经济法新议题*

导读　随着国际经贸格局变化,2019年,国际经贸规则在科技、国防、军事等前沿或热点领域出现许多新议题。美国、欧盟、中国之间的竞争越发激烈,在经贸领域以加征关税、加强出口管制等手段不断进行交锋,并且形成了经济议题与政治议题、安全议题错综交织的局面。在新兴技术、数字贸易不断涌现的背景下,因为国际统一规则的缺失,各国/地区不断争夺关键技术领域的话语权。在能源和环境领域,部分国家推动国内立法进程,兑现气候变化承诺,争取落实可持续发展义务。国际经济法新议题涉及的领域广泛,竞争色彩浓厚,分配效应显著。各国往往结合国际和国内层面已有的原则和规范,力求构建正当性的规则话语体系。

当前,世界经济增长乏力,国际形势波谲云诡,在此背景下,国际经济法领域涌现出一批新议题,不同于传统议题的是,其涉及内容广泛,具有明显的政治驱动因素,竞争色彩浓厚;新规则具有明显的经济分配效应,往往契合主导国的竞争优势和强势产业;在规则设计和导向上,各个国家/地区基于已有的原则和规范,力求建构新的规则体系。本章依次从规则实践、政策动向和智库研究成果三个方面,介绍2019年国际经济法诸多新议题的发展动态。

一、规则实践

随着新议题的不断涌现,国际经济法领域的新规则应运而生,掌握

* 本章执笔:张中晔、陈誉文。

规则制定话语权的国家不但能够为自身的发展奠定充足的空间，同时也为后续国际规则或国际机制的完善提供参考和借鉴。

（一）美国经济制裁

2019 年，美国加强单方经济制裁。从制裁对象来看，美国以伊朗、委内瑞拉等国家为主要目标，以遏制经济发展的方式迫使其接受美国的要求。2019 年 8 月 5 日，美国总统颁发行政命令要求扩大 2018 年美国对委内瑞拉政府的制裁范围，冻结由美国控制的委内瑞拉政府财产，并禁止任何与政府有关的人进行交易，除非获得美国财政部的特别许可。2019 年 9 月 20 日，美国总统宣布对伊朗国家银行和主权财富基金实施新制裁措施。如果有公司和金融机构的活动涉及美国财政部之下的 OFAC 网站上公布的 SDN 名单中的任何人员，仍存在受到包括禁止美元交易在内的处罚的风险。[1]

随着中美经贸摩擦加大，中国实体因与受制裁国家有业务往来而亦受到牵连，其中受制裁实体多为国有企业或能源机构。2019 年 5 月 14 日，6 家中国企业被列入出口管制实体清单（entity list），他们被指控采购美国原产物项，用于支持伊朗“大规模杀伤性武器”和军事计划，违反了美国出口管制规定。[2] 2019 年 7 月 22 日，美国政府对中国国资委下辖的珠海振戎公司实施制裁。9 月 25 日，OFAC 确定两家与伊朗保持贸易往来的中国公司符合制裁标准。

此外，OFAC 还更新了其 SDN 清单，[3]发布合规承诺框架，以重申其司法管辖权，即管理并执行美国的制裁政策。[4] 该框架包括对一些常见违反制裁情况的分析，概括了有效制裁合规计划应具备的五个基

---

[1] Jeffrey J. Schott：*Will Trump Throw Oil Sanctions on the Fire of US-China Relations*?（Oct. 19, 2019），Peterson Institute for International Economics：https://www.piie.com/blogs/realtime-economic-issues-watch/will-trump-throw-oil-sanctions-fire-us-china-relations.

[2] 张国勋、王刚：《跨境法律实务出口管制再升级，美国“实体清单”的风险与应对措施》，载微信公众号“走出去智库 CGGT”：https://www.sohu.com/a/315300858_610982，2019 年 5 月 20 日最后访问。

[3] Jeffrey J. Schott：*Will Trump Throw Oil Sanctions on the Fire of US-China Relations*?（Oct. 19, 2019），Peterson Institute for International Economics：https://www.piie.com/blogs/realtime-economic-issues-watch/will-trump-throw-oil-sanctions-fire-us-china-relations.

[4] Mengqi Sun：《美国财政部 OFAC 公布制裁合规承诺框架》，载腾讯网：https://new.qq.com/omn/20190506/20190506A02AXF.html，2019 年 5 月 6 日最后访问。

本要素，即管理层承诺、风险评估、内部控制、测试和审计、培训。[1]

SEC 则通过加强对上市公司遵守美国制裁情况的质询，以配合日益增加的美国制裁“黑名单”。通过向企业发送意见函，SEC 要求企业披露与美国制裁的目标国家存在的相关交易细节。[2]

美国经济制裁影响深远。如果被认定违反美国制裁，相关企业可能面临失去进入美国金融体系机会的风险，并可能面临高额罚款和刑事责任。[3] 为规避在美制裁风险，中国公司可能暂停或放弃与特定国家的业务。中国石油化工股份有限公司曾因美国制裁因素而退出在伊朗的油田开发。[4]

（二）能源与环境治理

在能源方面，2019 年 5 月 22 日，欧盟通过了 CEP，全面更新欧盟电力市场规则手册，以开放能源市场促进能源转型，主要变化包括，引入容量机制（capacity mechanism）新设计原则，鼓励对存储设施的投资，建立更公平、更灵活的平衡系统。[5]

在极地开发方面，美国《2020 财年国防授权法案》中纳入北极相关条款，包括第 1250 条 J 项（中国在北极地区国家的外国直接投资）和第 1080 条 D 项（计划增加和扩展在寒冷天气进行军事训练）。[6] 美国法律战研究所（Lawfare Institute）发布报告认为，美国应从南极气候变化带来的资源开采可行性增加，中国环境政策的改变，以及南极治理领域

[1] 刘相文、Graham · Adria、王涛、王妙婷：《中国企业如何防范和应对美国政府制裁风险？——美国财政部〈OFAC 合规承诺框架〉解读》，载中伦律师事务所：http://www.zhonglun.com/Content/2019/07-02/1627410963.html，2019 年 7 月 2 日最后访问。

[2] Mengqi Sun，Mark Maurer：《SEC 加强对上市公司是否遵守美国制裁合规的质询》，载微信公众号“道琼斯风险合规”：https://mp.weixin.qq.com/s/HyXcapBZKMdZziE8BRh6lA，2019 年 9 月 2 日最后访问。

[3] Ian Talley：《特朗普政府宣布与恐怖融资有关的新制裁》，载微信公众号“道琼斯风险合规”：https://mp.weixin.qq.com/s/iSy7v8xaG5wocWht0WU0iQ，2019 年 9 月 12 日最后访问。

[4] 英国《金融时报》：《中石油退出伊朗大型天然气项目》，载 FT 中文网：www.ftchinese.com/story/001084630，2019 年 10 月 8 日最后访问。

[5] Nigel Howorth：*Clean Energy for all Europeans*：*New EU Rules on Electricity Markets*（Jun. 11，2019），Clifford Chance：https://www.cliffordchance.com/briefings/2019/06/clean_energy_foralleuropeansneweuruleso.html.

[6] Simon Gregory Jerome：*Arctic Provisions in the* 2020 *NDAA*（Oct. 1，2019），Lawfare：https://www.lawfareblog.com/arctic-provisions-2020-ndaa.

扩大带来的压力和主权问题等三个方面进行长远规划，制定美国“南极战略计划”：首先，美国应当把更多的治理资源分配给极地，从而增强其在该地区的实力；其次，美国应强调与澳大利亚等盟国在南极地区的合作；最后，美国应与其他南极条约的签署国合作，确保条约得到遵守并维持条约项下的既定格局。

在环境治理方面，不同国家纷纷通过国内立法兑现气候承诺。新西兰“零碳排”法案明确两大目标，远期目标是在 2050 年前把生物甲烷总排放率减至 24%～47%，中期目标是在 2030 年前将生物甲烷总排放量减至 2017 年水平以下 10%，并成立独立的气候变化委员会，就应采取的行动向政府提供建议，以实现环境承诺。[1] 斐济已经提出一项草案，计划从 2020 年起禁止使用一次性塑料袋。[2]

根据 PTPA 中环境章节的第 18 条，美国与秘鲁首次在贸易协定项下就环境议题展开磋商。秘鲁部长理事会发布法令，决定继续保持森林资源和野生动植物监督局的独立地位，直接向秘鲁总理负责。这些措施有利于 PTPA 项下的环境磋商相关问题。[3]

（三）新兴技术监管

针对 5G 安全风险监控，《欧盟网络安全法案》把欧盟网络和信息安全署定位成欧盟永久性机构，通过提升其地位来领导网络安全认证工作。[4] 在人工智能方面，美国加利福尼亚州已出台几项旨在减轻特定人工智能技术负面影响的法案。2019 年 5 月 14 日，旧金山成为美国第一个禁止执法机构使用面部识别技术的大城市。同年 7 月，奥克兰

---

[1] Sean Fleming：*These are the countries that have made their climate commitments law* (Oct. 13, 2019), World Economic Forum：https://www.weforum.org/agenda/2019/11/new-zealand-net-zero-2050/.

[2] Sean Fleming：*These are the countries that have made their climate commitments law*, (Oct. 13, 2019) World Economic Forum：https://www.weforum.org/agenda/2019/11/new-zealand-net-zero-2050/.

[3] USTR：*Successfully Resolves Concerns Raised in First-Ever Environment Consultations Under the U. S. -Peru Trade Promotion Agreement* (*PTPA*) (Apr. 9, 2019), Office of the U. S. Trade Representitive：https://ustr.gov/about-us/policy-offices/press-office/press-releases/2018/april/ustr-successfully-resolves-concerns.

[4] 路透社：《欧盟将要求成员国严格监控 5G 安全风险》，载路透中文网：https://cn.reuters.com/article/eu-5g-security-risks-huawei-0326-tues-idCNKCS1R8036? from=singlemessage&isappinstalled=0，2019 年 3 月 27 日最后访问。

也实施了类似的限制。[1] 美国加利福尼亚州议会于 2018 年 9 月通过《机器人揭露法案》(Bots Disclosure Act, Senate Bill No. 1001),旨在防范"利用对话机器人误导消费者认为其为真人同时并误导消费者进行不公平交易"的商业模式;而在选举诚信方面,如果选举人有利用对话机器人影响选举结果而未揭露该事实时,应被视为违法行为。在美国联邦层面,《机器人信息披露与责任法案》吸收了加利福尼亚州的许多做法。[2]

(四)数字贸易与数据保护

事实上,《2018 年数据保护法案》已经将欧盟的 GDPR 的主要原则写入了英国法律。英国脱欧后,有关数据保护、隐私和电子通信条例将生效,并引入一个新的"英国 GDPR",这将复制欧盟 GDPR 的大部分实质性内容。[3] 2018 年,美国加利福尼亚州出台了《加利福尼亚州消费者隐私法》,这是继欧盟出台 GDPR 之后美国国内通过的首部数据隐私法,该法于 2020 年 1 月起正式生效。该法旨在提高加利福尼亚州居民对个人信息相关问题(尤其是企业对个人信息的收集,并将其用作企业财产)的关注,以切实保护加利福尼亚州居民的隐私权。加利福尼亚州居民将有权要求知悉企业收集了哪些个人数据、企业是否将这些数据出售给其他企业或与其他企业共享,并有权要求企业停止出售个人数据,如有泄露数据的行为则有权向法院起诉。该法也在美国联邦层面产生了影响,推动了美国联邦数据隐私法的发展,这些数据隐私法与人工智能等依赖数据的领域密切相关。[4] 印度也在讨论一项数据保护

---

[1] Brandie Nonnecke, Jessica Cussins Newman: *Here's how California is approaching the ethics of AI*(Oct. 18, 2019), World Economic Forum: https://www.weforum.org/agenda/2019/10/ai-tech-ethics-california-facial-recognition.

[2] Brandie Nonnecke, Jessica Cussins Newman: *Here's how California is approaching the ethics of AI*(Oct. 18, 2019), World Economic Forum: https://www.weforum.org/agenda/2019/10/ai-tech-ethics-california-facial-recognition.

[3] Baker McKenzie Insight: *How Will a No Deal Brexit Impact Data Protection*? (Apr. 16, 2019), Baker McKenzie: https://www.bakermckenzie.com/en/insight/publications/2019/01/brexit-data-protection.

[4] Brandie Nonnecke, Jessica Cussins Newman: *Here's how California is approaching the ethics of AI*(Oct. 18, 2019), World Economic Forum: https://www.weforum.org/agenda/2019/10/ai-tech-ethics-california-facial-recognition.

法案,要求个人数据的副本存储在该国境内,个人“关键”数据只能在位于印度的服务器或数据中心处理。[1]

二、政策动向

2019 年全球经济形势呈现不确定性。经济合作与发展组织在其发布的年度报告(《Going for Growth》)中指出,当前经济增长疲软,全球化、数字化、老龄化以及环境恶化成为影响经济发展的关键因素。为了更好地应对上述发展态势,各国政府应加强统筹协调,有条不紊地实施结构性改革,从而促进经济长期增长、提高竞争力和生产力、创造就业机会,确保拥有更清洁的环境和平等的发展机会。[2] PIIE 通过分析 G20 国家中政党(共 55 个)的政策纲领,从贸易政策、产业政策、竞争政策、外国直接投资、移民、多边组织和宏观经济政策等维度,分析了经济民族主义的转变,指出经济民族主义正在逐渐兴起。在全球经济放缓的大背景下,处在危机中的国家倾向于追求狭隘的自身利益,这很可能损害世界经济的整体发展,并增加了应对经济危机的风险。[3]

在可持续投资议题上,联合国宣布由 UNCTAD 和联合国经济和社会理事会(Economic and Social Council,ECOSOC)于 2019 年 4 月协调促成了“全球可持续发展投资者暨首席执行官联盟”。该联盟再次强调了私人投资对满足可持续发展目标所需的投资规模所起到的重要作用。[4]

---

[1] Marion A. Creach:*Assessing the legality of data-localization requirements: Before the tribunals or at the negotiating table?* (Jun. 17, 2019), Columbia FDI Perspectives: http://ccsi.columbia.edu/files/2018/10/No-254-Creach-FINAL.pdf.

[2] OECD:*Uncertain global economy should prompt governments to embark on reforms that boost sustainable growth, raise incomes and increase opportunities for all* (Jul. 12, 2019), OECD: http://www.oecd.org/economy/uncertain-global-economy-should-prompt-governments-to-embark-on-reforms-that-boost-sustainable-growth-raise-incomes-and-increase-opportunities-for-all.htm.

[3] Monica de Bolle: *The Rise of Economic Nationalism Threatens Global Cooperation* (Sep. 4, 2019), Peterson Institute for International Economics: https://www.piie.com/blogs/realtime-economic-issues-watch/rise-economic-nationalism-threatens-global-cooperation.

[4] UNCTAD: *UN announces new CEO alliance to fund sustainability* (Apr. 17, 2019), UNCTAD: https://unctad.org/en/pages/newsdetails.aspx? OriginalVersionID = 2061. G20: *G20 Ministerial Statement on Trade and Digital Economy* (Jun. 28, 2019), European Commission: https://trade.ec.europa.eu/doclib/docs/2019/june/tradoc_157920.pdf.

在区域合作上，中国持续推进“一带一路”建设。在中东地区，中国政府已承诺向该地区提供230亿美元的贷款和援助，与17个阿拉伯国家签署了“一带一路”合作协议，并在阿曼、阿尔及利亚、埃及、叙利亚等国开展基础设施合作。[1] 与相关国家的政治议题妥善解决后，中国与太平洋国家的“一带一路”合作也逐步展开。[2] 由美国国际发展署主导的项目“能源非洲”（Power Africa），也主张为非洲国家提供渠道，解决发展的最基本的电力需求。此外，美国国际发展署署长格林（Green）还宣布了“ 能源非洲2.0”计划，进一步扩大电力范围。在印太地区，美国建立了与1亿多美元基金相应的基建激励计划，而在拉美地区，美国推出了美洲发展计划（Americas Crece），该计划旨在宏观层面扩大美国对拉美地区的投资。

在双边层面，中美贸易摩擦呈现扩大化趋势。时任美国总统特朗普援引1977年IEEPA，来命令美国公司“立即寻找替代中国的方案”的法律依据。[3] 美国参议院军事委员会于2019年5月23日发布NDAA草案，“要求建立一份与中国军方有任何关联的中国机构与企业名单，用来筛选学生和研究人员的签证申请，以防中国获得军事领域知识产权”。美国国会要求更严格地报告“一带一路”国际贷款计划。[4] 2019年5月15日，美国商务部工业与安全局（Bureau of Industry and Security，BIS）宣布，将把华为技术有限公司及其附属公司列入该局的实体名单，指控其涉嫌违反有关禁止向伊朗提供金融服务的规定，涉嫌妨碍司法公正罪，涉嫌违反美国的单边制裁法案，损害了美国的国家安全或外交政策利益。时任美国商务部长罗斯（Wilbur Ross）表示，此举能够阻止外国政府所有的实体以可能损害美国国家安全或外交政策利

---

[1] Maha Yahya：*How Has China's Role in the Middle East Evolved*?（Sep. 26，2019），Carnegie Middle East Centre：https://carnegie-mec.org/2019/09/26/how-has-china-s-role-in-middle-east-evolved-pub-79930.

[2] Derek Grossman，Michael S. Chase：*What Does Beijing Want from the Pacific Islands*?（Dec. 9，2019），Rand Corporation：https://www.rand.org/blog/2019/12/what-does-beijing-want-from-the-pacific-islands.html.

[3] Peter E. Harrell：*How to Reform IEEPA*（Aug. 28，2019），Lawfare：https://www.lawfareblog.com/how-reform-ieepa.

[4] 路透社：《美国参议院版国防授权法草案出炉目标对准中国影响力》，载路透中文网：https://cn.reuters.com/article/us-congress-defence-bill-china-0524-idCNKCS1SU03K?from=singlemessage&isappinstalled=0，2019年5月24日最后访问。

益的方式使用美国技术。[1] 针对中美"关税大战",IMF 发布的一份报告显示,关税并不能解决中美两国贸易差额,决定一国贸易顺差与否的关键在于该国内部的宏观经济因素。国家间由关税导致的贸易差额的变化,会通过贸易转移从而被与其他贸易伙伴的双边差额变化抵消,这对贸易差额总量(所有双边贸易差额的总和)几乎不产生影响。[2]

三、智库研究

(一)中国对外政策

中国在推行"一带一路"建设过程中与世界的经济联系正在变化,在中东地区、东南亚、太平洋岛国等地区的影响力逐渐加强。麦肯锡咨询公司(McKinsey & Company)从以下几个方面分析了中国与世界在变化中的经济联系:(1)作为全球大国,中国拥有庞大的经济体量,但中国经济尚未全方位实现与世界融合;(2)从贸易、技术和资本三个重点维度来看,中国经济对世界经济的依存度在下降,而世界经济对中国经济的依存度在上升;(3)中国已融入全球技术价值链;(4)中国快速扩张的消费市场为国内外企业提供了重要机会。[3]

在中东地区,卡内基国际和平研究院研究表明,中国的角色演变经历了 20 世纪六七十年代"有限的政治作用",到 20 世纪八九十年代的"多元化",再到如今的"地区最大的外国投资者"。中国合作的方向也由原先以政治议题为主转向经济议题优先,因此,中国需要加强同该地

---

[1] 美国商务部工业与安全局:《美国商务部工业与安全局将华为及关联公司列入实体列表》,载美国驻华大使馆和领事馆网:https://china.usembassy-china.org.cn/zh/department-of-commerce-announces-the-addition-of-huawei-to-the-entity-list/,2019 年 5 月 20 日最后访问。

[2] Johannes Eugster, Florence Jaumotte, Margaux MacDonald, Roberto Piazza: *Economic Forces, Not Tariffs, Drive Changes in Trade Balances* (Apr. 3, 2019), IMF Blog: https://blogs.imf.org/2019/04/03/economic-forces-not-tariffs-drive-changes-in-trade-balances/.

[3] Jonathan Woetzel, Jeongmin Seong, Nick Leung, Joe Ngai, James Manyika, Anu Madgavkar, Susan Lund, and Andrey Mironenko: *China and the world: Inside the dynamics of a changing relationship* (Jul. 14, 2019), McKinsey Global Institute: https://www.mckinsey.com/featured-insights/china/china-and-the-world-inside-the-dynamics-of-a-changing-relationship.

区的各个政治力量的交往能力，来保护日益增加的投资和贸易合作。[1] 在东南亚地区，中国需要平衡经济合作与地缘因素。布鲁金斯学会认为，东南亚既是中国作为一个大国发展的试验场，也是中国未来向全球扩张的门户。随着美国、日本和印度等其他区域影响力大国的介入，东南亚的地缘竞争日益激烈，东南亚国家将继续与中国进行谨慎地接触。[2] 在太平洋方向，兰德公司（RAND Corporation）认为，中国可能利用美国退出《巴黎协定》的机会，削弱美国在威胁太平洋岛国生存的气候议题上与中国的竞争力。[3]

中国海外投资的国际影响日渐增大。美国企业研究所（American Enterprise Institute，AEI）的研究指出，自 2016 年以来，中国在全球范围的投资不断下降，尤其是对美投资持续下滑，因此认为美国不必过分夸大中国在海外投资和全球基础设施建设中的影响力，而是需要在知识产权保护、人权保障和区域安全合作方面发挥更大作用，从而维护美国的领导作用。[4] 相比之下，美国 CSIS 研究发现，中国企业在其全球化过程中逐渐获得了全球主导地位：（1）与 2018 年相比，有更多的中国企业出现在全球 500 强榜单上；（2）中国的顶级品牌与其他经济强国的品牌涉及的经济领域明显不同；（3）外国企业和中国企业在中国消费者当中的竞争力不相上下。[5]

---

[1] Maha Yahya：*How Has China's Role in the Middle East Evolved*?（Sep. 26，2019），Carnegie Middle East Centre：https://carnegie-mec.org/2019/09/26/how-has-china-s-role-in-middle-east-evolved-pub-79930.

[2] Jonathan Stromseth：*The testing ground：China's rising influence in Southeast Asia and regional responses*（Nov. 3，2019），Brookings：https://www.brookings.edu/research/the-testing-ground-chinas-rising-influence-in-southeast-asia-and-regional-responses/.

[3] Derek Grossman，Michael S. Chase：*What Does Beijing Want from the Pacific Islands*?（Dec. 9，2019），Rand Corporation：https://www.rand.org/blog/2019/12/what-does-beijing-want-from-the-pacific-islands.html.

[4] Derek Scissors：*China's global business footprint shrinks*（Jul. 10，2019），American Enterprise Institute：https://www.aei.org/research-products/report/chinas-global-business-footprint-shrinks/.

[5] China Power Project：*How dominant are Chinese companies globally*?（Sep. 18，2019），Center for Strategic and International Studies：https://chinapower.csis.org/chinese-companies-global-500/.

(二)美国对外政策

美国对多边贸易体制责难已久,在2019年通过“双边贸易冲突”和“区域贸易机制重组”两种方式推动WTO改革。

1. 美国长臂管辖

长臂管辖权,是指美国法律规定其法院在判断能否对一个涉外民事案件行使管辖权时,可以适用“最低限度联系”原则。长臂管辖具有三个特征:第一,本质是域外管辖权;第二,适用“最低限度联系”原则;第三,具有随意选择性。在实践中,美国337条款(知识产权保护条款)、《海外反腐败法》、《出口管制法》是美国实施长臂管辖的常见法律依据。

美国337条款则主要针对外国企业及其产品,由美国国际贸易委员会启动诉讼程序来阻止外国生产商对美国知识产权的侵害。中美合资企业数量众多,而且员工跳槽现象非常普遍,美国“长臂管辖”可能影响中国企业之间雇员的正常流动。

美国1998年《海外反腐败法》使美国法院可以通过扩张属人管辖来制裁外国公司或自然人。美国海外反腐败实践有三个重要特点:赔偿数额巨大,可以充分宣传美国规范,能够清除美国公司的竞争对手。随着“一带一路”建设的开展,美国域外司法管辖权有扩张之势,这增加了中国公司的经营风险。

美国《出口管制法》可以确保任何企业不得将美国生产的管制设备(比如军事器材)出口到美国禁运的国家,同时不允许任何企业破坏美国的金融制裁。中兴通讯被制裁案、华为公司孟晚舟案都是个中典型。

2. 技术民族主义

技术民族主义是“美国优先”在科技领域的具体表现。2019年8月特朗普总统在其社交媒体上暗示谷歌犯下了“与中国军方而不是美国军方合作的叛国决定”,这折射出新形式的技术民族主义,即在美经营的美国公司暗中支持中国利益从而损害华盛顿的利益。美国法律战研究所认为,出于在海外市场蓬勃发展的考虑,美国公司无义务为帮助美国政府而避免与外国签订合同。

美国科技公司想在中国开拓业务将面临“选边站困境”:支持美国政府就要放弃庞大中国市场,支持中国政府则可能惹怒美国政府并可能间接支持中国信息监管政策。美国法律战研究所认为,美国政府对企业的过度干预和控制，损害了它们在世界舞台上的竞争能力，并且将美国公司拖入美国与中国的竞争。[1]

3."灰色地带"竞争

大国之间的战略竞争正在加剧。兰德公司认为，美国与俄罗斯、中国的竞争将围绕"灰色地带"(gray zone)[2]展开。兰德公司指出，应对"灰色地带"威胁的总体战略概念是建立在四个相互补充的基础之上：形成长期支持美国和合作伙伴目标的环境；阻止少数非常极端的"灰色地带"侵略；避免在日常环境中使用复杂的"灰色地带"技术；在较低水平、持续竞争的领域保持弹性。

为了实施这一战略构想，兰德公司还提出了一份初步清单，其中包括大约 36 种应对方案，供美国官员考虑，例如，在关键地区部署永久性的新军事能力，提前进行政治干预和部署信息作战计划，以及防止侵略者参与关键经济机构的工作。兰德公司进一步建议：美国及其盟友、合作伙伴需要确定哪些行动在"灰色地带"是绝对不能容忍的，并围绕"灰色地带"侵蚀可能产生的影响划定边界；应在美国政府内设立一个专门办公室，配备专门工作人员。[3]

（三）大国贸易关系

1. 中美贸易摩擦扩大

中美贸易摩擦日渐扩大化，各方对中美摩擦的动力、效果和媒介的研究日渐深入。兰德公司发布报告认为，美国目前所采取的行动无益于解决中美贸易和投资关系的两大问题：中国政府主导的产业政策和

---

[1] Scott Moore: *Trump's Techno-Nationalism* (Aug. 15, 2019), Lawfare: https://www.lawfareblog.com/trumps-techno-nationalism.

[2] 美国 2010 年出台的《四年防务评估报告》(Quadrennial Defense Review Report)使用了"模糊的灰色地带"(ambiguous gray area)的说法，指既不完全是战争、也不完全是和平的安全挑战。美国特种作战司令部 2015 年发布了题为《灰色地带》(The Gray Zone)的白皮书，将"灰色地带"挑战定义为发生在"国家或非国家行为体之间和内部的、处于战争与和平传统二元对立之间的竞争性互动"。日本对"灰色地带"概念的定义是指围绕领土主权、经济权益等问题发生的未达到使用武力程度的对立和冲突。参见归泳涛：《"灰色地带"之争：美日对华博弈的新态势》，载《日本学刊》2019 年第 1 期

[3] Lyle J. Morris, Michael J. Mazarr, Jeffrey W. Hornung, Stephanie Pezard, Anika Binnendijk, Marta Kepe: *Gaining Competitive Advantage in the Gray Zone Response Options for Coercive Aggression Delow the Threshold of Major War* (Jun. 27, 2019), Rand Corporation: https://www.rand.org/pubs/research_reports/RR2942.html.

中国在国际贸易规则项下享有的特权。一方面,中国为国内企业提供特殊保护,并支持国内企业以边际成本向国际市场出口或倾销货物,这损害其他贸易伙伴的国家利益;[1]另一方面,中国的“发展中国家”地位使其在WTO规则中受益,而中国的“一带一路”倡议满足其他发展中国家所需要的基础设施投资,有助于中国获得广泛支持。兰德公司认为,解决上述两个问题的可行之策是组建一个国际联盟,促使中国接受补贴规则限制,并采取“负责任”的方式来实现其工业化目标,不损害其贸易伙伴(无论贫富)的利益。然而,特朗普政府首次对邻国和盟友采取贸易行动,宣布对美国进口的钢铁和铝设置关税壁垒,此举削弱了组建这样一个联盟的机会。美国和中国已经陷入了加征关税和报复反制的不信任互动陷阱。[2]

中美贸易摩擦的影响不容忽视,其长期影响尚难估计。无论是加征额外关税,还是经济制裁,中国企业海外运营的环境都在显著恶化,面临一定的市场阻断、技术封锁、国际供应链隔离和声誉损失的风险。兰德公司认为,特朗普对中国企业加征关税这一举措对中国产业政策几乎没有发挥作用;相反,加征关税的做法会对美国国内经济产生负面影响,不断增加美国企业的运营成本,并可能最终影响全球经济的繁荣。[3]

PIIE显示,如果美国想通过加大对伊朗和委内瑞拉的经济制裁来应对中国的经贸摩擦,中国的能源公司和大型金融机构将会受到美国

---

[1] “中国对国营部门支持力度进一步加大,在2012年至2018年,国有企业的资产年增速达国内资本形成总额增速两倍,然而国有企业的资产收益率却有所下降;资本倾斜挤压了生产效能更高的私营部门,从而导致了中国经济增速的持续放缓。”See Nicholas R. Lardy: *State Sector Support in China Is Accelerating* (Oct. 28, 2019), Peterson Institute for International Economics: https://www.piie.com/blogs/china-economic-watch/state-sector-support-china-accelerating.

[2] Charles P. Ries: *Trump's Tariffs Against China Aren't Working. And There's No Quick Resolution in Sight* (Sep. 23, 2019), Rand Corporation: https://www.rand.org/blog/2019/08/trumps-tariffs-against-china-arent-working-and-theres.html.

[3] Charles P. Ries: *Trump's Tariffs Against China Aren't Working. And There's No Quick Resolution in Sight* (Sep. 23, 2019), Rand Corporation: https://www.rand.org/blog/2019/08/trumps-tariffs-against-china-arent-working-and-theres.html.

的经济制裁,进而使中美经贸摩擦升级到另一个水平。[1] 美国不断升级的出口管制要求中国企业搭建全面、高效的贸易合规体系,以识别出对外贸易中的出口管制风险并及时采取应对措施,进而确保今后可以持续、可预期地作出合规的出口决策。兰德公司发布的评论指出,中美经贸摩擦和朝核问题可能存在某种互动关系:中国可以有效地利用其影响力来发挥自己的优势,例如,可以协调和实施制裁,影响朝鲜的非法创收计划等;中国在支持遏制和减少朝鲜威胁方面也有一定的建设性合作,有助于建设中国维护地区持久安全与稳定的合作伙伴形象。[2]

2. 欧美分歧逐步加深

由于美国特朗普政府的政策缺乏可预期性,欧盟委员会虽主动与美国谈判,利用 WTO 开展工作,但双边磋商却难达一致。欧盟与美国的矛盾正不断扩大:一方面,欧盟与美国的贸易活动受到了美国对中国和 WTO 的攻击的影响;另一方面,欧盟本身也是美国"破坏性贸易政策"的目标。

由于美国和欧盟在谈判目标上存在分歧,双方难以达成类似美日间"农业换汽车"那样的协议。同时,由于欧盟成员国内部角色分工的原因,以本国农业牺牲换取他国制造业进口优惠的方案不为人接受。此外,欧盟表示不会接受定额或任何形式的汽车贸易计划,这意味着"可能达成协议的领域"并不明确。无协议的贸易关系可能导致更加高昂的关税报复。

但是,通过创造性的措施来避免美欧贸易紧张局势升级并不是不可能的。例如,空客和波音公司之间长达 15 年的争议正处于紧要关头。鉴于美国和欧盟均违反了规则,通过谈判达成和解以及建立新的框架来管理航空部门的出口融资,将是更明智的做法。欧盟在维持多边贸易体系方面具有特殊作用。尽管美国的做法没有建设性,但欧盟

---

[1] Jeffrey J. Schott:*Will Trump Throw Oil Sanctions on the Fire of US-China Relations*?(Sep. 24, 2019), Peterson Institute for International Economics: https://www.piie.com/blogs/realtime-economic-issues-watch/will-trump-throw-oil-sanctions-fire-us-china-relations.

[2] Soo W. Kim:*U. S. Economic War on China Weakens Nuclear North Korea, Too*(Oct. 19, 2019), Rand Corporation: https://www.rand.org/blog/2019/10/us-economic-war-on-china-weakens-nuclear-north-korea.html.

完全有能力行使中等国家和发展中国家的领导权,以建立一个庞大的联盟来支持该体系。欧盟可以通过坚持 WTO 规则、灵活运用贸易政策工具以及经济实力获得领导力和国际信誉。为此,欧盟必须进一步平衡其内部成员的贸易政策和气候变化政策,并反对某些政治领导人的经济民族主义议程。[1]

3. 中欧经贸亦敌亦友

中欧关系近来稳步发展,竞争中亦存在合作。

就双边贸易而言,中国是欧盟第二大出口市场,而欧盟已成为中国最大的贸易伙伴和第二大中国商品出口市场,中欧双边贸易逆差不断扩大。同时,随着中国向价值链上游移动,欧盟从中国进口的主要类别为资本货物,而中国从欧盟进口的运输设备和化工产品总量亦在稳步增长。中欧贸易流动虽然对欧盟国家的部分部门造成冲击,但有助于提升消费者消费体验和通过较低的中间产品价格增强欧盟工业的国际竞争力。

就关税和非关税壁垒而言,中国提高对美国出口产品的关税意味着欧洲公司拥有更多进入中国市场的机会。尽管中国逐步减少非关税壁垒,但中国的国内农业标准和海关程序的区域差异一直阻碍着中欧之间的农产品贸易。

就外商直接投资流量而言,欧盟和中国之间的外商直接投资流量与贸易联系紧密。中国与欧盟之间贸易额的增多带动了双方的投资数量,但相较于两个经济体自身的规模而言,双边直接投资流量仍然较小,且波动较大。近年来,欧洲对中国的外国直接投资呈下降趋势。

中国和欧盟之间目前尚未达成自由贸易协定,而一些欧盟成员国与中国签订的双边投资条约也不包含市场准入条款。欧盟目前正与中国谈判一项全面且深入的投资条约,各方承诺将于 2020 年年底前达成协议。中欧经贸关系因中美不断升级的贸易摩擦而变得复杂,欧盟委

[1] Anabel González, Nicolas Véron: *Targeted by the United States, a Renewed Trade Response from the European Union*(Sep. 13,2019),Peterson Institute for International Economics: https://www. piie. com/blogs/trade-and-investment-policy-watch/targeted-united-states-renewed-trade-response-european-union.

员会曾将中国称为“推动另类治理模式的系统性竞争对手”。[1]

综合来看，中国和欧盟之间的经济联系已十分广泛，机遇与竞争并存。中美关系和中欧关系不及美欧关系密切。PIIE 报告指出，中国与美欧的贸易关系还存在以下障碍：一是高关税和非关税壁垒；二是各方对投资地点和投资方式进行了限制；三是中国国有企业被认为构成不正当竞争，私营企业被认为遭受政治干预；四是中国国内缺乏强有力的知识产权保护机制；五是地缘政治和安全竞争加剧。[2]

（四）“新疆域”治理

1. 人工智能

2019 年，美国加利福尼亚州颁布《机器人信息揭露法案》，引导和规制人工智能的研究与产业应用，以确保安全而负责任地开发和部署人工智能系统。[3] 然而，《机器人信息揭露法案》对“机器人”[4]的界定较为模糊，相关主体识别和遏制恶意机器人影响方面的角色和责任分配不够明确。这些削弱了它的可执行性和影响力，也引发了美国联邦政府对相关立法的抵制。

2019 年 6 月 26 日，欧盟人工智能高级别专家组宣布在《人工智能道德准则》（AI Ethics Guidelines）中启动评估清单的试验阶段，同时公布人工智能的政策和投资建议：在人工智能推广方面，促进欧洲各部门对人工智能技术和服务的采用，建立公私伙伴关系以促进部门人工智能生态系统，以政府为平台促进欧洲人工智能的发展；在人工智能监管方面，在欧洲制定合法的道德数据管理和分享计划，开发和支持特定于

---

[1] Uri Dadush, Marta Domínguez – Jiménez and Tianlang Gao：*The state of China – European Union economic relations*（Nov. 20, 2019）, Bruegel：https://bruegel.org/2019/11/the-state-of-china-european-union-economic-relations/.

[2] Uri Dadush, Marta Domínguez – Jiménez and Tianlang Gao：*The state of China – European Union economic relations*（Nov. 20, 2019）, Bruegel：https://bruegel.org/2019/11/the-state-of-china-european-union-economic-relations/.

[3] Brandie Nonnecke, Jessica Cussins Newman：*Here's how California is approaching the ethics of AI*（Oct. 20, 2019）, World Economic Forum：https://www.weforum.org/agenda/2019/10/ai-tech-ethics-california-facial-recognition.

[4] 《机器人信息揭露法案》对于“机器人”的定义为：所有自动化线上账户，该账户全部或实质上的行动或贴文均不是由自然人所造成的情形。新法案将适用于任何加州公众可连接的网站，网络应用程序，包括 Twitter 等社群媒体或其出版物。但在过去 12 个月经常性拥有 1000 万以上的访客或用户的大型网络平台业者不受新法约束。

人工智能的网络安全基础设施,从最相关的法律领域开始,评估并可能修订欧盟法律。[1]

2. 能源合作

为应对气候变化,世界经济论坛基于《世界能源展望》(World Energy Outlook,WEO)提出世界需要组成广泛的联盟来应对气候变化,以“追求一个更加安全和可持续的未来”。

欧盟、中国与俄罗斯形成“能源三角”对国际经济政治产生重大影响。卡内基国际和平研究院研究表明,俄罗斯的“能源政治”以“多点布局”为特征,具体表现为在能源市场联合行动:包括在中东和北非地区投资生产石油和天然气;构建运输管道;掌握对欧盟的供应;增加对亚洲的供应;打压价格。2019 年 5 月 22 日,欧盟通过了 CEP,全面更新欧盟电力市场规则手册,通过开放能源市场促进能源转型。俄罗斯利用南部天然气走廊遏制欧盟的能源布局多元化战略,同时将能源作为俄罗斯外交政策工具。[2]

布吕格尔经济研究所发布的一份关于跨境能源关系的研究报告,对全球能源合作进行了展望:[3]欧盟和中国之间不存在对俄罗斯石油和天然气的直接竞争;遏制俄罗斯过高的能源租金符合中国和欧盟的利益;欧盟、俄罗斯和中国在全球能源技术市场上存在竞争,但专注于不同的技术领域;洲际电力交换传输是不可能实现的;相对于欧盟,俄罗斯更担心中国出于战略或政治目的的能源投资。

3. 数据流动政策

2019 年,世界经济论坛发布《探索构建国际数据流动治理平台》白

---

[1] Lisa Peets,Gabe Maldoff,Sam Jungyun Choi:*Two new developments from the EU High-Level Working Group on AI: launch of pilot phase of Ethics Guidelines and publication of Policy and Investment Recommendations for Trustworthy AI*(Jul. 2,2019),Covington & Burling LLP:https://www.insideprivacy.com/artificial-intelligence/two-new-developments-from-the-eu-high-level-working-group-on-ai-launch-of-pilot-phase-of-ethics-guidelines-and-publication-of-policy-and-investment-recommendations-for-trustworthy-ai/.

[2] Marc Pierini:*Russia's Energy Politics and Its Relevance for the EU*(Oct. 12,2019),Carnegie Europe:https://carnegieeurope.eu/2019/10/03/russia-s-energy-politics-and-its-relevance-for-eu-pub-79983.

[3] Georg Zachmann:*The European Union-Russia-China energy triangle*(Dec. 13,2019),Bruegel:https://bruegel.org/2019/12/the-european-union-russia-china-energy-triangle/.

皮书,倡导利益相关者共同制定数据流动政策。[1]

在国际层面,各国对数据流动的政策差异明显。中国和俄罗斯主张数据本地化,印度也要求个人数据的副本存储在本国境内。2019 年 1 月,包括中国和俄罗斯在内的 76 个 WTO 成员宣布,有意就“与贸易相关的电子商务”展开谈判,其中包括数据本地化议题。与之相反,美国则主张数据自由流动。CPTPP 和 USMCA 即包含允许跨国界数据传输和禁止数据本地化要求的条款。[2] 麦肯锡咨询公司认为,亚洲正在塑造全球数字化创新的未来。中国、日本、韩国和新加坡已经成为世界上数字化程度最高的几个国家,与此同时相对落后的国家也正加快数字化进程,亚洲拥有的技术创业创新风险资本充足。[3]

美国大西洋理事会提出“各国更多地利用其进攻性网络武器来实现令人惊讶的降级效果,进攻性网络行动在不断升级冲突的阶梯上处于较低位置,并为各国提供了在不使用武力的情况下向对手发出信号的手段,甚至有可能缓和紧张或挑衅的局势”。鉴于此,“有必要把监管相关恶意软件的传播作为外交和国内治理的政策选项,防止地区冲突升级”[4]。

在国内治理方面,美国司法部于 2019 年 4 月针对美国《澄清域外数据合法使用法案》(又称《云法案》)发布了一份白皮书——《促进全球公

[1] WEF:*Exploring International Data Flow Governance:Platform for Shaping the Future of Trade and Global Economic Interdependence*(Dec. 17,2019),World Economic Forum:http://www3. weforum. org/docs/WEF_Trade_Policy_Data_Flows_Report. pdf.

[2] Marion A. Creach:*Assessing the legality of data-localization requirements: Before the tribunals or at the negotiating table?* (Jun. 17,2019),Columbia FDI Perspectives:http://ccsi. columbia. edu/files/2018/10/No-254-Creach-FINAL. pdf.

[3] Oliver Tonby, Jonathan Woetzel, Wonsik Choi, Jeongmin Seong, Patti Wang:*Asia's future is now*(Jul. 12,2019),McKinsey Global Institute:https://www. mckinsey. com/featured-insights/asia-pacific/asias-future-is-now.

[4] Simon Handler: *The zero-day war? How cyber is reshaping the future of the most combustible conflicts* (Oct. 28, 2019), The Atlantic Council: https://www. atlanticcouncil. org/blogs/new-atlanticist/the-zero-day-war-how-cyber-is-reshaping-the-future-of-the-most-combustible-conflicts/.

共安全、隐私和法治：云法案的目的和影响》，对相关疑问进行解答。[1] 此外，美国国会参议员霍利（Josh Hawley）针对美国《通信规范法》第230条宣布了一项立法提案，试图取消科技巨头对其平台上第三方内容的免责权，主张科技巨头需要对网民上传或者发布的各种内容和言论承担法律责任。[2] 而欧盟则于同年7月发布了一项工作文件（Data protection rules as a trust-enabler in the EU and beyond-taking stock），用来评估欧盟在实施GDPR方面取得的进展，评估的结果将作为改进数据保护框架的重要参考。[3]

四、小结

总体来看，国际经济法新议题涉及的领域更具开放性。越来越多国家开始重视数据保护、环境治理以及新能源、新技术等领域，而这些新领域的发展不可避免会给国际立法和司法带来难题。

国际经济法新议题与国际秩序的调整和地缘政治的互动密切相关。各国都正在利用自身的经济影响力在不同领域制定全球规则与规范。中国的“数字丝绸之路”将有助于推广中国电信标准，欧盟正在推动建立事实上的全球隐私标准，一旦得到复制推广将深刻影响商业和国家安全领域中的数据处理规范。大国之间的较量与关系演变一直是新议题发展变化的主要驱动因素，能源治理、中美贸易等议题与国际政治格局息息相关。新议题之间也相互关联，互相影响，譬如美国对伊朗、委内瑞拉的制裁会给中国国有企业运营造成一定影响。

展望未来，国际经济法新议题具有技术敏感性的特点，技术进步在其中扮演着关键性角色。这意味着，国际经济法新规则的分配效应从

---

[1] Jim Garland, Trisha Anderson, Alexander Berengaut: *Department of Justice Releases White Paper on CLOUD Act* (Apr. 11, 2019), Covington & Burling LLP: https://www.insideprivacy.com/cloud-computing/department-of-justice-releases-white-paper-on-cloud-act/.

[2] Josh Hawley: *Senator Hawley Introduces Legislation to Amend Section 230 Immunity for Big Tech Companies* (Jun. 19, 2019), Senator Josh Hawley: https://www.hawley.senate.gov/senator-hawley-introduces-legislation-amend-section-230-immunity-big-tech-companies.

[3] Dan Cooper, Nicholas Shepherd: *European Commission Issues Report on the Implementation of the GDPR* (Jul. 25, 2019), Covington & Burling LLP: https://www.insideprivacy.com/eu-data-protection/european-commissions-issues-report-on-the-implementation-of-the-gdpr/.

长期来看是不确定的，可能会随着相关国家技术的进步而发生变化。因此，国际经济法新议题可能长期处于规则竞争状态，相关国家在竞争与合作、开放与保守之间将处于游移往复的状态。

第九章　年度报告:国际投资仲裁实证研究报告*

导读　随着案件数量的大量增加,国际投资仲裁机制呈现了较为清晰的结构特征,包括争端的行业聚集性、机构偏好性以及东道国政府行为与争端的密切相关性,同时也暴露了仲裁成本的高昂性、仲裁员群体的内卷性等尤为显著的问题。本章基于大量案例进行实证研究,从六大维度(基本情况、案件主体、程序规则、实体内容、仲裁成本以及裁决与执行)出发,描述并解释国际投资仲裁案件的结构特征。基于案件和数据的实证分析,有助于我们精确把握国际投资仲裁的发展趋势,对国际投资仲裁制度的改革倡议作出针对性回应。

一、引言

(一)研究背景

在经济全球化发展趋势下,国际经济交流越来越密切,国际投资数量也在不断增加,外国投资逐渐成为各国经济发展的重要动力。然而,随着国际投资活动的增多,国际投资争议数量也在不断增加。

在投资者—国家之间的投资争端中,双方当事人处于不平等的法律地位,同时产生争议的主要原因往往是东道国政府对外资的管辖权,在解决该种争议时,最好是由中立的第三方机构介入。国际投资仲裁作为一种争端解决方式,在解决国际投资争议方面发挥着重要作用。根据 UNCTAD 的统计,截至 2019 年 7 月 31 日,基于国际投资协定提

---

* 本章执笔:李文鑫、马燕飞、杨琼洁、赵昱亮。

出的东道国与投资者之间的国际投资仲裁案件已知为 983 件。[1] 基于仲裁的保密性,有些仲裁裁决和具体争议是不对外公布的,目前我们还无法确定所发生的东道国与投资者之间的国际投资仲裁案件的确切数目。

1965 年通过的《华盛顿公约》旨在构建一个有效解决投资者—国家间投资纠纷的争端解决机制,进而促进国际投资的发展。同时,依据该公约设立了 ICSID,该机构建立了较为完善的国际投资争端解决机制,为投资者—国家争端解决提供了各项服务。目前,ICSID 已经成为国际投资争端解决的主要途径之一。

在国际投资仲裁机制改革的背景下,对国际投资仲裁的研究需要构建在仲裁实践的基础上,与仲裁案例分析相结合,通过把握国际投资仲裁的系统性结构特征,为国际投资仲裁机制改革提供实践指导。

(二)研究方法

目前,ISDS 机制的运行平台有很多,以使用频率排序,有 ICSID、UNCITRAL 特设法庭、国际商会、斯德哥尔摩商会仲裁院、开罗国际商事仲裁区域中心等。除此之外,一些投资协定也会设立一些专门的仲裁机构。本章主要的研究样本来源于 ICSID 的数据,除此之外还参考了 UNCTAD 的统计数据。

就六维结构的建构而言,本章参考了 ICSID 数据和 UNCTAD 的统计数据。章节安排的明线线索依时间逻辑展开,由仲裁的诱因、提起、审理到裁决结果的承认与执行。考虑到章节的划分和统一,以及整合论述的方便,我们主要划分了六个主要部分,层次由浅至深,内容由简至难,角度由宏观至微观。首先,介绍国际投资仲裁案件基本情况,如数量、行业、地域、结案率等。其次,介绍参与仲裁案件的主体情况,案件当事人以及审理案件的仲裁员的具体分布和组成情况。再次,深入仲裁程序的归纳总结,重点讨论仲裁语言、机构、规则等因素。随着仲裁程序的展开,本章就实体内容重点讨论争议焦点和争议措施两个方面。仲裁程序的开展离不开时间和金钱成本的投入,所以在成本一节,我们尝试分析案件费用负担及时间的特征。最后,伴随仲裁程序的结

---

[1] UNCTAD Investment Policy Hub:https://investmentpolicyhub. unctad. org,2020 年 3 月 31 日最后访问。

束,考虑到裁决与执行的情况,本章梳理和分析仲裁员异议和裁决的承认和执行。

综上所述,本章以六维结构来分析投资案件的结构特征(如图 9-1 所示),但由于能力及时间所限,只能从中挑选有比较价值的内容进行具体分析。本章主要使用了实证研究方法、文献综合研究方法、定量与定性结合的分析方法,试图在定量分析的基础上进一步归纳和总结出国际投资案件内在发展的结构特征及规律变化。

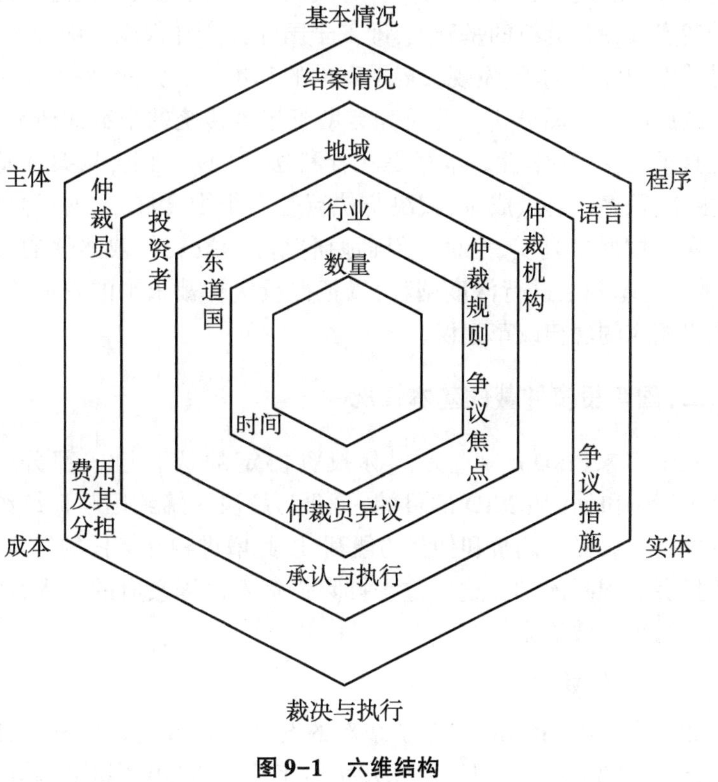

图 9-1　六维结构

(三)研究价值

有关国际投资仲裁案件结构特征的实证研究,其研究价值或意义关乎两个层面的问题:一是国际投资仲裁的重要性,二是实证研究的必要性。

与一般国际商事仲裁相比,国际投资仲裁解决的是国家与投资者之间的争议，这与国际商事仲裁解决企业和个人等平等主体之间的争议不同。这种争端解决机制的出现建立在国际资本流速逐渐加快的大背景下，即随着投资者日益频繁地从事境外经济活动，传统的外交保护方式往往为投资者母国带来一定程度上的政治风险，而国际投资仲裁解决机制恰好能够弥补此方面的不足。此类固有优势的存在是近年来国际投资仲裁案件数量迅猛增加的重要原因之一，而对仲裁案件的深度剖析有利于为投资仲裁制度的进一步改革提供理论支撑。

另外，国际投资仲裁作为一种解决纠纷工具，对其研究应当建立在对仲裁实践深刻分析的基础上，即基于国际投资仲裁庞大的样本量，通过对数据的深入剖析，发现或揭示案件的基本特点，探究各种现象普遍存在的原因并试图分析。此研究有助于超越传统的个案式研究，使论证更具系统性、科学性。本章是在社科法学的基础上，从案件基本情况、主体、程序、实体、成本、裁决与执行等六个维度展开，通过具体、翔实的实证数据来真实、全面、准确地研究国际投资仲裁案件的发展特征，并在此基础上进行深度阐释，以把握投资仲裁未来的发展趋势，力图提出相应的法律改革建议。

二、国际投资仲裁的基本情况

几十年来，ISDS 一直是国际投资协定的核心组成部分。订立 ICSID 公约和创设 ICSID 的目的，是要为解决一缔约国与他缔约国国民的投资争议提供调解和仲裁的便利，以此增进相互信任的气氛，促进私人投资的国际流动。这一过程排除投资者母国政府的介入，使投资争议的解决去政治化。

（一）案件数量

2020 年 2 月，ICSID 发布了最新的案件统计数据。2019 年，ICSID 新登记了 39 起案件，同时，ICSID 为 18 起受非 ICSID 规则管辖的案件提供了服务。与往年一样，在新登记的 39 起案件中，大部分是根据《ICSID 公约仲裁规则》（35 起）提出的，其次是根据《附加便利规则》（3 起）和《ICSID 公约调解规则》（1 起）提出的。在 18 起非 ICSID 案例中，有 13 起案件适用《UNCITRAL 仲裁规则》。

从总量来看，自 1972 年至 2019 年，在 ICSID 登记的争端有 745 起。这一数字表明，投资者在此期间平均每年提出 30 件索赔案件。然而，案件数量的快速增加,实际上是在 20 世纪 90 年代后期发生的,当时国际投资协定的生效数量也开始增加。因此,只有在过去 10 年中,ISDS 年均案件数量才上升到 50 件左右(见图 9-2)。

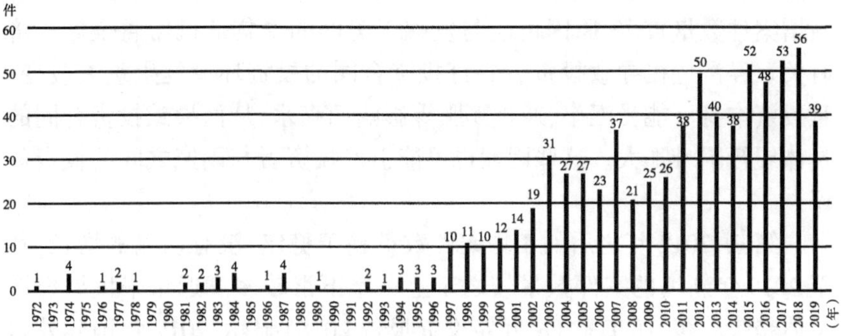

图 9-2　历年来 ICSID 登记的案件总量情况

资料来源:ICSID:*The ICSID Caseload—Statistic Issue* 2020-1(Apr. 1,2020),ICSID:https://icsid. worldbank. org/sites/defanlt/files/pubhcations/Caseload% 20 Statistics% 20% 282020-1%20Edition%29%20ENG. pdf.

如图 9-2,ICSID 数据表明,截至 2019 年,有关投资者与国家的仲裁案件数量波动上升,一直呈增长态势,具体来看,还有以下特征:

第一,自 2000 年以来,国际投资仲裁案件数量激增。这一方面是由于 20 世纪 90 年代以来,许多国家成为 ICSID 公约的缔约国;另一方面的原因是经济全球化的深入发展。有学者结合经验研究认为[1],ISDS 案件数量与外国直接投资存量成正比。在 1987 年至 2017 年,外国直接投资存量的增长与所有收入类别国家的 ISDS 数量增长之间似乎都存在正相关关系。除此之外,在各国现代化法治的过程中,法治的进步和司法公信力的提升,也是促进国际投资仲裁发展的重要因素,因此,投资者在东道国投资产生纠纷时,更倾向于寻求法律化的争端解决机制进行维权,而不是上升到国家层面进行外交交涉,抑或是不现实地直接撤出东道国市场。

第二,年均新增案件数量在 2003 年、2007 年当年增长明显。结合

[1] Roberto Echandi:*The Debate on Treaty-Based Investor-State Dispute Settlement:Empirical Evidence*(1987-2017)*and Policy Implications*, ICSID Review, Vol. 1(2019).

当年世界范围内的形势考虑,2003 年“非典”疫情的意外爆发增加了经济不稳定因素,各国投资者不得不因为疫情停止或改变原先的计划,已经投资开始的项目也可能受疫情的影响,投资合同的继续履行的可能性降低。这些因素都可能导致投资者与东道国发生投资争端。2007 年新增案件数量较多,原因可能与发端于美国的次贷危机席卷全球经济有关。经济危机导致投资者签订投资合同的投资环境发生重大改变,且投资本身可能受汇率、通货膨胀等影响而缩水,从而导致投资合同的具体履行困难加大。这些因素也可能引发投资者与国家之间的投资争议。

第三,2012 年之后的年均案件数量趋于稳定,没有明显的增长,甚至 2019 年新增的案件数量较之于上一年下滑较多。近年来世界经济总体趋势放缓,UNCTAD《世界投资报告 2018》显示,2017 年国际外国投资回报率从 2012 年的 8.1%下降到 2017 年的 6.7%。2012 年至 2017 年发达经济体外商投资回报率分别为 6.7%、6.3%、6.6%、5.7%、6.2%和 5.7%。数据同时显示,发展中经济体和转型经济体整体外商投资回报率高于世界平均值,但也面临持续下行的压力,其中发展中经济体呈现逐年下降态势,外商投资回报率从 2012 年的 10.0%下降到 2017 年的 8.0%。投资回报率的降低必然会阻碍投资者海外投资活动的积极性,使投资者在评估投资活动时更加谨慎。

（二）行业分布

2019 年登记的案件,涉及的具体行业中石油、天然气和采矿行业以及电力和其他能源行业各占最大份额(各占 26%)。这些领域也主导了 ICSID 的历史案件量,分别占所有案件的 24%和 17%。紧随这些行业之后的是与建筑(15%)、交通(8%)、金融(5%)、信息通信(5%)有关的纠纷。

我们可以得出如下结论,虽然投资者与国家之间的争端涉及面很广,但争端往往集中于国家干预程度高的经济行业。两个领域比较明显。第一,与自然资源相关的产业,如石油、天然气和采矿业,还有农业、渔业和林业。第二,与国家认为是“公共利益”服务相关的行业,因此受到国家的密切监督和可能的干预,例如,公用事业,水和电的分配以及其他高度管制的服务(如信息通信,某些情况下还包括金融服务)。

就寻求自然资源的外国直接投资而言,必须指出,与自然资源相关的行业必然牵涉国家政治安全和国土安全，因此对于一国政府来说敏感度较高。因为外国投资者正在开采属于国家资产一部分的自然资源，而且往往是在地理上相对偏僻孤立的地区。此外，这种类型的投资也往往会引发一个棘手的政治问题，即如何确定开发公共资产的投资者、拥有公共资产的政府和受其开发影响的当地社区之间的租金公平分配。各种复杂的因素使得寻求自然资源相关的行业的外国投资者需要前期大量的成本投入，而要收回这些成本需要很长时间。因此，这类投资持续的时间往往比当届政府在任的时间要长。更为复杂的是，这类项目需要出口的商品往往价格波动大，而价格波动又可能影响原始投资的租金份额和预期回报率。所有这些因素，一方面造成投资者对享受长期可预测的利益和长期稳定的商业环境之间的紧张关系；另一方面又造成投资者与政府或当地社区在调整和重新谈判特许权合同之间的矛盾。以占总量比重最大的石油、天然气和采矿业领域为例，大多数国际油气投资争议主要源于东道国政府国内立法政策在投资有效期内发生了不利于投资者的变动，严重损害了投资者的权益。这种行为，通常被仲裁庭认定为，东道国违反了国际投资条约中常见的投资待遇条款（如公平公正待遇、永久保护和充分保障、非歧视等）、国有化或征收条款等，从而被裁决承担巨额的赔偿责任。

除自然资源相关的行业外，剩下的行业大多牵涉公共服务领域，如水、电、交通基础设施等，东道国政府不可避免地出于为了维护本国公民安全健康、环境保护等公共利益而实行较高程度的监管。相比起东道国国内投资者，外国投资者在参与东道国公用事业相关的行业时面临准入的限制。与公共利益相关的投资项目往往多是期限长的基础设施建设，因此与自然资源相关的行业一样，投资者需要长期的各类成本的投入，发展这些项目必然需要东道国政府稳定的政策和良好的政府信用。但一国的政策稳定性不仅受政府的领导人更替的影响，更与经济发展变化紧密相关。

综上所述，ISDS 发生率较高的行业，往往都存在政府不确定的干预和监管与投资者长期稳定和可预测性的需要相冲突的问题。投资者可能会试图调整合同的原始经济平衡，这可能是因为项目最初谈判时的监管或经济环境发生了实际变化，或者投资者试图提高当初刻意压低的中标合同所约定的价款。在后一种情况下，投资者可能会采取机会主义行为。

(三)地域分布

根据ICSID案件量统计显示,截至2019年12月31日,东欧和中亚地区的缔约国涉及的ICSID案件量最大,占比达26%,其次是南美地区(23%)、撒哈拉以南非洲地区(15%)、以及中东和北非地区(11%),西欧地区(8%)、东亚地区(7%)、以及中美和加勒比地区(6%)占比较少,北美地区(加拿大、美国、墨西哥)案件量最少,仅占比4%。[1]

2019年度新增的ICSID案件的地域分布有所不同,南美取代东欧和中亚成为案件量最多的地区(26%),而东亚、南亚和太平洋地区、中美和加勒比海地区的案件量有所下降,与北美持平,各占比5%(见图9-3)。[2]

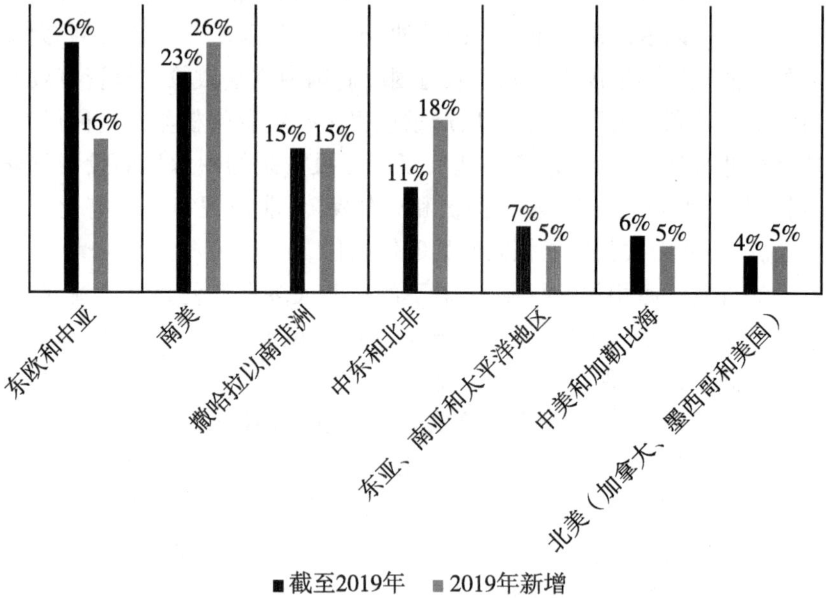

图9-3 ICSID所有案件和2019年新案件的地域对比

[1] ICSID:*The ICSID Caseload—Statistic Issue* 2020-1(Apr. 1,2020),ICSID:https://icsid. worldbank. org/sites/defanlt/files/pubhcations/Caseload% 20 Statistics% 20% 282020 - 1% 20Edition%29%20ENG. pdf.

[2] ICSID:*The ICSID Caseload—Statistic Issue* 2020-1(Apr. 1,2020),ICSID:https://icsid. worldbank. org/sites/defanlt/files/pubhcations/Caseload% 20 Statistics% 20% 282020 - 1% 20Edition%29%20ENG. pdf.

这在一定程度上反映了国际投资仲裁地域分布的新的发展趋势。无论是东欧和中亚,还是南美地区,都以发展中国家为主,而投资仲裁案件集中分布于此,表明经济和法治欠发达地区发生投资政治风险的概率较高。但是,政治风险对外国投资并非仅有负面效应。一方面,若东道国境内国际恐怖主义猖獗,或政治罢工、社会骚乱、宗教纷争等事件频发,又或者国有化与征用、汇兑限制风险居高不下,这无疑会引起投资者对企业能否正常运营的担忧;另一方面,东道国较高的政治风险,一般会使外国投资者在相关行业领域面对较少的竞争者,导致投资机遇加大,相对垄断的利润空间升高。因此,在不同投资动机下,政治风险对不同投资者可能产生不同的影响。

(四)结案情况

ICSID 数据显示,在 2019 年结案的所有案件中,78%的案件是由法庭裁决的,22%的案件是结案或中止的。在仲裁庭裁决的案件中,55%的案件部分或全部维持了诉讼请求,31%的案件驳回了诉讼请求,10%的案件因缺乏管辖权而被拒绝受理,4%的案件因明显缺乏法律依据而被驳回了诉讼请求。相比之下,以前每年有更多的案件因为缺乏管辖权而被驳回(27%)。2019 年 10%的驳回率是过去 10 年的最低记录。在已结案或中止的案件中,62. 5%的案件是应双方要求结案的。其余案件或者因预先保证金不足而同样中止(12. 5%)或当事人达成和解协议(12. 5%)。[1]

另据 UNCTAD 的数据显示,[2]在记录的一共 979 起案件中,有 331 起仲裁案件还没有裁决,剩下的 648 起已结案的仲裁案件中,最终有 230 起结果支持国家,191 起裁决对投资者有利,有 14 起裁决对双方均不支持(发现了责任但未判给损害赔偿),另还有 139 起案件在仲裁

---

[1] ICSID:*The ICSID Caseload—Statistic Issue* 2020-1(Apr. 1,2020),ICSID:https://icsid. worldbank. org/sites/defanlt/files/pubhcations/Caseload%20 Statistics%20%282020-1%20Edition%29%20ENG. pdf.

[2] UNCTAD Investment Policy Hub:*Known treaty-based ISDS cases*(Apr. 5,2020),UNCTAD Investment Policy Hub:https://investmentpolicy. unctad. org/investment-dispute-settlement? status=6.

庭未作出裁决就已经庭外和解,74 起案件由于各种原因没有继续。[1]

作为一种以规则为导向的裁决机制,投资者与国家之间的争端解决机制可能在两个不同的意义上对投资者和东道国都起到保护作用。对投资者而言,投资者与国家之间的争端解决机制是一种强制执行投资保护保证的工具,通过增加政府不良行为的成本,利用判决来威慑不良监管政策。对各国而言,投资者与国家之间的争端解决机制是根据商定的法律性和程序性原则来裁决纠纷,这些原则使各国免受母国、甚至强大投资者实施的以权力为导向的外交影响。

三、国际投资仲裁的参与方

(一)国家或地区

截至 2019 年 12 月 31 日,UNCTAD 统计到已知的基于条约的 ISDS 案件共 1023 件,其中未决案 343 件,已决案 674 件,未知 6 件,共涉及 141 个国家或地区。[2] (具体国家或地区分布见表 9-1)

表 9-1 已知的基于条约的 ISDS 案件所涉国家或地区

序号	国家或地区	作为被诉方的案件量(件)	作为起诉方的案件量(件)	总量(件)
1	阿尔巴尼亚	8	0	8
2	阿尔及利亚	9	0	9
3	阿根廷	62	5	67
4	亚美尼亚	4	0	4
5	澳大利亚	2	7	9
6	奥地利	1	24	25
7	阿塞拜疆	4	0	4
8	巴哈马	0	2	2

[1] UNCTAD Investment Policy Hub: *Known treaty-based ISDS cases* (Apr. 5, 2020), UNCTAD Investment Policy Hub: https://investmentpolicy. unctad. org/investment-dispute-settlement? status=6.

[2] UNCTAD: *Investment Policy Hub* (Apr. 11, 2020), UNCTAD Investment Policy Hub: https://investmentpolicy. unctad. org/investment-dispute-settlement.

续表

序号	国家或地区	作为被诉方的案件量(件)	作为起诉方的案件量(件)	总量(件)
9	巴林	1	1	2
10	孟加拉国	1	0	1
11	巴巴多斯	1	6	7
12	白俄罗斯	3	1	4
13	比利时	2	19	21
14	伯利兹	3	0	3
15	贝宁	1	0	1
16	百慕大	0	1	1
17	玻利维亚多民族国	17	1	18
18	波黑	4	0	4
19	英属维尔京群岛	0	1	1
20	保加利亚	10	1	11
21	布隆迪	4	0	4
22	佛得角	1	0	1
23	喀麦隆	1	0	1
24	加拿大	29	51	78
25	智利	5	7	12
26	中国	3	6	9
27	哥伦比亚	14	1	15
28	刚果民主共和国	4	0	4
29	哥斯达黎加	10	1	11
30	克罗地亚	15	3	15
31	古巴	1	0	1
32	塞浦路斯	5	26	31

续表

序号	国家或地区	作为被诉方的案件量(件)	作为起诉方的案件量(件)	总量(件)
33	捷克	40	5	45
34	丹麦	0	8	8
35	多米尼加共和国	7	1	8
36	厄瓜多尔	24	0	24
37	埃及	37	5	42
38	萨尔瓦多	3	0	3
39	赤道几内亚	1	0	1
40	爱沙尼亚	5	3	8
41	埃塞俄比亚	2	0	2
42	芬兰	0	2	2
43	法国	1	51	52
44	加蓬	2	0	2
45	冈比亚	2	0	2
46	格鲁吉亚	13	0	13
47	德国	4	69	73
48	加纳	2	0	2
49	直布罗陀	0	2	2
50	希腊	5	14	19
51	格林纳达	1	0	1
52	危地马拉	6	0	6
53	圭亚那	1	0	1
54	洪都拉斯	2	0	2
55	中国香港特别行政区	0	1	1
56	匈牙利	16	2	18

续表

序号	国家或地区	作为被诉方的案件量(件)	作为起诉方的案件量(件)	总量(件)
57	印度	25	8	33
58	印度尼西亚	7	0	7
59	伊朗伊斯兰共和国	1	3	4
60	伊拉克	2	0	2
61	爱尔兰	0	1	1
62	以色列	0	5	5
63	意大利	11	39	50
64	牙买加	0	1	1
65	日本	0	4	4
66	约旦	9	8	17
67	哈萨克斯坦	19	5	24
68	肯尼亚	1	0	1
69	朝鲜	7	7	14
70	科威特	6	7	13
71	吉尔吉斯斯坦	15	0	15
72	老挝	4	0	4
73	拉脱维亚	9	3	12
74	黎巴嫩	5	3	8
75	莱索托	2	0	2
76	利比亚	17	0	17
77	立陶宛	7	3	10
78	卢森堡	0	41	41
79	中国澳门特别行政区	0	1	1
80	马达加斯加	4	0	4

续表

序号	国家或地区	作为被诉方的案件量(件)	作为起诉方的案件量(件)	总量(件)
81	马来西亚	3	4	7
82	马耳他	0	3	3
83	毛里求斯	3	8	11
84	墨西哥	33	4	37
85	摩尔多瓦共和国	11	1	12
86	蒙古	5	0	5
87	黑山共和国	5	0	5
88	摩洛哥	6	0	6
89	莫桑比克	2	0	2
90	缅甸	1	0	1
91	尼泊尔	1	0	1
92	荷兰	0	111	111
93	尼加拉瓜	2	0	2
94	奈及利亚	1	0	1
95	北马其顿	6	0	6
96	挪威	0	5	5
97	阿曼	4	2	6
98	巴基斯坦	10	0	10
99	巴拿马	11	8	19
100	巴拉圭	3	0	3
101	秘鲁	19	3	22
102	菲律宾	6	0	6
103	波兰	30	7	37
104	葡萄牙	0	6	6

续表

序号	国家或地区	作为被诉方的案件量(件)	作为起诉方的案件量(件)	总量(件)
105	卡塔尔	1	5	6
106	罗马尼亚	17	1	18
107	俄罗斯	26	25	51
108	卢旺达	1	0	1
109	沙特阿拉伯	8	3	11
110	塞内加尔	4	0	4
111	塞尔维亚	11	0	11
112	塞舌尔	0	1	1
113	塞拉利昂	1	0	1
114	新加坡	0	5	5
115	斯洛伐克	13	1	14
116	斯洛文尼亚	3	2	5
117	南非	1	3	4
118	西班牙	52	57	109
119	斯里兰卡	5	0	5
120	苏丹	1	0	1
121	瑞典	0	10	10
122	瑞士	0	37	37
123	阿拉伯叙利亚共和国	1	0	1
124	塔吉克斯坦	2	0	2
125	坦桑尼亚联合共和国	6	0	6
126	泰国	2	0	2
127	特立尼达和多巴哥	1	0	1
128	突尼斯	1	1	2

续表

序号	国家或地区	作为被诉方的案件量(件)	作为起诉方的案件量(件)	总量(件)
129	土耳其	14	35	49
130	土库曼斯坦	13	0	13
131	乌干达	1	0	1
132	乌克兰	25	14	39
133	阿拉伯联合酋长国	4	12	16
134	英国	1	86	87
135	美国	17	183	200
136	乌拉圭	5	1	6
137	乌兹别克斯坦	8	1	9
138	委内瑞拉	51	1	52
139	越南	8	0	8
140	也门	3	0	3
141	津巴布韦	3	0	3

资料来源：UNCTAD：*Investment Policy Hub*（Apr. 11,2020），UNCTAD：Investment Policy Hub https://investmentpolicy. unctad. org/investment-dispute-settlement.

在 1987 年至 2019 年，有 141 个国家或地区参与了基于条约的投资仲裁，其中，作为被诉方涉案量排名前十的国家或地区分别为阿根廷、西班牙、委内瑞拉、捷克、埃及、墨西哥、波兰、加拿大、俄罗斯、印度、乌克兰（印度与乌克兰并列第十）（见表 9-2），发达国家仅占比 30%。作为起诉方涉案量排名前十的国家或地区分别为美国、荷兰、英国、德国、西班牙、加拿大、法国、卢森堡、意大利、瑞士（见表 9-3），均为发达国家。总涉案量排名前十的国家或地区分别为美国、荷兰、西班牙、英国、加拿大、德国、阿根廷、法国、委内瑞拉、俄罗斯，发达国家占比 70%（见表 9-4）。

表 9-2　作为被诉方涉案量排名前十的国家或地区

序号	国家或地区	作为被诉方的案件量(件)
1	阿根廷	62
2	西班牙	52
3	委内瑞拉	51
4	捷克	40
5	埃及	37
6	墨西哥	33
7	波兰	30
8	加拿大	29
9	俄罗斯	26
10	印度	25
11	乌克兰	25

注:由表 9-1 数据整理所得。

表 9-3　作为起诉方涉案量排名前十的国家或地区

序号	国家或地区	作为起诉方的案件量(件)
1	美国	183
2	荷兰	111
3	英国	86
4	德国	69
5	西班牙	57
6	加拿大	51
7	法国	51
8	卢森堡	41
9	意大利	39
10	瑞士	37

注:由表 9-1 数据整理所得。

表 9-4　总涉案量排名前十的国家或地区

序号	国家或地区	总量(件)
1	美国	200
2	荷兰	111
3	西班牙	109
4	英国	87
5	加拿大	78
6	德国	73
7	阿根廷	67
8	法国	52
9	委内瑞拉	52
10	俄罗斯	51

注:由表 9-1 数据整理所得。

投资仲裁申请人以发达国家投资者为主,而被申请人却更多为发展中国家,这个现象大致可归结于两个层面的原因:一方面,发展中国家的投资环境不乐观,其不稳定的经济、政治局势和不牢靠的法治基础容易使投资者利益受损,使自身在案件裁决时常处于被动地位。另一方面,许多经济欠发达国家自 20 世纪八九十年代放弃了“卡尔沃主义”,转而采取吸引外国投资的经济政策,与发达国家签订大量高标准的国际投资条约,并全盘接受仲裁作为投资争端的解决方式,导致这些国家被诉风险升高。

(二)投资者

无论是发达国家还是发展中国家,跨国公司都趋向于在一个或多个国家或地区设立子公司和分支机构。因此,在全球化的背景下,精确掌握每一投资仲裁案件中投资者的规模或国籍等数据十分困难,因此本部分有关投资者的实证研究以引用现有文献中的数据统计为主。

首先,就投资者规模而言,经合组织研究发现,直到 2012 年,有 1/3 的案件都是由只有一两个国际业务的小型家族企业提出的;大约一半案件的原告是中型和相对较大的企业,而只有 8%的原告是 UNCTAD

按规模排在前 100 名的跨国企业。[1] 超过 50%的向 ICSID 提出索赔的美国原告是雇员少于 500 人的个人或企业,美国中小企业管理局将其指定为“中小企业”。[2]

以我国为例,中小企业成为 ISDS 机制的主要求助者,可能存在以下原因:一是中小企业作为对外直接投资领域的后来者,存在明显的“后发劣势”,在投资机会选择和市场机会开拓中处于明显的不利地位,往往只能到那些政治风险高、社会制度体系不完备、经济发展水平低、投资环境较差和基础设施匮乏的国家去寻找投资机会,导致争端频发;二是受资金、人才的制约,中小企业缺乏国际投资经验,企业经营人员的综合素质较低,语言技能和知识储备不足,对东道国政治经济体系或政策不了解,风险评估和预防能力较弱;三是中小企业往往存在经营行为不规范、社会责任意识淡薄等问题,如在劳动者权益保障和生态环境保护方面常受诟病,容易遭到东道国政府的攻击。[3]

其次,就投资者母国的经济水平而言,超过 20 个中等收入和低收入国家的投资者担任原告。在中低收入类别中,乌克兰、约旦、印度和埃及是最常出现的国籍,分别向 ISDS 提交了 11、7、5 和 3 个案件。在中高收入类别的 30 个案例中,土耳其投资者是最活跃的,然后是来自俄罗斯、毛里求斯、中国、哈萨克和巴拿马的投资者,分别提交了 16、8、7、5 和 5 个案件。[4] 就被告而言,除了 29%来自高收入国家外,其余均来自中等收入(68%)或低收入国家(3%)。

中低收入国家在投资者母国中占比的提高,恰恰暗示着国际投资流向已然发生变化,投资输出国和投资输入国的利益从失衡向再平衡转变。早期的国际投资基本由西方发达国家向发展中国家单向流动,投资仲裁只可能发生在发达国家投资者与发展中国家之间,所以西方

[1] Roberto Echandi: *The Debate on Treaty - Based Investor-State Dispute Settlement: Empirical Evidence* (1987-2017) *and Policy Implications*, ICSID Review, Vol. 1(2019).

[2] Roberto Echandi: *The Debate on Treaty - Based Investor-State Dispute Settlement: Empirical Evidence* (1987-2017) *and Policy Implications*, ICSID Review, Vol. 1(2019).

[3] 王永中、王碧珺:《中国海外投资高政治风险的成因与对策》,载中国社会科学网:http://www.cssn.cn/gj/gj_gjwtyj/gj_sjjj/201502/P020150228590622123602.pdf,2020 年 4 月 13 日最后访问。

[4] Roberto Echandi: *The Debate on Treaty - Based Investor - State Dispute Settlement: Empirical Evidence* (1987-2017) *and Policy Implications*, ICSID Review, Vol. 1(2019).

发达国家并不在意，甚至凭借 BIT 谈判中的强势地位主动促成了投资者与东道国在国际投资仲裁机制下的利益失衡，以便单向保护本国的海外投资者。不过，现在国际资本由单向流动变成双向流动，发达国家也常以资本输入国的身份出现，[1]这意味着发达国家也同样面临国际投资仲裁机制对主权的威胁，使发达国家与发展中国家之间的利益趋向平衡。

图 9-4 显示了原告国籍最频繁的来源。但是，如前所述，确定跨国公司的有效国籍并不是一件容易的事，公司成立地标准是最常见的标准，然而索赔却可能是根据一国法律成立的，但实际是由其他国家投资者控制的公司提出的。[2]

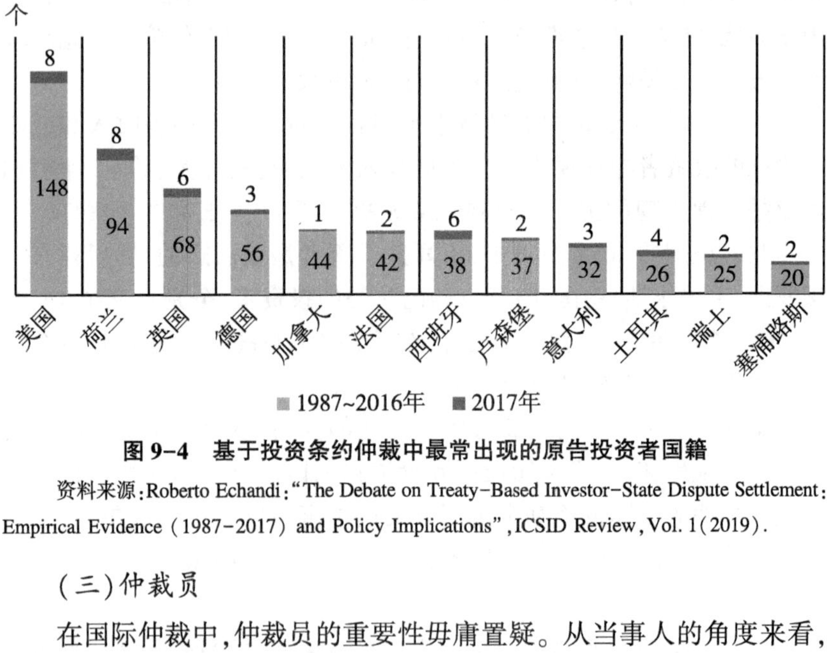

图 9-4　基于投资条约仲裁中最常出现的原告投资者国籍

资料来源：Roberto Echandi："The Debate on Treaty-Based Investor-State Dispute Settlement：Empirical Evidence（1987-2017）and Policy Implications"，ICSID Review，Vol. 1（2019）.

（三）仲裁员

在国际仲裁中，仲裁员的重要性毋庸置疑。从当事人的角度来看，关注仲裁员多样性的本质是关注仲裁员审理案件时的中立性与公正性。为了纾解当事人对仲裁员会偏袒与其同国籍或种族的当事人的

[1]　曹兴国：《国际投资仲裁制度变革的中国应对——基于宏观视角的动因分析、立场厘定与路径举措》，载《社会科学辑刊》2018 年第 4 期。

[2]　Roberto Echandi：*The Debate on Treaty-Based Investor-State Dispute Settlement：Empirical Evidence*（1987-2017）*and Policy Implications*，ICSID Review，Vol. 1（2019）.

担心,常见国际仲裁规则一般要求首席或独任仲裁员应当与各方当事人持不同国籍。但是,就现有数据来看,仲裁员的多样性存在明显不足。

1. 性别

依 ICSID 统计数据,在 1966 年至 2019 年,依据《ICSID 公约》和《附加便利规则》登记的案件中,男性仲裁员、调解人和特设委员会成员的比例近乎 90%。[1] 尽管 2019 年新增的案件有 20% 的仲裁员、调解人和特设委员会成员为女性,但性别比例不均衡的特点依然突出。[2]

ICSID 努力增加仲裁员多样性:“2017 年提名的众多仲裁员、调解员和特设委员会成员日益多样化:13% 的任命涉及首次担任 ICSID 仲裁庭成员或特设委员会成员的专家;23% 的首次被任用人员来自中低收入经济体,14% 的新任职者是妇女。在女性任用人员中,ICSID 和被申请国作出的任命分别占 43. 5%,而 13% 的女性任用则是由当事各方共同商定。仲裁申请人或合议仲裁员都没有任命女性任用人员。”[3] 上述数据表明与当事人相比,仲裁机构似乎更愿意任命女性仲裁员。当然,性别失衡问题并非投资仲裁领域独有,国际法院、国际海洋法法庭、国际刑事法庭中的女性法官人数也都低于男性法官。[4]

此外,在仅有的 10% 至 20% 的女性仲裁员中,很多是被重复任命的。例如,加布里埃尔 · 考夫曼-科勒(Kaufmann-Kohler)和斯特恩(Stern)在女性仲裁员任命中占 57%;投资条约仲裁中排名前 25 位的女性仲裁员组成了精英团队,她们均审理过一个以上案件,占所有女性仲裁员任命的 86%。其余 32 名女仲裁员在投资条约仲裁案中仅获得一

---

[1] ICSID:*The ICSID Caseload—Statistic Issue* 2020-1(Apr. 11,2020),ICSID:https://icsid. worldbank. org/en/Pages/resources/ICSID-Caseload-Statistics. aspx.

[2] ICSID:*The ICSID Caseload—Statistic Issue* 2020-1(Apr. 11,2020),ICSID:https://icsid. worldbank. org/en/Pages/resources/ICSID-Caseload-Statistics. aspx.

[3] UNCITRAL Working Group Ⅲ:*Possible Reform of ISDS - Arbitrators and Decision Makers: Appointment Mechanisms and Related Issues*(Apr. 12, 2020), UNCITRAL: https://undocs. org/en/AICN. 9/WG. JJI/WP. /52.

[4] ICSID: *Annual Report* 2017(Apr. 12, 2020), https://icsid. worldbank. org/en/Documents/icsiddocs/ICSID%20AR%20EN. pdf.

次任命(见表 9-5)。[1] 不过,部分仲裁员重复任命率高的现象似乎与性别并不必然相关,即无论男女,大多数案件都集中由少数“精英仲裁员”审理。在 1972 年至 2011 年获任 ICSID 仲裁庭仲裁员的 372 人当中,37 人获任审理了约 50%的案件,大约 1/3 的人拥有的学历背景仅来自五所大学。[2] 重复任命的直接后果是少数仲裁员逐渐形成一个内卷群体,直接影响国际投资仲裁体制的发展。

表 9-5 投资仲裁中被任命频次最高的前 25 名女性仲裁员

No.	Arbitrator	Nationality	Chair	Claim	Resp	Annul	All
1	Brigitte Stern	France	4	1	109	1	115
2	Gabrielle Kaufmann-Kohler	Switzerland	43	17	3	1	64
3	Jean Kalicki	US	11	0	6	4	21
4	Laurence Boisson de Chazournes	Switzerland	0	2	13	0	15
5	Loretta Malintoppi	Italy	1	0	9	3	13
6	Teresa Cheng	HongKong	3	0	0	8	11
7	Yas Banifatemi	France	3	3	2	0	8
7	Anna Joubin-Bret	France	0	0	8	0	8
8	Lucy Reed	US	5	0	1	0	6
8	Vera van Houtte	Belgium	3	1	0	2	6
8	Lucinda Low	US	3	0	1	2	6
9	Joan Donoghue	US	2	1	0	2	5
9	Inka Hanefeld	Germany	2	0	1	2	5
10	Nina Vilkova	Russia	2	1	1	0	4

[1] Malcolm Langford, Daniel Behn, Laura Létourneau-Tremblay: *Empirical Perspectives on Investment Arbitration: What do we Know? Does it Matter?* (Feb. 21, 2020), PluriCourts: https://www.cids.ch/images/Documents/Academic-Forum/7_Empirical_perspectives_-_WG7.pdf.

[2] UNCITRAL Working Group Ⅲ: *Possible Reform of ISDS-Arbitrators and Decision Makers: Appointment Mechanisms and Related Issues* (Apr. 12, 2020), UNCITRAL: https://documents-dds-ny.un.org/doc/UNDOC/LTD/V18/057/58/PDF/V1805758.pdf? OpenElement.

续表

No.	Arbitrator	Nationality	Chair	Claim	Resp	Annul	All
10	Sabine Konrad	Germany	2	1	1	0	4
11	Nayla Comair-Obeid	Egypt	2	0	0	1	3
11	Maja Stanivuković	Serbia	0	0	3	0	3
11	Hélène Ruiz Fabri	France	0	0	3	0	3
12	Melanie van Leeuwen	Netherlands	1	1	0	0	2
12	Fern Smith	US	0	0	2	0	2
12	Antonias Dimolitsa	Greece	0	0	0	2	2
12	Teresa Giovannini	Switzerland	0	0	2	0	2
12	Carolyn Lamm	US	0	1	1	0	2
12	Judith Gill	UK	1	1	0	0	2
12	Mónica Pinto	Argentina	0	0	1	1	2

资料来源:Malcolm Langford,Daniel Behn,Laura Létourneau-Tremblay:*Empirical Perspectives on Investment Arbitration*:*What do we Know*? *Does it Matter*?(Feb. 21,2020),PluriCourts:https://www.cids.ch/images/Documents/Academic-Forum/7_Empirical_perspectives_-_WG7.pdf.

2. 地域

有研究表明,国际投资仲裁案件中74%的仲裁员来自西方国家。[1] 但是,绝大多数国际投资争端都针对发展中和非西方国家[2],而这些国家在投资仲裁中却损失惨重。[3] 仲裁员缺乏地域多样性将

[1] Malcolm Langford,Daniel Behn,Laura Létourneau-Tremblay:*Empirical Perspectives on Investment Arbitration*:*What do we Know*? *Does it Matter*?(Feb. 21,2020),PluriCourts:https://www.cids.ch/images/Documents/Academic-Forum/7_Empirical_perspectives_-_WG7.pdf.

[2] Malcolm Langford,Daniel Behn,Laura Létourneau-Tremblay:*Empirical Perspectives on Investment Arbitration*:*What do we Know*? *Does it Matter*?(Feb. 21,2020),PluriCourts:https://www.cids.ch/images/Documents/Academic-Forum/7_Empirical_perspectives_-_WG7.pdf.

[3] ICSID:*The ICSID Caseload—Statistic Issue* 2020-1(Apr. 11,2020),ICSID:https://icsid.worldbank.org/sites/defanlt/files/pubhcations/Caseload%20 Statistics%20%282020-1%20Edition%29%20ENG.pdf.

持续地威胁国际投资仲裁制度的正当性。截至 2018 年 8 月 1 日,在所有投资仲裁案件中,参与审理过一个以上投资仲裁案件的 695 名仲裁员中,只有 35%来自联合国定义下的非西方国家。[1] 按任命数量计算时,这一数字下降到 26%,即与西方仲裁员相比,非西方仲裁员的人均任命比例更低。[2]

ICSID 仲裁数据也呈现相似的特点,在 1996 年至 2019 年里,与非西方地区相比,来自西欧和北美地区仲裁员的数量具有压倒性优势,占比 68%(见图 9-5),即使是 2019 年新增案例中,这一比例仍为 66%;而来自东欧和中亚、中美和加勒比海地区的仲裁员仅各占 2%,且 53 年来

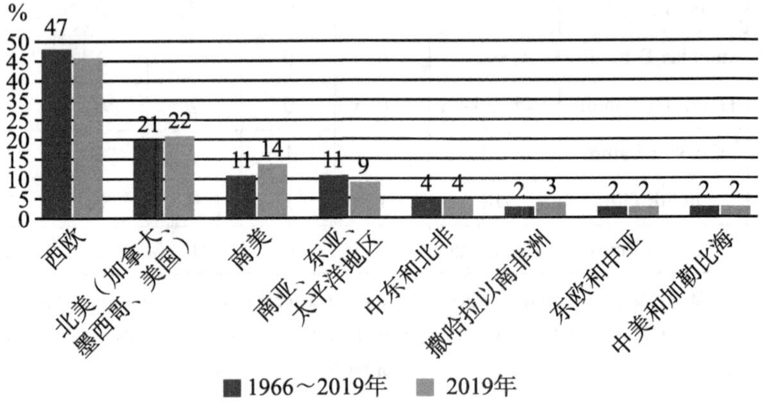

图 9-5 1966~2019 年和 2019 年 ICSID 案件中仲裁员来源地域对比

资料来源:ICSID:*The ICSID Caseload—Statistic Issue* 2020-1(Apr. 11,2020),ICSID:https://icsid. worldbank. org/sites/defanlt/files/pubhcations/Caseload%20 Statistics%20%282020-1%20Edition%29%20ENG. pdf.

---

[1] ICSID:*The ICSID Caseload—Statistic Issue* 2020-1(Apr. 11,2020),ICSID:https://icsid. worldbank. org/sites/defanlt/files/pubhcations/Caseload% 20 Statistics% 20% 282020 - 1% 20Edition% 29% 20ENG. pdf;转引自 Gabrielle Kaufmann - Kohler and Michele Potestà:*The Composition of a Multilateral Investment Court and of an Appeal Mechanism for Investment Awards*(Apr. 11, 2020), UNCITRAL: https://uncitral. un. org/sites/uncitral. un. org/files/media - documents/uncitral/en/cids_supplemental_report. pdf.

[2] ICSID:*The ICSID Caseload—Statistic Issue* 2020-1(Apr. 11,2020),ICSID:https://icsid. worldbank. org/sites/defanlt/files/pubhcations/Caseload% 20 Statistics% 20% 282020 - 1% 20Edition%29%20ENG. pdf.

这一比例未见明显改变。[1]

图 9-6 和图 9-7 足以看出 ICSID 仲裁员国籍处于失衡状态,但这是否会对仲裁员的独立性产生影响,一直是一个备受争议的话题。对此,已有学者持否定态度,“商事仲裁的经验表明,仲裁员独立性虽然可能受指定人的影响,但仲裁员国籍与其独立性间没有必然联系。这种认识的实践意义是,ICSID 仲裁当事一方不必完全排斥选择与争端另一方具有相同国籍或系其国民的仲裁员,也不能认为选择争端当事方公民或与争端当事方具有相同国籍的公民担任仲裁员就一定是有利的”[2]。从这一意义上来说,ICSID 仲裁机制中“仲裁员国籍必须不同于争端当事方国籍”的要求是不必要的。但是,我们必须注意到,ICSID 仲裁的公法属性使之不同于一般的商事仲裁,它暗含着南北国家(东道国与投资者母国)之间的政治、经济、法律、思维方式上的差异;而 ICSID 仲裁员作为国际投资案件的实际裁决者,是东道国公共利益与投资者财产利益的平衡者,是南北关系的事实协调者,是国际投资法制的重要解释者甚至是事实上的创制者。[3] 事实上,ICSID 仲裁员主要来自发达国家和地区,往往强调高标准地保护外国投资者权益而较为忽视东道国(仲裁案件中多为发展中国家)权益。采取倾向外国投资者的立场和观点,实际有可能损害仲裁员中立性。[4] 因此,与其说 ICSID 对仲裁员国籍采取了严格限定,不如说是出于平衡仲裁员思维方式或主观立场的考量。如此来看,对国籍的限制不仅具有较强的可操作性,而且对维护仲裁员的独立性有利无害。

---

[1] ICSID:*The ICSID Caseload—Statistic Issue* 2020-1(Apr. 11,2020),ICSID:https://icsid. worldbank. org/sites/defanlt/files/pubhcations/Caseload% 20 Statistics% 20% 282020-1% 20Edition%29%20ENG. pdf.

[2] 陈安主编:《国际投资争端仲裁:“解决投资争端国际中心”机制研究》,复旦大学出版社 2001 年版,第 276~277 页。

[3] 陈安主编:《国际投资争端仲裁:“解决投资争端国际中心”机制研究》,复旦大学出版社 2001 年版,第 270~271 页。

[4] 陈安主编:《国际投资争端仲裁:“解决投资争端国际中心”机制研究》,复旦大学出版社 2001 年版,第 288 页。

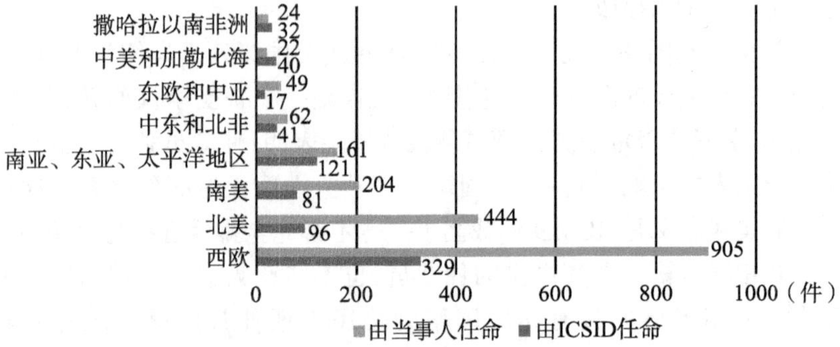

图 9-6　1966~2019 年 ICSID 案件中由 ICSID 和当事人任命的仲裁员所属地域分布

资料来源：ICSID：*The ICSID Caseload—Statistic Issue* 2020-1（Apr. 11, 2020），ICSID：https://icsid. worldbank. org/sites/defanlt/files/pubhcations/Caseload%20 Statistics%20%282020-1%20Edition%29%20ENG. pdf.

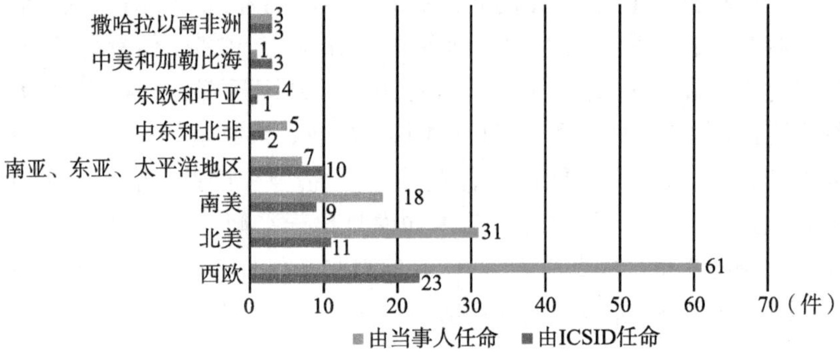

图 9-7　2019 年 ICSID 案件中由 ICSID 和当事人任命的仲裁员所属地域分布

资料来源：ICSID：*The ICSID Caseload—Statistic Issue* 2020-1（Apr. 11, 2020），ICSID：https://icsid. worldbank. org/sites/defanlt/files/pubhcations/Caseload%20 Statistics%20%282020-1%20Edition%29%20ENG. pdf.

3. 工作经验和教育背景

在国际投资争端领域，仲裁员具备“精英教育背景”似乎已成为一项共识。在 WTO 中，很大一部分争端解决小组成员具有政府背景，但在投资仲裁领域情况却恰恰相反，投资仲裁员的经典形象是“来自西欧或美国的精英私人律师或法律学者”。[1] 90%的首席仲裁员曾在经合组织国家接受过高等教育，20%来自发展中国家，35%是国际公法领域的专家，许多首席仲裁员都曾在政府的行政部门工作过，而拥有公司工作经历的则少得多。[2]

国际仲裁规则一般对仲裁员资格作出了相应的要求。如《ICSID公约》第14条第1款规定：“各缔约国指派到ICSID并列入仲裁员小组名册的仲裁员应当品德高尚，并且在法律、商务、工业或金融方面具有公认的资格，他们可以被信赖作出独立的判断。对仲裁员小组的人而言，在法律方面的资格尤其重要。”[3]这表明成为仲裁员须具备三项基本要素：道德品质要素、业务能力要素、独立性要素。

综合来看，国际投资仲裁员缺乏多样性的证据十分明确，无论是性别、国籍的不平衡性，还是工作经验与教育背景的偏向性均比较显著。仲裁员的多样性常常与当事人或公众对仲裁裁决独立性、公正性、中立性的直觉挂钩，多样性的缺失可能会影响裁决的正当性与可接受性。在这个意义上，国际投资仲裁改革必须正视并解决仲裁员多样性问题。

四、国际投资仲裁的程序规则

（一）仲裁规则

就仲裁规则而言，大多数国际投资协定都提供了至少一种国际仲

[1] Malcolm Langford, Daniel Behn, Laura Létourneau-Tremblay: *Empirical Perspectives on Investment Arbitration: What do we know? Does it matter?* (Feb. 21, 2020), PluriCourts: https://www.cids.ch/images/Documents/Academic-Forum/7_Empirical_perspectives_-_WG7.pdf. 转引自 Joost Pauwelyn: *The Rule of Law without the Rule of Lawyers? Why Investment Arbitrators are from Mars, Trade Adjudicators from Venus?*, American Journal of International Law, Vol, 4(2015).

[2] Malcolm Langford, Daniel Behn, Laura Létourneau-Tremblay: *Empirical Perspectives on Investment Arbitration: What do we Know? Does it Matter?*, PluriCourts: https://www.cids.ch/images/Documents/Academic-Forum/7_Empirical_perspectives_-_WG7.pdf。转引自 Michael Waibel, Yanhui Wu: *Are Arbitrators Political? Evidence from International Investment Arbitration*, ResearchGate: https://www.researchgate.net/publication/256023521_Are_Arbitrators_Political; Anton Strezhnev: “Detecting Bias in International Investment Arbitration”, 载 Scholars at Harvard: http://scholar.harvard.edu/files/astrezhnev/files/are_investment_arbitrators_biased.pdf? m=1459524441, 2020年2月21日最后访问。

[3] ICSID: *ICSID Convention* (Apr. 13, 2020), ICSID: http://icsidfiles.worldbank.org/icsid/icsid/staticfiles/basicdoc/parta-chap01.htm.

裁规则供当事人选择,常见选项包括 ICSID 仲裁规则、ICSID 附加便利规则、UNCITRAL 示范仲裁规则、国际商会仲裁规则或斯德哥尔摩仲裁院仲裁规则等。如图 9-8 所示,在 1987 年至 2019 年,所有基于投资条约的仲裁中,有一半以上案件是根据 ICSID 公约提出的,另有 6%是根据 ICSID 附加便利规则提出的,大约有 1/3 选择接受 UNCITRAL 仲裁规则的管辖,只有约 7%选择其他仲裁规则,如 ICC 规则、SCC 规则、LCIA 规则、MCCI 规则、CRICA 规则。

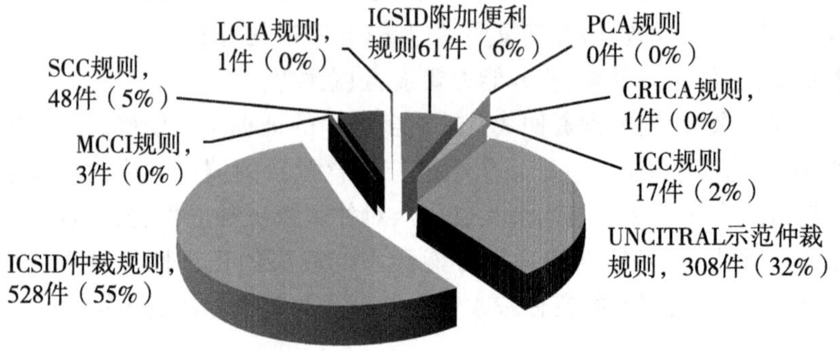

图 9-8　1987~2019 年投资条约仲裁案件的仲裁规则

资料来源:UNCTAD:*Investment Policy Hub*(Apr. 2, 2020), UNCTAD Investment Policy Hub:https://investmentpolicy.unctad.org/investment-dispute-settlement/.

(二)仲裁机构

不同的仲裁机构可以为仲裁程序提供后勤支持服务。因此,即使投资者选择根据 UNCITRAL 仲裁规则提出争议,但鉴于 UNCITRAL 没有仲裁中心,因此其他任何机构(如 ICSID、LCIA 或 PCA)都可以充当仲裁程序的中心。这就解释了为什么 ICSID 机构的案件份额似乎比根据《ICSID 公约》或《ICSID 附加便利规则》提交的争议要多。如图 9-9 所示,ICSID 是主要仲裁机构,管理了 73%投资仲裁案件,其次是 PCA,占 18%。另外,还有 8%的案件是作为临时仲裁进行的,没有提交任何仲裁机构。这意味着争端各方选择自己管理案件仲裁,而不交由机构负责。值得注意的一点是,根据 UNCTAD 的不完全统计,HKIAC 目前仅受理了一起国际投资仲裁案件。香港是亚洲的金融中心,HKIAC 成立已有一定的历史时间,但是相比其他位于纽约、巴黎等发达地区的国际仲裁中心仍然存在差距。可见在国际投资仲裁领域,亚洲的整体法律服务水平还有待提升。

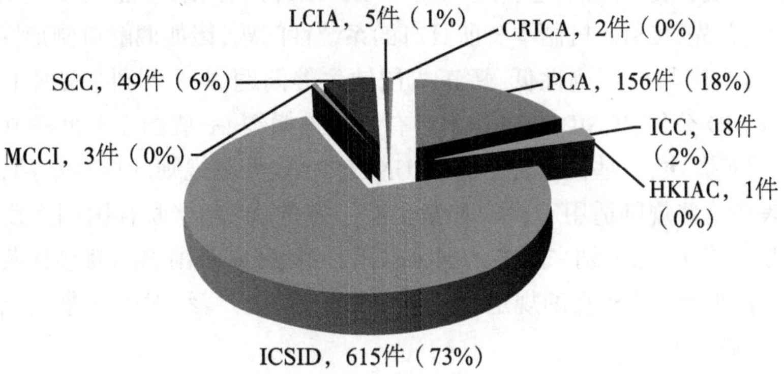

图 9-9　1987~2019 年投资条约仲裁案件的仲裁机构

资料来源:UNCTAD:*Investment Policy Hub*(Apr. 2, 2020), UNCTAD Investment Policy Hub:https://investmentpolicy. unctad. org/investment-dispute-settlement/.

ICSID 是唯一一个专门为解决一成员国政府与另一成员国国民之间发生的法律争端而设计的仲裁机构。之所以将 ICSID 仲裁称为机构仲裁,是因为它不仅为争端各方提供了已经事先同意的程序规则、时间和后勤安排来推进仲裁,而且 ICSID 公约构成一个自给自足(self-contained)的法律体系,裁决具有约束力,ICSID 公约的所有签署国承诺以国内法院最终判决的方式承认和执行 ICSID 公约项下的裁决。[1] 如果只有一个国家(东道国或投资者的母国)签署了 ICSID 公约,那么投资者仍然可以选择将争端提交给 ICSID 附加便利规则,但其裁决不具有与 ICSID 公约项下仲裁裁决相同的法律效力。在这种情况下,当事人只能根据 1958 年在纽约签署的《纽约公约》承认并执行该裁决。

[1] Malcolm Langford, Daniel Behn, Laura Létourneau-Tremblay: *Empirical Perspectives on Investment Arbitration: What do we know? Does it matter?* (Feb. 21, 2020), PluriCourts: https://www.cids.ch/images/Documents/Academic-Forum/7_Empirical_perspectives_-_WG7.pdf.

但是,在过去的10年中,ICSID每年都在失去其市场份额。[1] 而国际投资协定中越来越多地采用ICSID以外的仲裁,可能主要有以下考虑:首先,ICSID机制本身所具有的系统性问题,诸如调解机制形同虚设、透明度与可预测性低、矫正机制缺失等问题。[2] 另外,根据1965年ICSID公约,ICSID裁决作出后有可能被撤销,一些国家对此存在疑虑。[3] 其次,一些国际仲裁庭对UNCITRAL仲裁规则的成功运用,似乎表明这些规则适用于投资仲裁也有一定的优势。《联合国国际商事仲裁示范法》已为越来越多的国家采用。根据《联合国国际商事仲裁示范法》和《纽约公约》的规定,"商事"的含义较为广泛,对管辖争议范围的限制较少。

(三)仲裁语言

仲裁语言的选择不仅体现了ISDS的国际性特点,还能管窥国际投资仲裁的发展趋势,并与前述研究相互印证。一般来说,仲裁语言的选择由当事双方约定或授权由仲裁庭指定。《联合国贸易法委员会仲裁规则》(UNCTRAL Arbitration Rules)第19条规定仲裁语言可经当事双方同意由仲裁庭确定。[4] ICSID规则第22条第1款规定,当事人可以商定在程序中使用一到两种语言,各方如果对程序语言无法达成一致,则可以分别选择一种官方语言(英语、法语和西班牙语)。[5] 从图9-10中可以看出,作为ICSID官方语言,英语、西班牙语、法语依次是国

---

[1] 根据PITAD网站的统计,截至2020年1月1日,1126个国际投资仲裁案件的样本中,在ICISID仲裁的案件约有620件,占总数的55.1%;而非ICSID仲裁案件有506件,占44.9%。See Malcolm Langford, Daniel Behn, Laura Létourneau-Tremblay: *Empirical Perspectives on Investment Arbitration: What do we know? Does it matter?* (Feb, 21, 2020), PluriCourts: https://www.jus.uio.no/pluricourts/english/projects/leginvest/publications/empirical-perspectives-investment-arbitration.html.

[2] 谢晓彬:《"一带一路"视阈下投资者——东道国争端解决机制的选择与完善》,载《法治社会》2019年第5期。

[3] 林爱民:《国际投资协定争议仲裁研究》,复旦大学法学院2009年博士学位论文,第32页。

[4] *UNCTRAL Arbitration Rules*: Article 19 (Apr. 2, 2020), UNCITRAL: https://uncitral.un.org/sites/uncitral.un.org/files/media-documents/uncitral/en/uncitral-arbitration-rules-2013-e.pdf.

[5] ICSID: *Article 22 of Part F of ICSID Convention, Regulations and Rule*, ICSID: http://icsidfiles.worldbank.org/icsid/icsid/staticfiles/basicdoc/partF-chap03.htm#r22.

际上绝大多数的仲裁案件程序的工作语言。鉴于 ICSID 规定每一个仲裁案件至多可以选择两种仲裁语言且效力相当，由此可以推断不少案件的当事方选择了英语和西班牙语两种语言作为其仲裁的程序语言。[1]

目前，2/3 的案件当事人选择了英语作为仲裁程序语言（之一），英语的国际性不言而喻。西班牙语涵盖了近 1/4 的投资仲裁案件，这与案件的东道国多为拉丁美洲地区的国家有关。例如，在被诉最多的东道国中，阿根廷、西班牙、委内瑞拉等都是西班牙语国家。不难理解，仲裁语言与仲裁员及代理律师的可选择范围有很大关系。从这个角度来讲，语言能力建设和宣传也是有关国家培养国际投资仲裁领域人才的重点抓手。

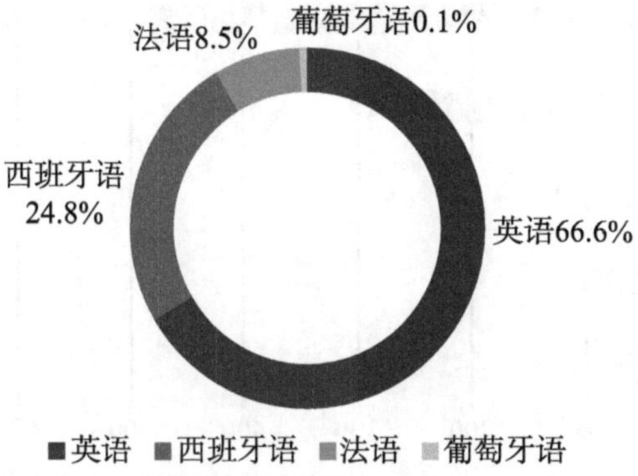

图 9-10　1998~2019 年投资条约仲裁案件的仲裁语言

资料来源：ICSID：*Case Database*（Apr. 2，2020），ICSID：https://icsid. worldbank. org/en/Pages/cases/AdvancedSearch. aspx.

五、国际投资仲裁的实体内容

国际投资仲裁案件一般较为复杂，往往采取程序与实体问题两分的审理流程。在程序审理阶段，仲裁双方一般都在属时管辖（jurisdiction ratione temporis）、属人管辖（jurisdiction ratione personae）、属物管辖（jurisdiction ratione materiae）等方面进行激烈的对抗交锋。

[1] 根据最新统计，ICSID 官网数据库中记录在案的案件总数为 774 件，其仲裁语言分别是英语 621 件、西班牙语 231 件、法语 79 件、葡萄牙语 1 件。

而在实体审理阶段，双方则往往围绕东道国的行为措施与可适用的投资协定中规定的条款义务进行攻防。鉴于投资仲裁案件程序部分的争议焦点较为明晰且相似，本节将主要围绕实体部分的争议措施和争议焦点进行相关论述。

（一）争议措施

争议措施是指投资者认为东道国侵犯其正当权益，从而引起投资仲裁争端的行为举措。基于 UNCTAD 案例数据的不完全统计，如图 9-11 所示，在绝大多数的仲裁案件中，投资者所指控的东道国行为，按照涉案数量的多寡归纳依次为：行政行为、合同行为、税收、立法行为和司法行为。

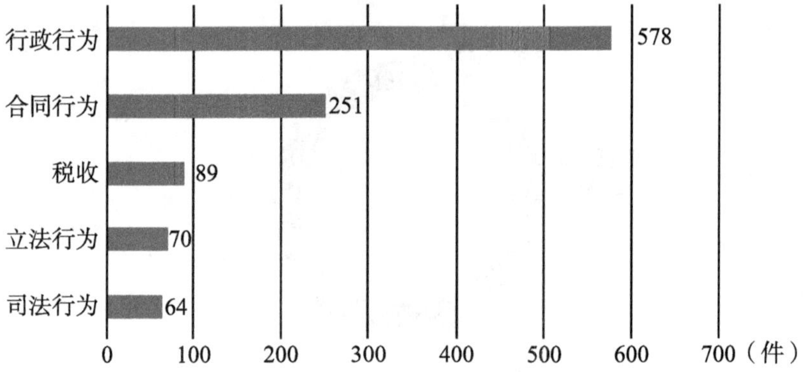

图 9-11　1987～2019 年投资条约仲裁案件的争议措施

资料来源：UNCTAD：*Investment Dispute Settlement Navigator*（Apr. 2, 2020），UNCTAD Investment Policy Hub：https://investmentpolicy. unctad. org/investment-dispute-settlement/.

1. 行政行为

行政行为是国际投资仲裁涉及最多的争议措施，迄今有 578 件案件涉及东道国政府的行政行为。行政行为是一个相当宽泛的集合，具体包括了政府部门或公共机构停止优惠或补贴、军事行动破坏相关投资、战争中资产征收与国有化等。有研究表明，大约有一半的争端与省市政府或负责特定经济部门的国家机构作出的决定有关，同时大多数由撤销特许权或私有化计划所引起的案件都是基于地方政府的相关行为。[1]

2. 合同行为

东道国政府或国有企业基于与投资者签订的合同而实施的相关行为也是投资仲裁案件中经常涉及的争议措施,目前多达 251 件。这里需要重点关注特许权协议纠纷。BOT 是投资者与东道国经常产生争议的合同,但它不同于政府撤销特许权的情形。前者是合同行为,[2]而后者是行政行为。

一般来说,行政行为、合同行为以及税收往往与东道国政府相关,据此可推断,东道国政府不恰当的行为容易引起国际投资仲裁争端。但是,这个问题通常并非源于公职人员故意无视相关法律要求,而是源于不同政府部门、不同领导人的政策稳定性与协调性。在多种多样的监管机构与投资者互动的背景下,保持投资政策和法规的连贯、透明和有协调的实施,并不是一件容易的事情。[3]

(二)争议焦点

以投资者援引的国际投资条约条款为线索,国际投资仲裁案件最常涉及的争议焦点包括:公平公正待遇,间接征收,全面保护与安全等类似条款,任意、不合理或歧视性措施,保护伞条款,国民待遇,直接征收,最惠国待遇等。

如图 9-12 所示,起诉和认定违反公平公正待遇的案件数量均高居榜首。间接征收也是较常为投资者援引的争议焦点。相比于间接征收条款的较高涉案率,直接征收条款的涉案频次虽然较低,但其成立比率(成立比率=认定违反数/起诉违反数)畸高。最终认定违反最惠国待遇的案件数量寥寥无几,导致其成立比率非常之低。

[1] UNCTAD Series on International Investment Policies for Development: *Investor-State Disputes: Prevention and Alternatives to Arbitration*(Apr. 11, 2020), UNCTAD: https://unctad.org/en/pages/PublicationArchive.aspx? publicationid=422.

[2] 典型 BOT 模式下政府特许的经营协议具有明显的民商事法律关系特征,应定性为民事合同。参见周月萍、者丽琼:《最高院 BOT 模式案例评析:政府特许经营协议应定性为民事合同》,载《建筑》2016 年第 23 期。

[3] Roberto Echandi: *The Debate on Treaty-Based Investor-State Dispute Settlement: Empirical Evidence*(1987-2017) *and Policy Implications*, ICSID Review, Vol. 1(2019).

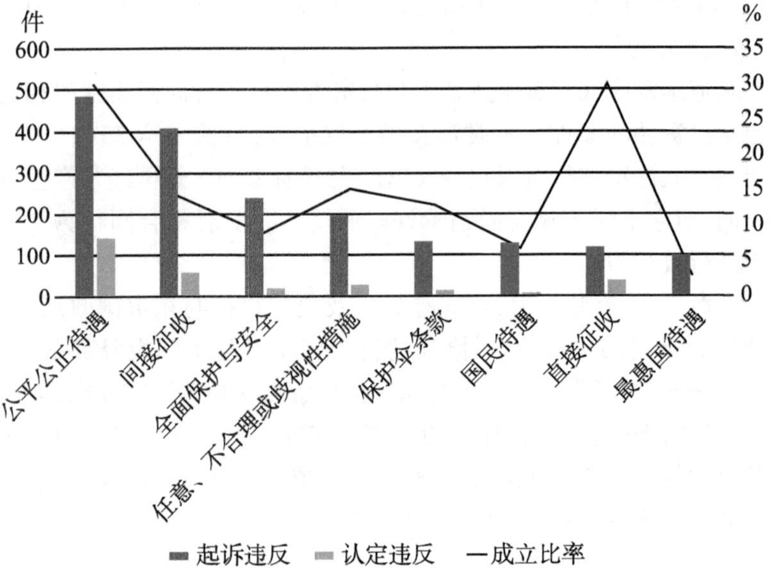

图 9-12　1987～2019 年投资条约仲裁案件的实体争议焦点

资料来源：UNCTAD：*Investment Dispute Settlement Navigator*（Apr. 2, 2020），UNCTAD Investment Policy Hub：https://investmentpolicy.unctad.org/investment-dispute-settlement/.

1. 公平公正待遇

FET，是国际投资仲裁案件中投资者援引最多、仲裁庭认定违反最多的条款义务。FET 标准要求政府行为应当透明、连贯，符合比例原则，并且达到投资者对政府应当遵守其书面承诺的合法期望。[1] 从图 9-13 可见，多年来违反 FET 的成立比率基本维持 30%上下。[2]

FET 被高频率地援引和认定，主要原因可能有二：第一，从文本内容来看，FET 是国际投资协定最常见的条款，且措辞含义抽象，具有很大的解释空间和潜在的适用空间，因此为投资者高频援引。[3] 第二，

[1] UNCTAD：*Fair and Equitable Treatment*（Apr. 2, 2020），UNCTAD：http://unctad.org/en/Docs/unctaddiaeia2011d5_en.pdf.

[2] 本图横向轴以五年为一个周期，除第一个周期（1987～1989 年）仅有三年外。从图中可以发现，前两个周期的涉案量几近为零，这是由于早期案件数量甚少，因此参考价值不大。此外，考虑到最后一个周期（2015～2019 年）中存在不少案件尚未结案，尤其是认定违反和成立比率两项数据还有待更新和完善。故此处研究主要参考 2000～2014 年的数据。

[3] Roberto Echandi：*The Debate on Treaty－Based Investor－State Dispute Settlement：Empirical Evidence*（1987－2017）*and Policy Implications*，ICSID Review，Vol. 1（2019）.

从实践角度来看，近 70% 的投资者与国家间争端涉及地方政府或政府部门采取的措施。[1] FET 所涵盖的正当程序、合理期待、不歧视原则等要求都与此密切相关。

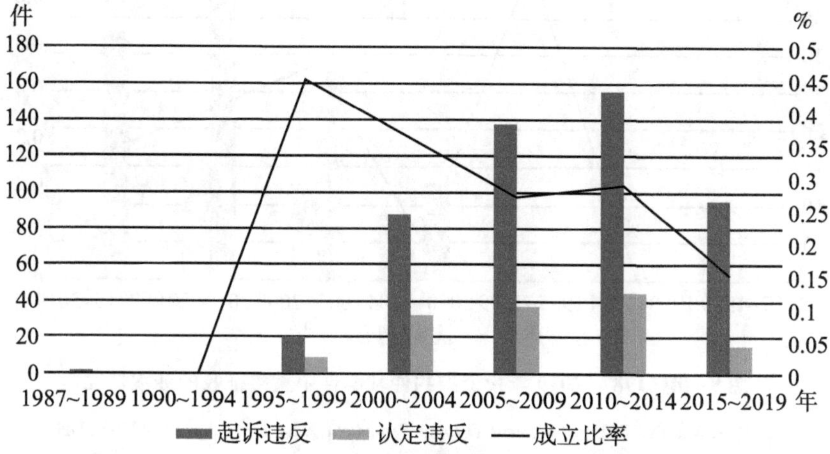

图 9-13　1987～2019 年投资条约仲裁案件中 FET 的涉案情况

资料来源：UNCTAD：*Investment Dispute Settlement Navigator*（Apr. 2, 2020），UNCTAD Investment Policy Hub：https://investmentpolicy.unctad.org/investment-dispute-settlement/.

2. 直接与间接征收

从图 9-14 可以看出，除个别情形，国际投资仲裁案件的实体争议焦点的成立比率基本上与投资者起诉违反的量次呈正相关关系，即投资者起诉违反的频次越多，仲裁庭认定违反的频次相应越多。这个不难理解，符合大众的经验认知，但是，直接征收是一个例外。尽管直接征收的起诉数量并不是最多的，但其成立比率却高达 30%，远超间接征收案件，基本与起诉和认定违反频次最多的公平公正待遇标准持平。如图 9-14 所示，2005～2014 年违反直接征收的成立比率甚至达到了 40%上下。再看图 9-15 的间接征收，其同时期的成立比率基本保持在 20%，明显低于直接征收。

[1] UNCTAD Series on International Investment Policies for Development：*Investor-State Disputes：Prevention and Alternatives to Arbitration*（Apr. 11, 2020），UNCTAD：https://unctad.org/en/pages/PublicationArchive.aspx? publicationid=422.

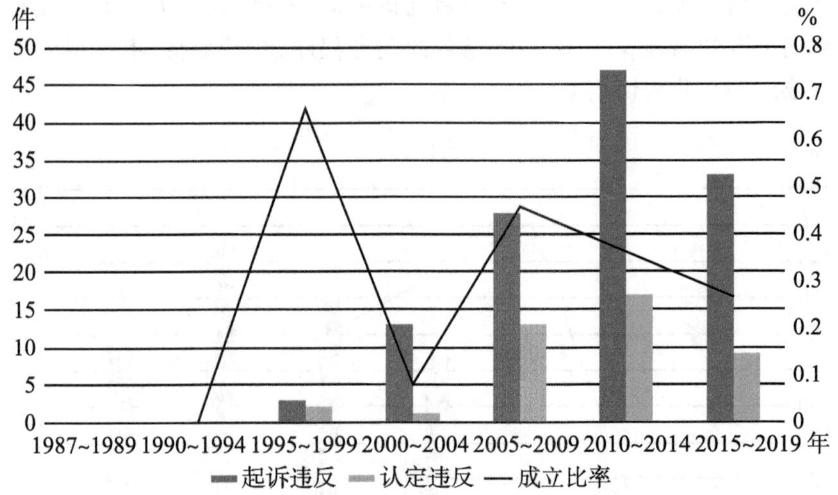

图 9-14　1987~2019 年投资条约仲裁案件中直接征收的涉案情况

资料来源：UNCTAD：*Investment Dispute Settlement Navigator*（Apr. 2, 2020），UNCTAD Investment Policy Hub：https://investmentpolicy.unctad.org/investment-dispute-settlement/.

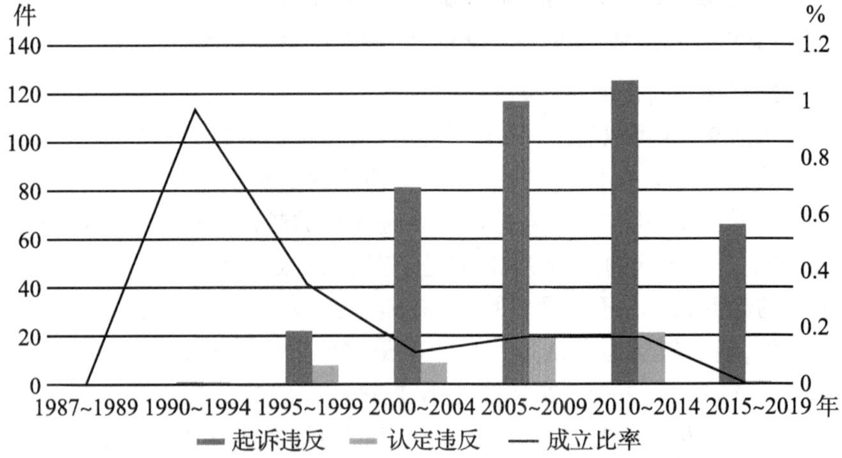

图 9-15　1987~2019 年投资条约仲裁案件中间接征收的涉案情况

资料来源：UNCTAD：*Investment Dispute Settlement Navigator*（Apr. 2, 2020），UNCTAD Investment Policy Hub：https://investmentpolicy.unctad.org/investment-dispute-settlement/.

这种现象出现的原因，其实不难解释。在过去，国际投资协定对外国人财产征收问题的界定和讨论主要是在直接征收的背景下进行的。

直接征收往往非常明显地伴随着投资所有权的直接转移,举证和认定都比较容易,仲裁庭认定的门槛不高,因此,违反直接征收的成立比率较高。

20 世纪 60 年代以后,“没有征收法令但出现了征收效果”[1]的间接征收开始出现。征收实践逐渐从直接征收扩张到间接征收,这种实践转型的原因很复杂:各国在经济全球化过程中越发注重塑造开放包容的自身形象以吸引外资,因此避免采用简单粗暴的直接征收;东道国越来越多地采用税收措施来获取经济收益;晚近投资条约中投资定义不断扩大,涵盖越来越多的无形资产,也同时涵盖东道国越来越多的公共政策行为。[2] 间接征收的形式多样,绝大多数的投资条约极少会对间接征收作出界定,即使要界定也多采取否定的方式,列举和描绘出不构成间接征收的政府措施。因此,间接征收的举证和认定门槛较高,违反间接征收的成立比率自然低于直接征收。

3. 最惠国待遇

国际投资法中的最惠国待遇,一般是指东道国对外国投资者及其投资实行的待遇不低于其已给予第三国投资者的待遇。[3] 规定最惠国待遇的条约通常被称为“基础条约”,而作为实施最惠国待遇参照标准的条约则名为“第三方条约”。在国际投资法律关系中,最惠国待遇具有“多边化”效应,一旦一国给予另一国投资者以更高的待遇,那么与该国订有最惠国待遇条款的其他所有第三方国家投资者均将有权获得这样的更高待遇。其“传导性”的特点旨在为在东道国投资的各外国投资者之间创造平等竞争的法律机会。

在投资仲裁中,最惠国待遇条款被广为援引,但很少被仲裁庭认定违反,援引率和成立比率的差异令人惊讶。从图 9-16 可知,涉及最惠国待遇的案件在 2000 年以后才出现,且违反最惠国待遇的成立比率仅在 3%左右。

---

[1] WM Reisman, RD Sloane: *Indirect Expropriation and its Valuation in the BIT Generation*, British Year Book of International Law, 2003, p. 130.

[2] 石俭平:《国际条约中的征收条款研究》,华东政法大学 2011 年博士学位论文,第 92~93 页。

[3] UNCTAD: *Pink Series Sequel: Most-favoured Nation Treatment* (Apr. 2, 2020), UNCTAD: https://unctad.org/en/Docs/diaeia20101_en.pdf.

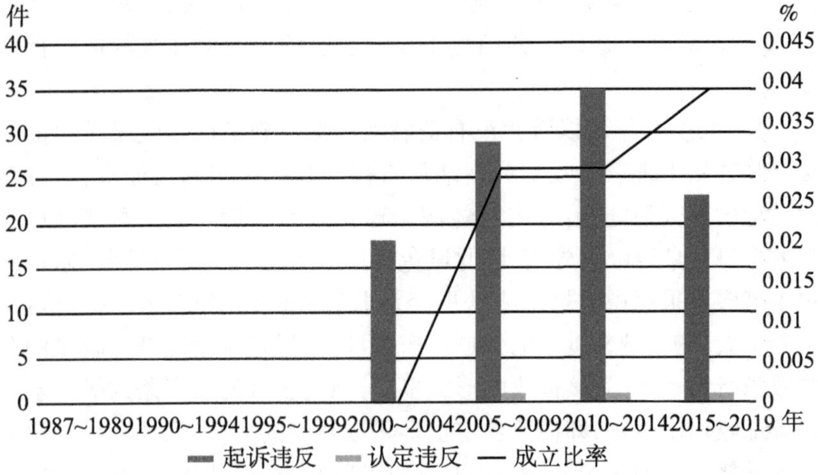

图 9-16 1987~2019 年投资条约仲裁案件中 MFN 的涉案情况

资料来源：UNCTAD：*Investment Dispute Settlement Navigator*（Apr. 2，2020），UNCTAD Investment Policy Hub：https://investmentpolicy. unctad. org/investment-dispute-settlement/.

在实践中，ICSID 仲裁庭在适用最惠国待遇的规则时，一般要适用一些具有主观色彩因而证明门槛很高的同类规则和更优惠原则。[1] 以同类规则为例，Maffezini v. Spain[2] 案仲裁庭认为，“最惠国条款只能吸引属于相同种类的事项，且与最惠国条款自身有关”，[3] 只有基础条约与第三方条约中所规定待遇指向相同或同类时才能引起最惠国待遇条款的适用。然而如何去解释论证相同或同类这一要件则存在较大的困难。

近年来，有关外资最惠国待遇适用范围的争议焦点在于最惠国待遇标准能否扩张适用于投资争端解决的程序事项。对此问题，晚近的国际投资仲裁实践出现了两种截然不同的主张。Maffezini v. Spain 案

[1] 方荀：《ICSID 仲裁实践中最惠国待遇适用范围问题的研究》，华东政法大学法学院 2011 年硕士学位论文，第 28 页。

[2] ISLG：Emilio Agustín Maffezini v. The Kingdom of Spain（Mar. 2，2020），italaw：https://www. italaw. com/cases/641.

[3] 原文如下：“The most-favored-nation clause can only attract matters belonging to the same category of subject as that to which the clause itself relates.”参见 ISLG：Emilio Agustín Maffezini v. The Kingdom of Spain，载 italaw：https://www. italaw. com/cases/641，2020 年 3 月 2 日最后访问。

是赞成最惠国待遇涵盖程序事项的典型案例,但同时它也提出了对最惠国待遇适用于投资争端解决程序的一项重要限制,即不能无视“公共政策的考虑”。[1] 然而,Plama v. Bulgara 案仲裁庭则对 Maffezini v. Spain 案的裁决提出了严厉批评,认为将最惠国待遇扩张适用于国际投资争端解决程序事项不仅会带来最惠国待遇是否启动的不确定性,而且会出现投资者“选购条约”的结果。[2] 除非缔约双方有明确的约定,否则最惠国待遇不应适用于争端解决程序。

六、国际投资仲裁的成本

(一)国际投资仲裁的时间

一般而言,相比于诉讼,国际仲裁有着快速高效的优点。但是,国际投资仲裁在实践中存在仲裁程序过于冗长的问题。总体来看,投资仲裁的时间是较长的。在已知的案件中,最短的仲裁程序花费了大约 1 年,而最长的花费了大约 10 年。根据 UNCTAD 和 ICSID 数据,作出实体裁决(award)的仲裁程序花费的平均时间约为 4 年,相对来说,终止程序与和解的案件花费的时间较短(见表 9-6)。该仲裁程序时间不包括仲裁裁决在国内法院的执行花费的时间。

表 9-6　仲裁案件花费时间

案件类型	案件数量(件)	平均时间(天)
已裁决	444	1361
和解	97	793
程序终止	60	1055

资料来源:数据截至 2018 年 11 月 1 日。See UNCTAD: *Investment Dispute Settlement Navigator*(Mar. 2, 2020), UNCTAD Investment Policy Hub: https://investmentpolicy. unctad. org/investment-dispute-settlement; ICSID: *Case Database*(Mar. 2, 2020), ICSID: https://icsid. worldbank. org/en/Pages/cases/AdvancedSearch. aspx.

---

[1] 公共政策主要涵盖以下四种具体情形:(1) 不能排除“用尽当地救济原则”;(2) 不能损害“岔路口条款”的适用;(3) 不能取代对一个特定仲裁机构的约定;(4) 不能排除对一个具有详细程序规则、高度组织化的仲裁机制(如 NAFTA)的选择。参见 PT Ventures, SGPS, S. A. v. Republic of Cabo Verde,载 italaw: https://www. italaw. com/cases/7396,2020 年 3 月 2 日最后访问。

[2] 徐崇利:《从实体到程序:最惠国待遇适用范围之争》,载《法商研究》2007 年第 2 期。

以 5 年为周期，从 1980 年到 2015 年，仲裁案件从登记到作出裁决平均花费时间(见图 9-17)都超过了 1000 天。同时，在 1980 年到 1985 年、2000 年到 2005 年两个区间，仲裁程序平均花费的时间明显增加，后又呈下降趋势。

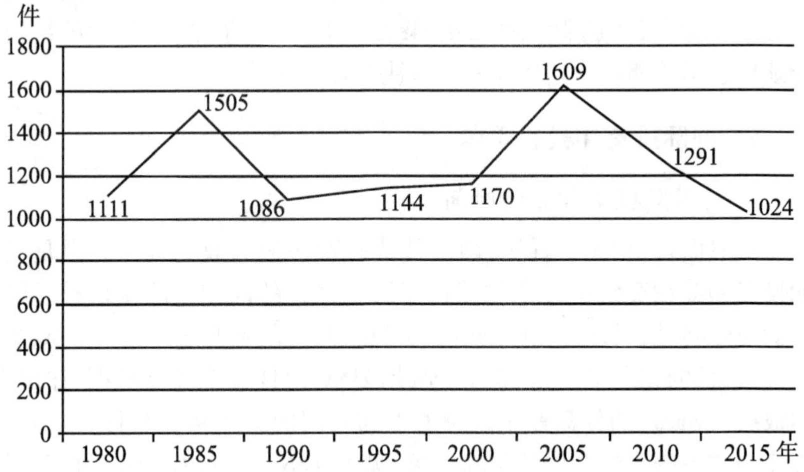

图 9-17　国际投资仲裁案件裁决平均花费天数

资料来源：Malcolm Langford, Daniel Behn, Laura Létourneau - Tremblay: *Empirical Perspectives on Investment Arbitration: What do we Know? Does it Matter?* (Feb. 21, 2020)，载 PluriCourts: https://www.jus.uio.no/pluricourts/english/projects/leginvest/publications/empirical-perspectives-investment-arbitration.html.

裁决撤销程序的时间较短，从撤销裁决请求登记之日到 ICSID 作出决定的时间约为 2 年。[1] 另外，撤销程序的周期也有减少趋势，从平均 22 个月减少到 2010 年至 2015 年间的 19 个月。[2]

(二) 国际投资仲裁的费用

1. 费用

国际投资仲裁的费用可以分为法律费用和仲裁费用，其中法律费

[1] Daniel Behn, Tarald Berge, Malcolm Langford, Maksim Usynin: *What Causes Delays in International Investment Arbitration*, PluriCourts Working Paper 2019.

[2] ICSID: *Updated Background Paper on Annulment for the Administrative Council of ICSID* (Apr. 11, 2020), ICSID: https://icsid.worldbank.org/en/Pages/resources/Background-Papers.aspx.

用包括律师和专家费用，仲裁费用包括仲裁员费用以及付给仲裁庭、仲裁机构等的费用。根据 UNCTAD2010 年报告，仲裁案件的费用最近已经“飞涨”。[1]

截至 2019 年 2 月 1 日，根据多元法庭投资条约仲裁数据库（Pluri Courts Investment Treaty Arbitration Database）统计，在 169 个案件中，原告的平均法律费用为 6,067,184 美元；在 177 个案件中，被告的平均法律费用为 5,223,974 美元；[2] 在 193 个案件中，仲裁庭平均费用为 947,622 美元（见表 9-7）。[3]

表 9-7　投资仲裁案件费用

费用类型	案件数量（件）	平均费用（美元）
法律费用（原告）	169	6,067,184
法律费用（被告）	177	5,223,974
仲裁费用	193	947,622

资料来源：Daniel Behn, Ana Maria Daza: *The Defense Burden in Investment Arbitration?*, PluriCourts Working Paper 2019.

首先，整体来说，当事人的花费较高，平均每个案件的花费总额超过了 1200 万美元。其次，法律费用较高，仲裁费用较低，同时，仲裁费用占总费用的比重呈下降趋势，2010 年之前仲裁费用占总费用的 18%，2019 年下降到 10% 以下。[4] 最后，投资仲裁案件总费用呈增长趋

[1] UNCTAD Series on International Investment Policies for Development: *Investor-State Disputes: Prevention and Alternatives to Arbitration* (Apr. 11, 2020), UNCTAD: https://unctad.org/en/pages/PublicationArchive.aspx? publicationid=422.

[2] Daniel Behn, Ana Maria Daza: *The Defense Burden in Investment Arbitration?*, PluriCourts Working Paper 2019.

[3] Daniel Behn, Ana Maria Daza: *The Defense Burden in Investment Arbitration?*, PluriCourts Working Paper 2019.

[4] David Gaukrodger and Kathryn Gordon: *Investor-State Dispute Settlement: A Scoping Paper for the Investment Policy Community* (Mar. 2, 2020), OECD: http://www.oecd.org/daf/inv/investment-policy/WP-2012_3.pdf.; Daniel Behn, Ana Maria Daza: *The Defense Burden in Investment Arbitration?*, PluriCourts Working Paper 2019.

势。[1] 在2012年,ICSID案件的法律费用和仲裁费用总额平均为800万美元,[2]到2019年,案件费用总额已经上升至1200万美元。

2. 费用分担

与国内诉讼"败诉者负担诉讼费用"的原则不同,国际投资仲裁的费用分担没有固定和统一的"标准",仲裁庭可以按照案件情况等决定适用何种方式分担费用。费用分担通常根据以下三个方式进行:败诉方支付;各方当事人自行承担各自的费用;按比例分担。

2004年至2010年,在67件ICSID案件中,有43个仲裁庭决定当事方承担各自的法律费用并支付一半的仲裁费用;在24件案件中,仲裁庭决定一方全部或部分支付另一方的法律费用和仲裁费用;在6件案件中,仲裁庭运用了"败诉方支付"规则。[3] 可见,在实践中,"当事人各自承担"为费用分担的主要方式。

另外,截至2019年2月1日,在157件投资者胜诉的案件中,费用转移到败诉方(被告国)的有97件(62%),费用没有转移的案件有60件(38%);在被告国胜诉的199件案件中,有108件案件(54%)的费用转移到了败诉方(投资者)身上,在91件案件(46%)中没有发生费用转移。[4] 可见,仲裁庭在应用"败诉方支付"规则时存在一定的不对等性,其更倾向于在投资者胜诉案件中将费用负担转移给败诉方。

3. 第三方资助

2018年国际商事仲裁理事会发布第三方资助报告(ICCA-QM Report)指出,第三方资助者通常是指,非争议当事方为仲裁程序一方当

---

[1] UNCTAD Series on International Investment Policies for Development: *Investor-State Disputes: Prevention and Alternatives to Arbitration* (Apr. 11, 2020), UNCTAD: https://unctad.org/en/pages/PublicationArchive.aspx? publicationid=422.

[2] David Gaukrodger and Kathryn Gordon: *Investor-State Dispute Settlement: A Scoping Paper for the Investment Policy Community* (Mar. 2, 2020), OECD: http://www.oecd.org/daf/inv/investment-policy/WP-2012_3.pdf.

[3] 数据统计的时间区间为2004年至2010年。Lucy Reed: Allocation of Costsin International Arbitration, ICSID Review, Vol. 1 (2011).

[4] Daniel Behn, Ana Maria Daza: *The Defense Burden in Investment Arbitration?*, PluriCourts Working Paper 2019.

事人的费用提供部分或全部资金,并根据争议的结果获得报酬。[1] 目前,第三方资助在投资仲裁案件中使用较少,已知至少有22项仲裁中原告方使用了第三方资助,[2]但发展趋势值得跟踪。

七、国际投资仲裁的裁决与执行

(一)少数仲裁员不同意见

当仲裁员不同意仲裁庭的多数裁决时,可以提出异议。大多数仲裁规则都允许仲裁员提出异议,并附在仲裁裁决后或公开发表。[3] ICSID公约第48条第4款规定,“仲裁庭的任何人都可以对裁决提出其个人意见,无论他是否反对多数意见,或是否发表他的异议”。在已知的774件ICSID案件中,仲裁员对裁决提出异议的案件有38件。[4]

仲裁员异议的内容可能因案而异,异议的常见理由基本上包括:为败诉方辩解,[5]多数裁决说理不足,[6]多数意见违反一般法律原则,[7]多数意见证据不足或证据认定存在问题,[8]多数意见背景理解存在问题。[9]

---

[1] International Council for Commercial Arbitration: Report of the ICCA-Queen Mary Task Force on Third-Party Funding in International Arbitration(Mar. 10,2020): https://www.arbitration-icca.org/publications/Third-Party-Funding-Report.html.

[2] Jeffrey Commission and Rahim Moloo: *Procedural Issues in International Investment Arbitration*, Oxford University Press, 2018.

[3] Hussain and Ijaz: *Dissenting and separate opinions at the World Court*, Martinus Nijhoff Publishing, 1984.

[4] ICSID: *Case Database*(Apr. 3,2020), ICSID: https://icsid.worldbank.org/en/Pages/cases/AdvancedSearch.aspx.

[5] Marvin Roy Feldman Karpa v. United Mexican States: *dissenting opinion of Jorge Covarrubias Bravo*(Mar. 10,2020), italaw: https://www.italaw.com/cases/435.

[6] Empresas Lucchetti, S. A. and Lucchetti Peru, S. A. v. The Republic of Peru: *Dissenting opinion of Franklin Berman*(Mar. 10,2020), italaw: https://www.italaw.com/cases/389.

[7] Biwater Gauff v. United Republic of Tanzania: *Concurring and dissenting opinion of Gary Born*(Mar. 10,2020), italaw: https://www.italaw.com/cases/157.

[8] Asian Agricultural Products Limited v. Democratic Socialist Republic of Sri Lanka: Dissenting opinion of Samuel K. B. Asante(Mar. 10, 2020), italaw: https://www.italaw.com/cases/96.

[9] Tokios Tokeles v. Ukraine: *Dissenting opinion of Daniel Price*(Mar. 10,2020), italaw: https://www.italaw.com/cases/1099.

(二)仲裁裁决的承认与执行

1. ICSID 仲裁裁决的承认与执行

根据 UNCTAD 统计,截至 2019 年 7 月 31 日,在已知的 983 件案件中,适用 ICSID 仲裁规则的案件共计 528 件,占总数的 53.7%。[1] ICSID 公约第 53 条规定,ICSID 仲裁裁决对争议当事人的效力,争议双方当事人有义务承认裁决的终局性约束力。ICSID 公约第 54 条规定,每一缔约国都应将仲裁庭所作的裁决视为本国法院的最终判决一样予以承认和执行,缔约国对之既不得进行任何实质性或程序性的审查,也不能以违反公共政策为由拒绝承认与执行。ICSID 公约第 55 条规定,公约规定不影响各国关于主权执行豁免的法律规定。

2. 非 ICSID 仲裁裁决的承认与执行

如果投资仲裁依非 ICSID 仲裁程序进行,那么,仲裁裁决一般依照《纽约公约》承认与执行。[2] 如果外国仲裁裁决满足《纽约公约》规定的条件,各缔约国应该负有承认和执行该裁决的义务,不得擅自拒绝承认和执行该裁决。同时,《纽约公约》第 5 条规定了缔约国拒绝承认和执行裁决的情形。当出现仲裁协议无效、违反正当程序、仲裁员超越权限、仲裁庭的组成或仲裁程序不当、裁决尚未发生约束力或已经被裁决作出地国撤销、争议事项在该国属于不可仲裁事项以及执行裁决将违反该国的公共政策等情形时,缔约国可拒绝承认与执行裁决请求。

八、小结

本章采用实证研究的方法,从六个维度描述国际投资仲裁的结构特征,以期丰富我们对现行国际投资仲裁制度的理解。由于仲裁私密性所导致的数据更新不及时、披露不全面,本章的研究距理想效果还存在一定差距,不过仍可大致反映出国际投资仲裁的结构特征和发展趋势。

1. 投资仲裁在全球范围内的运用愈加广泛,呈现区域性、经济性等特征。投资仲裁数量与外国直接投资存量成正比,国际投资仲裁案件

---

[1] UNCTAD: *Investment Dispute Settlement Navigator* (Mar. 31, 2020), UNCTAD: Investment Policy Hub https://investmentpolicy.unctad.org/investment-dispute-settlement.

[2] 例如,在中国,投资者—国家纠纷不属于《纽约公约》项下的商事纠纷,中国在商事保留中做了特别说明。

数量快速增长。东道国一般集中于拉丁美洲、东欧和中亚地区,投资者多来自以美国为首的发达国家。70%以上案件集中在受到严格监管的经济部门,如自然资源和公共利益服务等部门。

2. 国际投资仲裁耗费的成本与日俱增,实际成效低于制度预期。国际投资仲裁的成本包括时间和费用两方面。时间越长,费用越高,对于东道国和投资者来说都是巨额的负担。投资仲裁的过程冗长,与仲裁本身提倡的效率不符,无法取得预期的效益。但是,目前尚未可知,相比于国际商事仲裁或复杂的国内法院诉讼,投资条约仲裁是否更为昂贵。

3. ICSID依然占据投资仲裁大部分市场份额。ICSID为仲裁裁决与执行提供"一条龙"服务,具有成熟、便捷的仲裁服务,至今仍然占据国际投资仲裁领域的半壁江山。也有越来越多的投资者选择其他仲裁规则或仲裁机构,个中原因不免与ICSID撤销程序、其他仲裁规则的灵活性以及近年来呼声渐高的上诉机制有关。

4. 东道国国内法治水平与被诉风险具有密切联系。国际投资仲裁案件最常涉及的争议焦点是FET,最容易引起争议的措施常常与地方政府行政行为和税收措施相关。

5. 仲裁员群体的多样性欠缺,仲裁员选任标准和机制亟待改进。仲裁员性别、年龄、文化背景等特征的高度趋同,本质上反映了仲裁独立性与非政治化的缺失。提高仲裁员群体的多样性,不仅关乎仲裁员自身的中立性和公正性,也影响国际投资仲裁机制的正当性问题。

后 记

本书缘起于2019年3月开始的《国际经贸规则与政策:信息周报》项目。信息周报的初衷很简单,就是想跟踪国内外经贸领域的最新实践和智库研究。按照学校的作息规律,信息周报在2019年断断续续做了40期,并在丝绸之路国际法与比较法研究所微信公众号上推送。本书是信息周报的集结书稿。

作为国家社科基金的阶段性成果(18CFX084),本书是课题组的集体成果。在西安交通大学法学院单文华教授的支持和领导下,课题组由西安交通大学谷婀娜老师和王鹏老师组织,课题组成员包括陆宇、张悦、闵婕、易雨谣、屈冠男、高雅婷、张中晔、李佳依、陈誉文、胡欣然以及李文鑫、马燕飞、杨琼洁、赵昱亮等西安交通大学博、硕研究生和本科生。全书结构和体例由谷婀娜和王鹏共同商定,每章具体执笔人已在每章页下标注,每章结构由王鹏修订,文稿由陆宇、谷婀娜、王鹏依次修改、校定。全书的格式修改和统一主要由陆宇负责。

本书的出版得到了西安交通大学国际法团队尤其是单文华老师的大力支持。作为《国际经贸法律前沿》年度报告的第一卷,我们期待在未来继续推出后续研究。本书的出版还得到了法律出版社教育分社领导和郑怡萍编辑的大力支持,感谢郑老师对本书出版的全力帮助、细致编辑和耐心沟通。没有这些领导、前辈、师友的关心、帮助和支持,本书是不可能与各位读者见面的,再次感谢各位。

2019年世界风云变化,国际经贸领域的法律实践大大超出了传统理论范式,也超出了很多人的经验认知。2020年开年,世界还在传统的竞争与合作状态中磕磕绊绊,没承想,一头撞进了一场谁都没有预见到的全球病毒大流行。全球经济"熄火",国际经济法的未来充满变数。

这本书是这段时光的记录。

图书在版编目(CIP)数据

国际经贸法律前沿. 2019 / 王鹏等著. -- 北京 :
法律出版社, 2020
ISBN 978-7-5197-5199-9

Ⅰ. ①国… Ⅱ. ①王… Ⅲ. ①国际贸易－贸易法－研
究 Ⅳ. ①D996.1

中国版本图书馆 CIP 数据核字(2020)第 244042 号

国际经贸法律前沿 2019
GUOJI JINGMAO FALÜ QIANYAN 2019

王 鹏 陆 宇 谷婀娜 著

责任编辑 郑怡萍
装帧设计 鲍龙卉

出版 法律出版社
总发行 中国法律图书有限公司
经销 新华书店
印刷 北京建宏印刷有限公司
责任校对 杨锦华
责任印制 胡晓雅

编辑统筹 教育出版分社
开本 710 毫米×1000 毫米 1/16
印张 15.75
字数 223 千
版本 2020 年 12 月第 1 版
印次 2020 年 12 月第 1 次印刷

法律出版社 / 北京市丰台区莲花池西里 7 号(100073)
网址 / www.lawpress.com.cn
投稿邮箱 / info@lawpress.com.cn
举报维权邮箱 / jbwq@lawpress.com.cn
销售热线 / 400-660-8393
咨询电话 / 010-63939796

中国法律图书有限公司 / 北京市丰台区莲花池西里 7 号(100073)
全国各地中法图分、子公司销售电话:
统一销售客服 / 400-660-8393/6393
第一法律书店 / 010-83938432/8433 西安分公司 / 029-85330678 重庆分公司 / 023-67453036
上海分公司 / 021-62071639/1636 深圳分公司 / 0755-83072995

书号:ISBN 978-7-5197-5199-9
定价:56.00 元
(如有缺页或倒装,中国法律图书有限公司负责退换)